全国高职高专教育"十二五"规划教材

汽车美容技术

主　审　鲍远通
主　编　杨宝成
副主编　张真忠
参　编　刘焕学　赵海新

东南大学出版社
·南京·

内容简介

本书是根据专业人才培养目标及职业岗位需要的专业知识、基本技能和基本素质的要求编写的。在编写过程中，配了大量插图，力求做到图文并茂、通俗易懂、内容全面及注重实用性和可操作性。本书的主要内容有汽车美容概述、汽车美容用品、汽车美容设备、汽车的清洗、汽车漆面美容护理、汽车防护、汽车外部装饰、汽车内部装饰、汽车美容施工的安全与防护等。

本书具有一定的通用性，不仅适合高职高专院校汽车类专业的教学使用，也可以作为汽车维修工等级考核的培训教材，还可作为广大汽车用户及有关汽车美容技术从业人员的参考用书。

图书在版编目(CIP)数据

汽车美容技术 / 杨宝成主编. —南京：东南大学出版社，2014.9
ISBN 978-7-5641-2552-3

Ⅰ. ①汽… Ⅱ. ①杨… Ⅲ. ①汽车—车辆保养—高等职业教育—教材 Ⅳ. ①U472

中国版本图书馆 CIP 数据核字(2014)第 015511 号

汽车美容技术

出版发行：	东南大学出版社
社　　址：	南京市四牌楼2号　邮编：210096
出 版 人：	江建中
网　　址：	http://www.seupress.com
经　　销：	全国各地新华书店
印　　刷：	南京玉河印刷厂
开　　本：	787mm×1092mm　1/16
印　　张：	17
字　　数：	395 千字
版　　次：	2014 年 9 月第 1 版
印　　次：	2014 年 9 月第 1 次印刷
印　　数：	1—3000 册
书　　号：	ISBN 978-7-5641-2552-3
定　　价：	32.00 元

本社图书若有印装质量问题，请直接与营销部联系。电话(传真)：025-83791830

前言

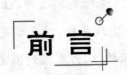

随着我国经济的持续高速发展和人们消费观念的改变，中国将成为世界轿车的最大消费国之一，开车将会是人们普遍掌握的一种生活技能，轿车也不再是特权人士的标志，而以大众消费的姿态进入到了寻常百姓家，成了人们日常出行的代步工具。

随着汽车家庭化、大众化，人、车一体化的生活已逐渐成为时尚，不仅爱车养车理念已渐入人心，而且时尚、个性、新奇的汽车美容装饰也成为有车族的追逐目标。可想而知，当人们拥有一辆自己的爱车时，无疑会精心打扮、倍加呵护。那么汽车平时的清洁护理、定期美容保养、内外装饰等项目，必然成为有车族们日常的消费内容。

汽车美容装饰是汽车售后服务市场的组成部分，表面上看形态各异，但实质良莠不齐，形成品牌的屈指可数，整体上讲目前还处于一种不规范的状态。汽车美容服务小店到处都是，没有形成经营规模，店与店之间低价竞争、互相折台，严重的无序经营影响着这个领域竞争力的形成。目前汽车美容养护行业的现状多属经营不规范、操作无标准、质量无保障、收费不合理。绝大多数街面店先天缺乏科学管理、技术保障和正规的进货渠道。这些店面的经营服务，已满足不了现代车主的高标准要求，严重地挫伤了有车族消费的积极性。

随着人们消费观念的转变，消费意识和自我保护意识的不断增强，人们在消费的过程中不仅要满足直接消费的需求，还需要最大限度地满足心理消费的需求。现代汽车美容市场需求一批品牌美誉度高、店面形象好、经营规范、服务意识强、信誉和质量可靠的汽车美容养护店。这种需求会随着人们对汽车的认识不断深化，需求也会越来越理性，从简单的美化逐渐转化成对附加服务的需求，同时汽车快修行业还不够成熟，经营思维和观念上则要走在需求的前面，重质量、重服务、重特色、行业差异化将是这一行业的主要发展趋势。为了适应这一发展，大量的汽车美容技术与管理人员迫切需要掌握新的基础理论知识及基本的操作技能，来适应新形势的需要。

目前，有关汽车美容与装饰方面的参考书不少，但强调技能训练，尤其是适合高职高专院校技能训练使用的教材却为数不多。本书正是基于此，对汽车美容技术的有关内容进行了比较系统的编写。

本书在编写过程中走访了多位现场美容技师,注重与汽车美容现场实践相结合。针对高等职业教育的特点,理论与实践并重,对汽车美容技术进行了由浅入深、由简到繁的叙述。特别注重实用性和可操作性,力求做到图文并茂,使得汽车美容技术工艺及工具、用品的选择、使用等一目了然。在内容选择上,注重汽车美容现场的职业岗位对人才的知识及能力等方面的要求,较多地侧重基础知识,介绍推广新知识、新材料、新技术、新工艺及新方法在汽车美容与装饰方面的应用。另外,本书还配有电子教案和PPT教学课件,供广大教学人员参考使用。

本书由承德石油高等专科学校杨宝成担任主编并编写第一章至第五章,张真忠担任副主编并编写第七章和第八章,第六章由刘焕学编写,第九章由赵海新编写,全书由承德石油高等专科学校汽车工程系鲍远通教授主审。

本书在编写过程中得到了"名车酷"的大力支持,其为院校开展相关实训活动也提供了大量的帮助,在此深表感谢。此外,编者总结了在企业工作中的实践经验,查阅了大量的资料,参考了一定的书籍文献,在此,对有关的编著者表示衷心的感谢。由于编者水平有限,时间仓促,书中难免有错误和不妥之处,敬请广大读者批评指正。

编者

2013年9月

目 录

第一章 汽车美容概述 ... 1

第一节 汽车美容的概念 ... 1
一、汽车表面受侵害的因素 ... 1
二、专业汽车美容与传统洗车 ... 2
三、现代汽车美容的特性 ... 3
四、汽车美容的作用 ... 3
五、现代汽车美容服务的三个层面 ... 4
六、汽车美容与装饰的基本原则 ... 4

第二节 我国汽车美容业的发展简介 ... 5
一、原始阶段 ... 5
二、成长阶段 ... 6
三、垄断阶段 ... 6
四、发展阶段 ... 6
五、专业阶段 ... 6

第三节 汽车美容市场浅析 ... 7
一、汽车美容市场的发展前景 ... 7
二、汽车美容市场存在的问题 ... 8
三、问题的解决方向 ... 10

第四节 汽车美容的类型及依据 ... 11
一、汽车美容的类型 ... 11
二、汽车美容作业的依据 ... 12
三、专业汽车美容应达到的效果 ... 13
四、专业汽车美容护理作业的指导方针 ... 13

第五节 汽车装饰的类型及项目 ... 14
一、汽车装饰的分类 ... 14
二、专业汽车美容装饰的基本条件 ... 15

第二章 汽车美容用品 16

第一节 汽车清洁护理用品选用 16
一、清洗剂的正确选用 16
二、清洗剂的主要成分 17
三、清洗剂的除垢机理 18
四、清洗剂系列用品简介 18
五、常用汽车清洁用品 20

第二节 汽车车蜡的选用 24
一、车蜡的发展及主要功用 24
二、车蜡的主要成分和分类 26
三、车蜡的主要品种 26
四、车蜡的选用原则 27
五、一般保护性车蜡与高级美容车蜡的比较 28
六、车蜡系列用品简介 28

第三节 汽车专业保护用品选用 31
一、皮革类专业保护剂 31
二、化纤、丝绒类专业保护剂 32
三、塑胶类专业保护剂 32
四、电镀件专业保护剂 34
五、玻璃专业保护剂 34
六、其他汽车专业用品 34
七、其他汽车特殊用品 35

第四节 汽车漆面处理常用材料选用 36
一、常用的汽车涂料 36
二、常用的汽车底漆 37
三、常用的汽车中涂层涂料 38
四、常用的汽车面漆 41
五、常用汽车涂料的合理选用 44
六、汽车高级涂料简介 47
七、汽车喷涂施工中常用的其他修补材料 49
八、汽车减振消声涂料 50

第五节 汽车常用装饰材料选用 51
一、汽车常用外饰材料 51
二、汽车常用内饰材料 51

三、汽车装饰中常用胶粘剂 …………………………………………… 52

第三章　汽车美容设备 …………………………………………………… 54

第一节　汽车美容常用的工具和设备 …………………………………… 54
　　一、汽车美容常用的工具 ………………………………………………… 54
　　二、汽车美容常用的设备 ………………………………………………… 63

第二节　汽车美容设备的正确使用 ……………………………………… 69
　　一、喷枪的选择与使用 …………………………………………………… 69
　　二、研磨抛光机的使用 …………………………………………………… 70
　　三、打蜡机的使用 ………………………………………………………… 71
　　四、泡沫机的使用 ………………………………………………………… 72
　　五、蒸气洗车机的使用 …………………………………………………… 72
　　六、专业脱水机的使用 …………………………………………………… 72
　　七、废油抽取机的使用 …………………………………………………… 72
　　八、发动机燃油系统清洗机的使用 ……………………………………… 72
　　九、发动机润滑系统清洗机的使用 ……………………………………… 73
　　十、空气压缩系统 ………………………………………………………… 73
　　十一、喷漆棚的基本要求 ………………………………………………… 74
　　十二、喷漆棚的换气系统 ………………………………………………… 75
　　十三、高压清洗机的使用 ………………………………………………… 75

第三节　汽车美容设备的配置 …………………………………………… 75
　　一、汽车美容企业设备配置原则 ………………………………………… 75
　　二、汽车美容企业设备配置实例 ………………………………………… 76

第四章　汽车的清洗 ……………………………………………………… 77

第一节　汽车清洗概述 …………………………………………………… 77
　　一、汽车清洗的概念与作用 ……………………………………………… 77
　　二、汽车清洗的种类与时机 ……………………………………………… 79
　　三、汽车清洗的注意事项 ………………………………………………… 81

第二节　汽车外部的清洗 ………………………………………………… 83
　　一、汽车车表的污垢组成和清洗的工艺条件 …………………………… 83
　　二、汽车外部的一般清洗和机械清洗 …………………………………… 84
　　三、新型的洗车方法 ……………………………………………………… 87
　　四、车表顽渍及其他部件的清洗 ………………………………………… 89
　　五、汽车底盘和发动机部分的清洗 ……………………………………… 91

六、汽车零件的清洗 ·· 94
　　七、汽车空调的清洗 ·· 96
第三节　汽车内饰的清洗 ··· 96
　　一、汽车内饰清洗的工艺方法 ·· 97
　　二、不同材质内饰的清洗方法 ·· 98
　　三、不同部位内饰的清洗方法 ·· 99
　　四、汽车内饰清洗的注意事项 ·· 102
第四节　汽车驾乘空间的消毒处理 ·· 103
　　一、车内污染的类型及形成因素 ·· 103
　　二、汽车驾乘空间的消毒方法 ·· 104
　　三、减少车内污染的方法 ··· 108

第五章　汽车漆面美容护理 ··· 109

第一节　汽车漆面美容护理概述 ·· 109
　　一、汽车漆面美容的目的 ··· 109
　　二、汽车漆面美容的主要内容与分类 ··· 110
　　三、汽车车身漆面类型及鉴别方法 ··· 111
第二节　汽车漆面的研磨与抛光分析 ··· 114
　　一、研磨与抛光的区别 ··· 114
　　二、研磨与抛光的设备 ··· 115
　　三、选择用品应考虑的因素 ·· 115
　　四、抛光的机理 ··· 115
　　五、研磨抛光的施工方法 ··· 115
　　六、研磨时机的确定方法及注意事项 ··· 117
第三节　汽车漆面的打蜡 ··· 118
　　一、汽车打蜡的基本程序 ··· 118
　　二、汽车打蜡的注意事项 ··· 119
第四节　新车漆面美容护理 ·· 120
　　一、新车的开蜡 ··· 121
　　二、新车的上蜡 ··· 122
第五节　汽车漆面常见缺陷处理 ·· 122
　　一、喷涂后车身漆面的缺陷处理 ·· 123
　　二、汽车漆面失光的处理 ··· 124
　　三、汽车漆面划痕的处理 ··· 125
　　四、汽车面漆的镜面处理 ··· 128

五、汽车旧漆面"皮肤病"的处理方案 ………………………………… 129
第六节　汽车漆面损坏的修复 …………………………………………… 131
　　一、汽车车身清洗 ………………………………………………………… 131
　　二、评估车身损坏程度 …………………………………………………… 131
　　三、原车旧漆层的清除 …………………………………………………… 132
　　四、金属表面的除锈 ……………………………………………………… 134
　　五、汽车钣金修复常用的手工工具 …………………………………… 135
　　六、底漆的喷涂操作 ……………………………………………………… 137
　　七、中涂层施工 …………………………………………………………… 141
　　八、汽车面漆的喷涂操作 ………………………………………………… 144
第七节　汽车喷涂中常见的缺陷及防治 ………………………………… 155
　　一、桔皮现象 ……………………………………………………………… 155
　　二、收缩现象 ……………………………………………………………… 156
　　三、缩边现象 ……………………………………………………………… 156
　　四、起粒现象 ……………………………………………………………… 156
　　五、拉丝现象 ……………………………………………………………… 157
　　六、起皱现象 ……………………………………………………………… 157
　　七、针孔现象 ……………………………………………………………… 158
　　八、气泡现象 ……………………………………………………………… 159
　　九、遮盖痕迹现象 ………………………………………………………… 159
　　十、流挂现象 ……………………………………………………………… 159
　　十一、咬起现象 …………………………………………………………… 160
　　十二、露底现象 …………………………………………………………… 160
　　十三、发白现象 …………………………………………………………… 161
　　十四、发花现象 …………………………………………………………… 161
　　十五、金属光泽不均现象 ………………………………………………… 162
　　十六、渗色现象 …………………………………………………………… 162
　　十七、光泽不良现象 ……………………………………………………… 162
　　十八、色差现象 …………………………………………………………… 163
　　十九、砂纸纹现象 ………………………………………………………… 163
　　二十、干燥不良现象 ……………………………………………………… 164
　　二十一、腻子残痕现象 …………………………………………………… 164
　　二十二、打磨痕迹现象 …………………………………………………… 165
　　二十三、过烘干现象 ……………………………………………………… 165
　　二十四、修补斑痕现象 …………………………………………………… 165

二十五、龟裂现象 ………………………………………………………… 166
　　二十六、剥落现象 ………………………………………………………… 166

第六章　汽车防护 …………………………………………………………… 168

第一节　汽车防护的意义 …………………………………………………… 168
　　一、为驾乘人员提供有效的保护 ………………………………………… 168
　　二、为车辆安全管理提供保障 …………………………………………… 169
　　三、为驾乘人员提供便捷的服务 ………………………………………… 169

第二节　汽车防爆太阳膜 …………………………………………………… 169
　　一、防爆太阳膜的功用 …………………………………………………… 169
　　二、防爆太阳膜的性能指标 ……………………………………………… 170
　　三、防爆太阳膜的发展 …………………………………………………… 172
　　四、防爆太阳膜的基本类型 ……………………………………………… 173
　　五、防爆太阳膜的结构 …………………………………………………… 173
　　六、防爆太阳膜的选用原则 ……………………………………………… 174
　　七、防爆太阳膜的质量鉴别 ……………………………………………… 174
　　八、防爆太阳膜的粘贴施工 ……………………………………………… 176
　　九、劣质膜的危害及旧膜的清除 ………………………………………… 178
　　十、"冒牌"防爆太阳膜防范技巧 ……………………………………… 179
　　十一、几种常见防爆太阳膜的技术参数比较 …………………………… 181

第三节　汽车防盗装置 ……………………………………………………… 182
　　一、汽车防盗装置的分类 ………………………………………………… 182
　　二、汽车电子防盗器的功能与选择 ……………………………………… 185
　　三、汽车电子防盗器的安装 ……………………………………………… 186

第四节　汽车报警系统 ……………………………………………………… 188
　　一、倒车雷达 ……………………………………………………………… 188
　　二、汽车可视系统简介 …………………………………………………… 191
　　三、车载 GPS 卫星导航系统简介 ………………………………………… 192
　　四、车载电子狗简介 ……………………………………………………… 195
　　五、行车记录仪简介 ……………………………………………………… 197

第五节　汽车底盘装甲及静电放电器 ……………………………………… 198
　　一、汽车底盘装甲 ………………………………………………………… 198
　　二、汽车静电放电器 ……………………………………………………… 201

第七章　汽车外部装饰 ……………………………………………………… 204

第一节　汽车形象设计 ……………………………………………………… 204

  一、汽车形象设计概述 …………………………………………………… 204
  二、汽车改装常用材料 …………………………………………………… 206
 第二节 汽车大包围 …………………………………………………………… 206
  一、汽车大包围的概念 …………………………………………………… 206
  二、汽车大包围的组成 …………………………………………………… 206
  三、汽车大包围的作用 …………………………………………………… 207
  四、汽车大包围的设计与安装 …………………………………………… 207
 第三节 汽车天窗 ……………………………………………………………… 209
  一、汽车天窗的功用 ……………………………………………………… 209
  二、汽车天窗的换气原理 ………………………………………………… 210
  三、汽车天窗的类型 ……………………………………………………… 210
  四、汽车加装天窗注意事项 ……………………………………………… 212
  五、汽车天窗的使用与保养 ……………………………………………… 213
 第四节 汽车车身彩条、保护膜及彩绘装饰 ……………………………… 214
  一、汽车车身彩条装饰 …………………………………………………… 214
  二、汽车车身保护膜装饰 ………………………………………………… 215
  三、汽车车身彩艺贴膜装饰 ……………………………………………… 215
  四、汽车车身彩绘装饰 …………………………………………………… 215
 第五节 汽车车身局部装饰 …………………………………………………… 217
  一、汽车前导流板 ………………………………………………………… 218
  二、汽车尾翼 ……………………………………………………………… 218
  三、车身其他外饰件 ……………………………………………………… 220

第八章 汽车内部装饰 ……………………………………………………… 224

 第一节 座椅的装饰 …………………………………………………………… 224
  一、真皮座椅 ……………………………………………………………… 224
  二、布艺椅套装饰座椅 …………………………………………………… 227
 第二节 汽车桃木内饰 ………………………………………………………… 228
  一、桃木饰件的发展 ……………………………………………………… 228
  二、真假桃木的识别 ……………………………………………………… 228
  三、桃木饰件的选用 ……………………………………………………… 229
 第三节 汽车地板装饰 ………………………………………………………… 230
  一、汽车地板的功能 ……………………………………………………… 230
  二、汽车地板的装饰方法 ………………………………………………… 230
 第四节 汽车香品 ……………………………………………………………… 233

一、汽车香品的功能 ……………………………………………………… 234
　　二、汽车香品的类型 ……………………………………………………… 234
　　三、汽车香品的选购与使用 ……………………………………………… 235
　第五节　车内其他饰品和用品 ………………………………………………… 236
　　一、汽车座垫 ……………………………………………………………… 236
　　二、汽车脚垫 ……………………………………………………………… 242
　　三、汽车头枕和靠枕 ……………………………………………………… 243
　　四、车内小饰件及用品 …………………………………………………… 245
　　五、选择车内饰品及用品的原则 ………………………………………… 247

第九章　汽车美容施工的安全与防护 ……………………………………………… 249
　第一节　喷涂施工与环境保护 ………………………………………………… 249
　　一、汽车喷涂的污染 ……………………………………………………… 250
　　二、汽车喷涂施工中的"三废"处理 …………………………………… 250
　第二节　防火防爆安全知识 …………………………………………………… 251
　　一、喷涂施工中产生火灾和爆炸的主要原因 …………………………… 251
　　二、易燃性溶剂的危险性 ………………………………………………… 251
　　三、燃烧与防（灭）火 …………………………………………………… 252
　　四、防静电和避雷 ………………………………………………………… 254
　第三节　安全及防护用品 ……………………………………………………… 254
　　一、人体的防护 …………………………………………………………… 254
　　二、安全卫生要求 ………………………………………………………… 256
　　三、安全规章制度 ………………………………………………………… 257

参考文献 ………………………………………………………………………… 259

第一章 汽车美容概述

"汽车美容"这个行业源于西方发达国家,西方国家的汽车美容业随着整个汽车产业的发展,已经达到了比较完善的程度。这一行业又被形象地称为"汽车保姆",所谓"保姆",顾名思义,它是对涵盖了汽车销售、维修、养护全过程的照料、服务而言的。

现代汽车美容包含了两大方面的内容,即汽车护理与汽车装饰。它是在继承传统汽车美容的基础上完善和发展起来的高技术的汽车服务项目。现代科技及生活已经在新材料、新技术等领域为汽车美容提供了崭新的工艺和丰富的内容。

第一节 汽车美容的概念

汽车在使用过程中,车表及内饰等会受到来自各方面因素的侵蚀、损害等。因此为了保证汽车良好的使用效果及延长使用寿命,需要经常对汽车进行护理保养。正如人们护理皮肤一样,皮肤如果得不到爱护就会变得粗糙,失去弹性和光泽,就会未老先衰,汽车的保养也同样如此。

一、汽车表面受侵害的因素

1. 紫外线对汽车漆面侵害

阳光中含有强烈的紫外线,汽车油漆经过长期的阳光照射,漆层内部的油分会大量损失,漆面日益变得干燥,于是出现失光、异色斑点甚至龟裂。

2. 有害气体对漆面的侵害

大气中的尘埃及有害气体,如二氧化硫、二氧化碳、二氧化氮等含量随着环球大气污染日益增高。而汽车在高速行驶中车体与空气摩擦使车身表面形成一层强烈的静电,静电吸附的灰尘、有害气体分子等附着物在车身上逐渐加厚,时间久了就会形成一层顽固的有害膜,我们称之为交通膜。由于交通膜的产生,使漆面受到持续的损伤,使得原来很光亮的车

身变得暗淡起来,颜色也不那么鲜艳了,同时还会严重影响以后上蜡的质量。

3. 雨水对漆面的侵害

由于工业污染,使雨水中二氧化硫、二氧化碳、盐分及其他有害物质的含量越来越多而形成酸雨,造成对漆面的持续侵害。在热带、海边等地区的潮湿空气中盐分含量很高,也会对车身产生持续的侵蚀。

4. 其他因素对车漆的损害

汽车在运行过程中也会受到外界的伤害,如车漆被硬物、树枝及人为的划伤和擦伤等,现代都市人们养宠物的越来越多,各类的鸟粪、狗尿等也会对汽车漆面形成侵害。

漆面由以上种种原因造成的伤害,不是简单的洗车和普通的汽车美容就能够轻易消除的,只有通过专业汽车美容才能得到真正的清洁护理。

二、专业汽车美容与传统洗车

1. 传统的洗车

国外汽车美容业发展至今已有近百年的历史。由于我国汽车普及率较发达国家低得多,汽车美容的起步相对较晚,故许多消费者对汽车美容这个充满科技含量和人文意蕴的舶来品缺乏认识,汽车美容被简单地理解为就是洗洗车、打打蜡。

首先,洗车时所用清洁剂不是专业的汽车清洗用品而是洗衣粉、肥皂和洗涤灵等非专业型的产品。此类产品的pH值一般在10.3~10.9之间,而汽车漆面的耐酸、碱的承受力为pH值小于8.0。故长期使用pH值8.0以上的清洁剂,虽洗去了车表面的灰尘,却对漆面造成了损害,轻者失去光泽,重者严重腐蚀。

其次,打蜡时所用的蜡一般为硬质蜡,车体在打蜡20多小时后才能进行抛光,在这20多小时内,蜡膜会吸附大量的灰尘与沙粒,抛光时它们会划伤漆面,产生大量划痕,严重影响光泽度。由此可见,一般的传统洗车,名为护车,实则毁车。对于漆面的静电吸附、氧化发黑与划痕等,一般的洗车打蜡作业更是束手无策的,也更谈不上对汽车其他部位的彻底清洁与养护了。即便是在某些看似正规的汽车专业美容店里,"良莠难辨"的困惑也足以让消费者"花钱毁面子"。更有些美容店为了敷衍客人,用过硬的抛磨轮和含金刚砂的粗蜡进行打磨,虽然车身马上有了亮的感觉,但实际上,由于工具和粗蜡的切削力强,很容易将车漆打薄,如再用力就会打穿车漆,露出底色。

2. 专业汽车美容

专业汽车美容是一个全新的概念,不只是简单的为汽车打蜡、除渍、除臭、吸尘及车内外的清洁服务等常规美容护理,还包括利用专业美容系列产品和高科技设备,采用特殊的工艺和方法,对漆面增光、打蜡、镀膜及深浅划痕处理,全车漆面美容,底盘防腐涂胶处理和发动机表面翻新等一系列汽车养护技术。可见,专业的汽车美容应该是由专业的技术工人,根据汽车各个部位的不同材质,采用针对性的养护用品和专业的工具设备,按照一定的施工工艺,结合汽车自身的结构特点,由表及里地对汽车进行精心细致的养护过程。

三、现代汽车美容的特性

专业汽车美容的现代特性主要体现在它自身的系统性、规范性和专业性。所谓的系统性就是着眼于汽车的自身特点,由表及里地进行全面而细致的养护;规范性是指每一道工序都有标准而规范的技术要求;而专业性就是要严格按照工艺要求采用专业的工具、专业的产品、专业的工人及技术进行操作。

四、汽车美容的作用

1. 保持车体的健康、靓丽

汽车美容护理集清洁、打蜡、除尘、翻新及漆面处理为一身,可以由表及里地还给汽车生命又一度"青春"。汽车美容是车辆美的缔造,及时清除车表尘土、酸雨、沥青等污染物,保持车表清洁,防止漆面及车身其他部件受到腐蚀和损害。汽车打蜡不但能给车身以光彩亮丽的视觉效果,而且它的防紫外线、防酸雨、抗高温及防静电功能,能为汽车带来无微不至的"呵护"。车室美容在除尘、清洁的同时,施以特殊的工艺,进行必要的上光保护、翻新修补、杀菌及空气净化。

2. 能为车主增添自信

汽车与人是一个密不可分的整体,汽车美容也是车主形象的映照,如同对现代个人的包装。人需要以整洁、得体、不同档次的服饰来表征个人的某些内在的意识、个性气质乃至生活观念和生活态度。而作为汽车的拥有和使用者,汽车与车主朝夕相伴。无疑它早已成为车主形象表征的重要组成部分,汽车美容可协助车主塑造一个全新的自我。正所谓车如其人,观车知人。每个人喜欢的车型各有不同,主要是注重外观、装饰等。

3. 增添城市道路的现代风采

随着我国国民经济的不断发展和科学技术的不断进步,以及人们生活水平的不断提高,道路上行驶的各种汽车也越来越多。五颜六色的汽车装扮着城市的各条道路,形成一条条美丽的风景线,对城市和道路环境起着美化作用,给人们以美的享受。这些成果的得来与我国的汽车美容业的兴起是分不开的。如果没有汽车美容,道路上行驶的汽车车身灰尘污垢堆积,漆面色彩单调、色泽暗淡,甚至锈迹斑斑等,这样将会形成与美丽的城市建筑极不协调的景象。因此,美化城市环境离不开汽车美容。

4. 延长汽车使用寿命

总的看来,汽车美容应使用专业优质的养护产品,针对汽车各部位材质进行有针对性的保养、美容和翻新,使汽车经过专业美容后外观洁亮如新,漆面亮光保持长久,以达到"旧车变新,新车保值,延寿增益"的目的。

五、现代汽车美容服务的三个层面

1. 自理性保养

自理性保养是最基本的车辆养护,一般都是由驾驶者自己完成。特别是国外车主对汽车的熟悉程度普遍较高,车辆最简单的保养基本都是由自己完成的,这充分体现了车主的爱车心理及对汽车文化的认知程度。

现在,在我国常用的汽车养护用品及工具等随处可购,也应提倡和培养车主在这方面的兴趣及文化。实际上,车主在节假日利用休息时间对自己的爱车进行一些基本的养护(如车表的清洗、内饰的清洁、发动机仓的清洁等),也是一项很好的休闲健身活动。同时也相当于对车辆进行了一次初步的检查,可以及时发现车辆存在的故障隐患等。

2. 浅性服务

浅性服务由一般的汽车美容店完成,如粘贴太阳膜、犀牛皮、装饰彩条等,大包围、防盗装置等的安装,内饰品(包括真皮坐椅、桃木内饰等)的改装、使用和划痕处理、抛光翻新等一些主要的汽车美容项目则需要依赖快修店。这种快修店一般只进行车辆内外的装备设施保养,而不涉及发动机等车辆中心结构的护理工作。

3. 专业性服务

这是技术含量较高的服务种类,属于汽车美容施工的深度处理,也是对整个汽车最深入的美容养护处理(如发动机内部清洗、三元催化器的清洗等)。

六、汽车美容与装饰的基本原则

1. 汽车美容的原则

(1) 预防为主

尽管轻微的漆面划痕可以通过研磨、打蜡、抛光等手段进行处理,但毕竟会使漆膜变薄,影响以后的美容及汽车的使用,因此,汽车美容要以预防为主,在汽车的使用过程中要特别小心,积极预防损伤的发生。

(2) 专业美容与自助美容护理相结合

虽然汽车专业美容能使车主体会到方便、快捷、周到的服务,但是考虑到费用问题,也不可能天天都到汽车美容店进行处理。汽车在日常使用中,车主应该自己动手进行保养与维护,特别是车身表面、车轮等部位。当然,要进行自助美容,车主应该具有一定的汽车基础知识和汽车美容常识。但定期到汽车美容店进行美容也是必不可少的,因为诸如漆面修补等项目必须由专业人员进行。只有将汽车专业美容和车主自助美容有机地结合起来,才能使汽车美容作业既经济又实用。

(3) 单项作业与全套作业相结合

汽车美容服务作业的项目和内容较多,在作业中应根据车况有针对性地选择作业项目和内容,如果进行单项美容作业就能解决问题,那么就没有必要进行全套护理作业,这主要是考虑到美容对汽车的影响和费用问题。例如,汽车漆膜的厚度是一定的,如果每次美容都进行全套护理,即每次都要研磨、打蜡、抛光,那么漆膜厚度很快就会变薄。当露出底漆时,就必须进行重新喷涂处理,这将是很大一笔费用,而且效果与汽车原厂烤漆也有较大差别。

（4）局部美容与全车美容相结合

汽车漆膜局部出现缺陷或损伤时,只要对局部进行处理即可,只有在全车漆膜大面积出现损伤时,才考虑对全车漆膜进行处理。一般需要对漆膜进行处理时都是到专业汽车品牌的4S店进行,不主张在汽车美容店进行。

2. 汽车装饰的原则

（1）调和原则

饰材和饰物的颜色必须同轿车的外表、车内顶部与四周的颜色配合适当。如黑色的轿车配以浅茶色的太阳膜,在深灰色的驾驶室里配以米黄色的座套与白色枕套、棕色车毯,整个驾驶室就会显得很大方、豪华、和谐。

（2）实用原则

主要是根据车内有限的空间尽可能选用一些小巧、美观、实用的饰物。

（3）整洁原则

要求车内装饰得要井井有条,无任何污染或杂物。同时车内所有的饰物必须便于拆下清洗或更换。

（4）安全原则

主要指车内的饰物不得有碍于司机安全行车或乘坐人员的安全。如在前、后挡风玻璃上不宜张贴大面积的宣传标语、字句或图案；在车内部也不宜吊挂过长、过大及过多的饰物等。

（5）舒适原则

车内的饰物、色彩应以司机本人的审美为主来定,只有舒适的工作环境,才可能使司机产生轻松、愉快、自在的感受,同时也给乘坐人员一个良好的心情。

第二节　我国汽车美容业的发展简介

回顾我国汽车美容行业的发展史,其发展成长过程大致可归结为五个阶段。

一、原始阶段

20世纪80年代前,汽车美容是在车主对自有车辆清洗的基础上发展而成,仅有简单的洗车工具如水桶、毛巾、自来水管等,对车辆进行简单的外表清洗,营业场所大多为路边临时建筑或露天作业,开展对社会车辆的清洗服务。其特征为:设施简陋、人员素质低、对汽车美容养护的知识欠缺、没有专业的洗车用品、服务场所和人员流动性较大、服务项目单一,基本

未纳入政府部门管理,有部分洗车仅为停车、餐饮招揽生意的附属服务。

二、成长阶段

20世纪90年代初,这时使用了最基本的专业工具和用品。如高压水枪、蓄水池、洗衣粉等,有相对固定的营业场所和从业人员,已作为社会服务网点基本纳入了工商税务部门的管理。其特征为:没有统一的行业管理、服务项目单一、无技术要求和标准。但随着汽车工业的快速发展,洗车美容已逐渐成为一项社会所需要的服务业,同时又能接纳较多的农村劳动力,具备了以后发展壮大的市场和空间。

三、垄断阶段

1991~1993年,各地政府部门为创建卫生城市提升城市综合形象而采取的一项强制措施,在城市要道口修建大型洗车场,配备有成套的专用设备,如清洗机、高泡机或大型自动洗车机进行流水线作业,并普遍使用洗车液,有专门的工作人员,但服务项目仍停留在对汽车外表的清洗。管理仍是靠行政命令推行,国家投资,按计划经济的体制运行,投入高、规模大、效益低,内部管理混乱,严重违背了市场经济规律。因此,面临的改革和淘汰在所难免。

四、发展阶段

1993~2000年,随着我国经济体制改革的逐步深化和国外汽车美容护理的理念影响,服务项目由简单的外观清洗进入到车内的美容护理,经济类型基本上变成了集体或个人所有。按着市场经济规律运行,讲求服务、讲求质量。有专业的汽车清洗设备,如高泡机、吸尘器、洗衣机、脚垫甩干机等,使用专业的洗车液等;从业人员也具备了一定的专业汽车护理常识,用优质的服务和质量去吸引顾客,赢得市场和经济效益。

五、专业阶段

2000年以后,汽车美容被赋予了全新的概念,不只是简单的汽车清洗、打蜡、除渍、除臭、吸尘及车内外的清洁服务等常规保养护理,还包括利用专业美容系列产品和高科技设备,采用特殊的工艺和方法,对漆面增光、打蜡、镀膜及深浅划痕处理,全车漆面美容,底盘防腐涂胶处理和发动机表面翻新等一系列汽车养护技术。同时开始涉足汽车装饰领域,如汽车防爆太阳膜、防盗器、音响改装、倒车雷达、倒车影像及汽车导航灯。

在管理方面也开始研究顾客潜在的需求,统一汽车美容施工流程。从业人员专业素质较高,技术人员一般都是通过专业学校培训的。管理更加系统化、专业化,追求以人为本的个性化服务。既追求经济效益还要讲求社会效益,使用绿色环保设备,如清洗机、空压机等设备的噪声处理,废水处理循环的再利用、绿色环保汽车护理用品的使用等。店面周围拥有优美的环境,从汽车美容店的店面设计到经营服务过程中的各个环节,都在追求一种统一的全国连锁经营模式。

第三节　汽车美容市场浅析

自 2000 年以来,中国汽车业发展被业界称为"井喷",年增长率达到 30%。2012 年,我国汽车产销分别达到 1927.18 万辆和 1930.64 万辆,同比分别增长 4.63% 和 4.33%。其中乘用车产销分别为 1552.37 万辆和 1549.52 万辆,同比增长 7.17% 和 7.07%;商用车产销分别为 374.81 万辆和 381.12 万辆,同比下降 4.71% 和 5.49%,特别是私家轿车数量增长迅速。而与此相对应的汽车服务业每年正以 40% 的速度递增,汽车服务产业已经进入中国国民经济主流,成为一个战略性支柱行业,逐渐形成了利润丰厚的"汽车后市场"。仅 2012 年中国汽车售后市场规模就达到了 2600 亿元,而就汽车售后市场中的汽车美容业来说,更是被业内人士称之为汽车服务业的"第二桶金"。

所谓的"汽车后市场"是指汽车销售后围绕消费者在使用过程中所需的各种服务构成的市场,比如配件供应、维修保养、汽车用品、汽车改装、二手车经营、物流运输、金融服务、出租和租赁、汽车俱乐部、汽车检测、汽车认证、汽车导航、停车场和加油站等。总体而言,汽车后市场可以认为是一个汽车销售后与车主使用过程息息相关的行业群体的总称。

目前,汽车售后市场被业内人士称之为一个黄金市场,有很大的发展空间,所以需要广大商家极力去拓展这个黄金市场。

一、汽车美容市场的发展前景

1. 汽车已不再是地位、特权的标志

随着我国经济的持续发展和人民生活水平的不断提高,我国的汽车保有量不断的增加,汽车早已进入了寻常百姓家。开车将是人们普遍掌握的一项生活技能,汽车已不再是地位、特权的标志,而是成为了人们代步或经营的一种工具。

2. 私家车及中高档车越来越多

越来越多的私家车主已不再把汽车作为单纯的交通工具,它更像是一位贴心的朋友,一个温暖的小窝,因此出现了追车族、玩车族等。因此能够体现个人风格的汽车美容装饰正在悄悄流行起来,并为越来越多的爱车人所接受,汽车美容、装潢已日趋成为有车族追逐的时尚,一种新的汽车文化正在兴起。

最新统计表明,目前我国私人轿车的保有量已经突破了 6000 万辆,汽车正在日益发展成为一种大众消费品,特别是中高档轿车越来越多。目前我国 60% 以上的私人高档汽车车主有给汽车做外部美容养护的习惯;30% 以上的私人低档车车主也开始形成了给汽车做美容养护的观念;30% 以上的公用高档汽车也定时进行外部美容养护;50% 以上的私车车主愿意在掌握基本技术的情况下自己进行汽车美容和养护。不难看出,汽车美容业在我国有着巨大的市场发展空间。

3. 人们对汽车的消费观念正在发生着根本的转变

在我国虽然汽车的保有量得到了迅速的提高,但对于人们来说一辆少则几万多则几十万的汽车来说还是一件高档的消费品,因此人们对自己的爱车会倍加呵护,购车后首先都要根据自己的兴趣和需求对车辆进行一番美容和装饰;在平时的使用过程中对汽车的清洁护理和定期美容保养,也必然成为人们日常的消费内容。随着汽车文化的不断普及"三分修七分养"的观念也已经落实到了一种实实在在的消费行为上,人们已不只满足于对汽车进行简单的洗车、打蜡,而是正在追求体验一种质量可靠的更高端的汽车美容服务项目。同时,汽车也是一种耐用商品,当销售相对饱和后,后期的保养服务变得更为重要。

市场调查表明,根据一项不完全统计,对于一辆10多万元的车,按10年使用期限、每年3万公里行程计算,每年需用于车辆清洁、保养和维护的费用在3000元以上,对于中高档车其各项护理费用还将超过以上数字。因此,对于一个拥有1万辆小车的中小城市而言,这就意味着汽车美容业有3000万元的市场。

2003年我国已成为全球第四大汽车生产国、第三大汽车销售国,2004年我国汽车用品销售额达到420亿元人民币,而2012年汽车用品销售额达到2600亿元人民币,越来越多的企业从汽车销售、维修转向汽车美容装饰业。根据欧美国家统计,在一个完全成熟的国际化汽车市场中,汽车的销售利润在整个汽车业的利润构成中仅占20%,零部件供应的利润占20%,而50%~60%的利润是从汽车服务业中产生的。美国汽车服务业的营业额已经超过汽车整车的销售额,其中,单单一个汽车美容业年产值就已超过3500亿美元。

4. 公务车中都是效益好的企业或行政事业机关

在这些单位中汽车档次以中高档为主,资金充裕、讲究形象、追求档次。因此对汽车美容装饰用品的要求高、档次高、价格高,且追求时尚、更换频繁。

5. 基本配套设施跟不上汽车的发展

目前,汽车在我国的应用由于受各方面因素(如车库、停车位等严重不足)的影响,致使大量的汽车露天停放,车辆只能承受沙尘风吹、雨淋日晒的无奈,致使汽车日渐加速老化。特别是眼下绝大多数洗车行业不规范的洗车,他们在为一辆辆汽车进行"沙尘搬家"的同时,也给汽车留下满车划痕和陈污,致使汽车过早失去往日的光泽,加速了车辆的老化和人为损坏等。

以上这些可以说为汽车美容市场提供了一定的发展条件。

二、汽车美容市场存在的问题

从以上的分析可以看出我国汽车美容市场具有着良好的市场发展前景,为投资者进入汽车美容业提供了良好的投资前景。但目前国内规模较大、已经形成自己品牌效应的大型汽车美容连锁店还不多见。由于这个行业的门槛并不高,没有行会自律、缺乏规范管理,许多经营者忙于占领地盘,服务的规范便大打折扣。众多的洗车摊店、汽配店、加油站等都瞄上了这个行业,把汽车美容市场搅得热火朝天、鱼龙混杂,致使市场上"无专业正规培训"、"无专业品牌产品"、"无专业机械设备"、"无服务质量保证"的"四无"汽车美容场所如雨后春笋般涌现。

作为一个汽车服务性行业,由于没有明确的主管部门、有效的监督管理机制,并缺乏有关的技术标准和法律规范,使汽车美容养护业存在着诸多问题。

1. 从业人员素质低

汽车修理人员有上岗证,分为初级、中级、高级证书,而美容养护工绝大多数是在汽车修理厂的徒工,他们只掌握了一些基本汽车机电原理,随后就转向汽车美容养护行业。养护和美容产品的使用基本上是按说明书操作,养护工极少或根本就不去研究其工作原理。由于缺乏专业培训,汽车美容养护技术的传授和更新速度极慢,只能靠老技师的传、帮、带,不能适应市场上对养护工的需求。另外,汽车工业的新技术应用越来越广泛,计算机系统、电子技术在这一行业的应用也在逐渐升级,非专业养护工根本无法完成养护任务。

管理人员能力低,缺乏创新,美容店规模小、项目单一,比较分散,在管理水平、人员素质、信誉、抗风险能力等方面都有许多不足。因此,许多汽车美容店无法继续生存或只是简单地从事洗车业务。

2. 汽车养护用品市场鱼龙混杂

由于从业人员对汽车美容养护产品知识欠缺,无法辨别参差不齐的汽车美容养护产品。在市场上,有些是假冒伪劣产品,甚至有些是国外的垃圾产品、淘汰产品。汽车美容装饰的利润主要来自用料的差价以及工时费,有的商家为了得到更多的利润,常常以次充好。以贴防爆膜为例,一卷知名品牌的防爆膜,出厂价为8000元,而假冒的只要1000多元就能进到货。膜上印制的供消费者识别的防伪图案,据说在福建、广东的一些地方,只需几十元钱就能伪造,普通消费者根本无法识别。有的消费者贴了劣质的防爆膜,甚至出现夜间看不清外面情况的现象,给行车带来极大的安全隐患。还有的消费者更换了大视野后视镜,行驶中看镜时感觉头晕目眩,远近距离判断不清,从而引发交通事故。

3. 消费观念问题

由于对汽车美容知识欠缺,车主对汽车养护知之不多,只贪图便宜却忽视了质量,对汽车美容养护业的暴利现象无法识别,给不良的商家带来了可乘之机。有些挂着美容养护中心招牌,其主要任务却是为了推销某种品牌汽车养护用品。还有些美容养护中心为了赚钱,养护用品常"以次充好",更有些美容中心因缺乏技术工人、技术力量薄弱,导致对客户的汽车养护质量差。也有的车主认为汽车美容就是洗车、上蜡价格越低越好,致使一些提着水桶、拿着抹布的马路擦车族仍有市场。

4. 无序化竞争

很多人认为汽车美容行业"门槛"低、投入少、风险低、利润高。3~5个人,1把高压水枪,几瓶汽车蜡和几卷防爆膜,再加上几件简单的工具,一个小规模的美容装饰店就可以开张营业了。这使很多与汽车有关的服务点都争相搞汽车美容,如加油站、修理厂、停车场、饭

店、宾馆等,致使汽车美容服务市场无序化竞争严重,汽车美容装饰质量难以保证。

5. 行业管理法规制度不健全

目前,汽车美容店申请开业是按三类汽车维修企业的标准来申请,三类汽车维修企业是指专门从事汽车专项修理(或维护)生产的企业和个体经营户。从该标准中可以看出,对汽车美容店开业的要求不高,汽车美容的详细项目并没有明确列于其中,与之相应的设备、技术、人员和资金流动方面的要求也就无从谈起了。没有专门针对汽车美容行业的市场准入制度,这个行业就无法得到规范的管理。

从国外的汽车服务市场来看,汽车美容服务已经完全从汽车维修行业中划分出来,成为一个独立的行业。而中国目前的行业划分,汽车美容依然附属于汽车维修,而且经营项目也并未与汽车维修有所区分。例如有些城市,汽车美容企业总体上归汽车维修行业管理处管理,而汽车清洗却归市容管理,从管理的划分方式就可以看出汽车美容行业管理上的不规范。

从服务标准方面看,汽车美容行业在技术、设备、人员和收费等各方面都没有标准可以去参照执行,技术操作不规范和收费不合理现象大量存在。各类服务尚不健全、服务理念偏差。如今,私家车增多和轿车进入家庭后所产生的各种新需求使得个性消费已被市场认可,然而有些方面尚无从获取服务,有的则是得不到有效的服务。个性消费和文化消费的内涵还都有待提高,可以说国内真正的汽车"后市场"还并未被完全开发出来。

三、问题的解决方向

1. 提高人们的消费意识

加强对汽车美容知识、汽车文化的宣传普及,如深入到社区、厂矿、机关等。汽车在家庭中越普及,汽车文化的外延也越拓展,作为汽车文化的重要组成部分,汽车美容的设计也越流行。事实上,只有当一个国家的汽车业达到相当成熟的水平,对汽车美容的重视自然才会深入大众。这一新兴市场将进一步向专业化、规范化方向发展。

提高人们的汽车养护意识及消费意识,使消费者在汽车美容养护这一消费过程中变得更加理性,更加具有判断力。

2. 国家加强宏观管理

加强行业管理,要使汽车美容服务更加专业而全面,就必须将汽车美容从汽车维修中分离出来,进行专项管理;建立严格的开业审批制度、增强执法力度,坚决取缔不符合标准的汽车美容养护厂点,使汽车美容装饰行业健康稳步的发展。

随着汽车技术的进步,汽车质量和可靠性进一步提高,大规模的拆装修理已经越来越少,而汽车维护与保养的服务项目将会越来越多。汽车保养、快修、内外装饰以及其他服务的兴起,促使汽车美容出现品牌连锁经营、特许经营,甚至外资也开始进入这一领域。这标志着汽车美容服务风头正劲,而且正逐步进入规范化和多元化阶段,谁能把握机遇,谁就能抢先占领市场。

总之,汽车服务将不再仅仅局限于为消费者提供方便,而是在传统意义上加入个性消费、安全消费和文化消费等内容。车主买的不仅仅是交通工具,更是一种可以无限延伸的生活。车主追求的不再是一种大众雷同化的装饰,更追求一种能彰显个性的特色。所以,多方面了解消费者的偏好,打造出成熟、标准化的管理,以及高质量高科技的产品服务,将促进汽车后市场服务行业的快速成长。

第四节 汽车美容的类型及依据

一、汽车美容的类型

1. 根据汽车的服务部位分类

(1) 车身美容

车身美容服务项目包括高压洗车,去除车饰上的各种污垢;上蜡增艳与镜面处理,新车开蜡,钢圈、轮胎、保险杠翻新与底盘封塑防腐处理等。也包括车身的外部装饰,如对汽车车顶、车窗、车身周围及车轮等部位进行装饰。

(2) 内饰美容

内饰美容服务项目可分为车室美容、发动机美容及行李箱清洁等项目。其中,车室美容包括仪表台、顶棚、地毯、脚垫、座椅、座套、车门内饰的吸尘清洁护理,以及蒸气杀菌、空调风口除臭、室内空气净化等项目。发动机美容包括发动机冲洗清洁、喷上光保护剂、做翻新处理及对三滤、水箱、蓄电池等的清洁、检查、维护项目。还包括对汽车驾驶室和乘客室进行装饰。

(3) 漆面美容

漆面处理服务项目可分为氧化膜、飞漆、酸雨处理,漆面深浅划痕处理,漆面部分板面破损处理及整车喷漆等。

2. 根据汽车的实际美容程度分类

(1) 一般性美容

就是人们常说的普通汽车美容,即将汽车表面的污物、尘土洗去,然后打蜡,增加车身表面的光亮度,起到了粗浅的"美容"作用。

(2) 修复性美容

汽车修复性美容是对车身漆膜有损伤的部位,先进行漆膜修复,然后再进行美容作业。这种美容的工艺过程一般为损伤部位清理——涂快干原子灰——研磨——涂快干底漆——涂底色漆——涂罩光漆——清除接口。汽车修复性美容必须在比较正规的汽车美容中心进行,它需要必要的设备和工具;必须有一定的修复美容工艺,才能满足汽车美容的基本要求。

但是，这种美容并非很完善，对整车而言，只是对车身的漆膜部分进行了维修保养。

（3）专业性美容

专业性汽车美容，不仅仅包括对汽车的清洗、打蜡，更主要的是根据汽车实际需要进行维护。它包括对汽车护理用品的正确选择与使用、汽车漆膜的护理（例如对各类漆膜缺陷的处理、划痕的修复美容等）、汽车装饰、汽车防护及汽车精品的选装等内容。其中，汽车防护服务项目有贴防爆太阳膜，安装防盗器、静电放电器、汽车报警装置等；汽车精品服务是汽车美容服务的延伸，能满足司机及乘员对汽车内部附属装饰、便捷服务的需求，如车用香水、蜡掸、剃须刀、护目镜、脚垫、座套、把套等的配置，能使汽车美容服务更加贴身贴心，体现出人性化的服务。

一般认为，专业汽车美容是通过先进的设备和数百种用品，经过几十道工序，从车身、内室、发动机、钢圈、轮胎、底盘、保险杠、油路、电路、空调系统、冷却系统、进排气系统等各部位进行彻底的清洗、保养和维护，使旧车变新、新车保值。这样的汽车美容才是真正的专业汽车美容。

二、汽车美容作业的依据

1. 依据汽车的"档次"而定

汽车美容项目、内容及使用的美容产品不同，其价位相差也较大。对汽车进行美容不仅要考虑到实际效果，还必须考虑到费用问题。高档轿车可以考虑使用档次较高的美容用品，并把重点放在美容效果上，一般汽车只要进行常规的美容作业就可以了。

2. 依据"车况"而定

汽车美容作业项目应根据车身漆膜、内饰的污染损坏程度和汽车技术状况等，有针对性地来决定作业的内容和方法。车主应经常对汽车表面进行查看，发现异常应及时进行处理。如车漆表面出现划痕、漆膜氧化等，就应该及时采取措施进行处理。

3. 依据使用"环境"而定

根据汽车所在地的气候、道路及环境状况等来决定汽车美容的周期和用品。如汽车经常在污染较重的矿山、沙尘暴地区使用，应缩短汽车清洗周期，并经常检查漆面有无被石块、砂砾击打造成漆面脱落；如汽车经常在沿海地区使用，由于空气潮湿且含盐分较多，一旦漆面出现划痕应立即采取处理措施，否则会很快造成内部金属锈蚀；若汽车在西北地区使用，由于当地风沙较大，漆面已失去光泽，应缩短抛光、打蜡的周期。

4. 依据"季节"而定

一年四季，气温、气候等因素差异较大，会对汽车表面及内室部件会造成不同的影响，应适时的对汽车进行美容养护作业。如汽车在夏季使用时，由于高温漆膜易老化；在冬季使用时，由于严寒漆膜易冻裂，应针对不同情况进行必要的预防护理作业。另外，冬夏两季车内经常使用空调，车窗紧闭，如果空调系统没有花粉过滤器或过滤器不具备消毒功能，车内就容易出现异味，因此应定期对车内进行杀菌和除臭等消毒处理。

三、专业汽车美容应达到的效果

车身漆膜应达到艳丽的新车效果,并能长久保持。应具有防静电、防酸雨、防紫外线等"三防"功能。发动机的清洗翻新,可使发动机表面形成光亮的保护膜并能长久保持。发动机系统经过免拆卸清洗后,提高了整个系统的技术性能,并延长其使用寿命;风窗玻璃的修复抛光,使开裂发乌的玻璃变得清晰明亮,完好如初;轮毂、轮胎经美容护理后,具有艳丽光泽并能延长其使用寿命;车室内、后备箱内经美容处理后,应更显洁净华贵;金属裸露部分经除锈、防锈处理后,应具有金属光泽,不再生锈,延长其使用寿命。

四、专业汽车美容护理作业的指导方针

1. 取稳避灾

做不好还可重做,千万不要做坏了。急于求成是大多数人容易犯的毛病,急躁是造成事故的主要原因。汽车美容护理中出现的事故都是很严重的,因为汽车本身的价值高,如果在给汽车研磨时将车漆磨透了,这辆车就必须重新喷漆。所以在实际操作中遇到困难时,一定要不耻下问,寻求稳妥的解决方法,谨慎操作才能避免事故的发生,即"取稳避灾"。

2. 取轻避重

怎样才能做到取轻避重呢?最关键的是用品的选择,能用柔和型的产品就不用强力的,能用稀释的就不用浓缩的。在使用专用设备实际操作时,能用低速的就不用高速的,能用劲小时就不要用大力,只要能把活干好,轻的永远比重的风险低。

3. 取专业避零售

既然轻的比重的强,进行汽车美容时就应该从轻的试起,但怎么区分呢?专业人员不应从产品的名称上去理解产品,而应从产品的特性上去理解。例如:丝绒清洗剂和发动机清洗剂对普通消费者来说是两种完全不同的产品。但对专业人员来说,他们都是用来去油的,发动机清洗剂的去油性强,因为发动机通常比丝绒部分要脏。了解这一点,专业人员也可以用丝绒清洁剂来清洗不太油的发动机。在所有的内饰清洁中由于材质的不同,其清洗的力度也有轻有重。丝绒最娇气,宜使用柔和型的清洗剂,化纤其次,地毯清洗剂是最强的。遵循前两条专业美容护理的方针——"取稳避灾、取轻避重",在清洗内饰时,就可以用丝绒清洗剂来清洗整个内饰,包括化纤、地毯等。如果都干净了,也就没有必要使用强力的清洗剂。如果使用柔和型的做不了再换强力的。这一原则在洗车、打蜡、抛光等工序中同样适用。

4. 取精细避粗糙

专业美容是细活儿,仅次于艺术品的制作。边边角角的地方特别注意不能遗漏,一个小小的污点就有可能破坏整个形象,精益求精是专业汽车美容护理争取回头客的法宝。

第五节 汽车装饰的类型及项目

汽车装饰是通过在车身上增加一些附属的物件,以提高汽车表面和内室的美观性,这种行为叫做汽车装饰。所增加的附属物品叫做装饰品。

一、汽车装饰的分类

根据汽车被装饰的部位分类,可分为汽车外部装饰和汽车内部装饰。

1. 汽车外部装饰

汽车外装饰主要是对汽车车顶、车窗、车身周围及车轮等部位进行装饰,汽车外部装饰的主要项目如下:

(1) 汽车漆面的特种喷涂装饰。

(2) 彩条及保护膜装饰。

(3) 前阻风板和后翼板装饰。

(4) 车顶开天窗装饰。

(5) 汽车风窗装饰。

(6) 车身大包围装饰。

(7) 车身局部装饰。

(8) 车轮装饰。

(9) 底盘喷塑保护装饰等。

(10) 汽车彩绘装饰。

2. 汽车内部装饰

汽车内部装饰简称汽车内饰,主要是对汽车驾驶室和乘客室进行装饰,其主要项目如下:

(1) 汽车顶棚内衬装饰。

(2) 侧围内护板和门内护板的装饰。

(3) 仪表板的装饰(更换桃木内饰、更换出风口等)。

(4) 座椅的装饰。

(5) 地板的装饰。

(6) 车用精品的选择搭配。

(7) 方向盘、离合及刹车踏板、换挡手柄及后视镜等的装饰。

(8) 汽车音响的改装装饰。

二、专业汽车美容装饰的基本条件

1. 施工条件

进行汽车美容装饰服务首先应有最起码的美容操作工作室,工作室应与外界隔离,设置漆膜维修处理工作室、干燥室、清洗室、美容护理室等。且最好相互不干扰,但又有一定的联系。有条件的应设有无尘工作室,露天操作是不符合汽车美容作业要求的。

2. 人员设备条件

各工作室应具备相应的专业设备、工具及能源,方便施工所用;所有的施工人员,必须是经过专业技术培训,取得上岗证书者,才可进行施工操作;汽车美容用品及有关材料必须是正规厂家生产的合格品。

3. 服务条件

有完善的售后服务,售后服务是对专业美容作业的补充,当出现一些质量问题时可进行补救处理,既可保证汽车美容企业的良好服务形象,也是对消费者权益的保证。要有污水回收处理装置,排放要符合国家的有关环保要求。

第二章　汽车美容用品

从事汽车美容的人如果对汽车美容养护不当,就有可能导致对汽车"毁容",出现严重的服务质量纠纷。而影响汽车美容质量的主要因素之一就是用品的正确选择,如汽车的电子元器件对清洗剂的要求较高,如果不加区分的对发动机的机械部分和电器部分都使用水基型清洗剂,就可能损坏汽车电控部分的电子元器件,使发动机不能正常工作。因此,清洗这些部位时就必须采用易挥发的电子设备专用清洗剂,或采用具有绝缘性的电子元器件清洗剂来清洗电控部分。由此可见,不注意严把汽车美容用品选用的质量关就等于给用户提供的是劣质服务。因此,学会正确地选用汽车美容用品,对汽车美容养护来说是至关重要的。

一般汽车美容护理用品按其用途可分为以下系列:漆面研磨抛光系列、清洁美容护理系列、玻璃清洁护理系列、仪表板及内饰清洁护理系列、玻璃遮阳隔热系列、轮辋及金属饰件护理系列、发动机清洁及免拆护理系列、底盘护理系列、燃油系统护理系及冷却系统护理列等。

第一节　汽车清洁护理用品选用

一、清洗剂的正确选用

进行车身表面清洗时,由于现代车身漆面的特点,无论什么样的车身漆面均不能用洗衣粉、洗涤灵等含碱性成分较大的普通洗涤用品。长期使用这些洗涤用品洗车会使车身漆面失去光泽,严重的还会使车漆干裂,造成不可挽回的损失。因此,洗车时一定要使用专用的清洁护理用品。

1. 对清洗剂的要求

汽车美容的基础就是汽车的清洗,良好的车身清洗是做好汽车美容的基础。

(1) 清洗剂的 pH 值应小于 8.0,以免损伤汽车漆面及饰物。

(2) 清洗剂应具有较强的渗透能力和增溶能力。

(3) 清洗剂应不含有害物质(对人体、环境、漆面及饰物等)。

2. 清洗剂的作用

(1) 能有效去除车身上的各类污垢。

(2) 具有防锈、防雾功能。

可见,在选用清洗用品时要针对汽车各部位的不同材质应选用具有针对性的专业清洗剂,汽车档次越高选择时越应注意。购买时最好到专业的汽车美容用品商店购买,要看好包装上标定的性能指标及使用方法等。

二、清洗剂的主要成分

1. 表面活性物质

表面活性物质亦称表面活性剂或界面活性剂,其主要作用是用来有效地降低液体的表面张力,以提高清洗剂的去污能力。汽车清洗剂中的表面活性物质主要有软肥皂和合成清洗剂。

2. 水玻璃

水玻璃(硅酸钠),它在清洗剂中的主要作用是维持溶液的 pH 值的稳定,降低清洗剂的消耗。在清洗过程中,酸性污垢必定耗用碱盐,水玻璃维持溶液碱性的缓冲效果约为其他碱盐的 2 倍。另外,水玻璃具有很好的悬浮或稳定悬浮系统的能力。这一能力是水玻璃和活性物质同时使用时能提高去污能力的重要因素。

3. 磷酸盐

磷酸盐有磷酸三钠、磷酸氢二钠和缩合磷酸钠等多种。在汽车清洗剂配方中以缩合磷酸盐最重要。磷酸三钠又称之为正磷酸钠,它的 1‰ 溶液在室温时的 pH 值是 12,因此,碱性太强,在清洗剂中用料不能太多。它的作用主要是软化水质,同时也有一定的乳化能力及提高清洗剂溶液的润湿能力。

4. 碱性物质

碱性物质和油脂(动、植物油、矿物油等)产生皂化反应,反应产物为肥皂和甘油,此两种物质都溶于水。而此反应生成的碱皂是极性分子,极性端被水所吸引致使溶剂的表面张力降低,油和溶液充分接触。溶液可以渗透到油的内部,油脂膨胀并被溶液润湿,从而使油脂和金属间的附着力下降,最后变成微小的颗粒而分散在溶液中发生乳化作用,有效地提高了清洗剂的去污能力。

5. 溶剂

溶剂是清洗剂的主体,它连同表面活性剂等添加剂一起对污垢起化学反应,达到清洁除垢的目的。溶剂主要有水基溶剂和油基溶剂两种,水基溶剂主要是水,油基溶剂主要有汽油、煤油、松节油等。

6. 摩擦剂

摩擦剂是增加与清洗表面接触、摩擦的物质,以提高清洗剂的去污能力,如硅藻土等。

三、清洗剂的除垢机理

清洗剂的除垢过程一般为润湿——吸附——溶解——悬浮——去污五个步骤。

1. 润湿

清洗剂与汽车表面上的污垢质点接触后,由于清洗剂溶液对污垢质点有很强的润湿作用,使被清洗物的表面很容易被清洗溶液所润湿,并促进它们间有充分的接触。清洗溶液不仅能润湿污垢质点表面,而且能深入到污垢聚集体的细小缝隙中,使污垢与被清洗表面结合力减弱、松动,达到去污的效果。

2. 吸附

清洗剂中的电解质形成的无机离子吸附在污垢质点上,能改变对污垢质点的静电吸引力。因此清洗汽车外表面时,既有物理吸附(分子间的相互吸引),又有化学吸附(类似化学键的力相互吸引)。这种吸附作用可以将离开车身的污垢吸附溶解在清洗剂的乳化液中,有效防止了污垢的再次沉积。

3. 溶解

使离开车身的污垢充分地溶解在清洗剂溶液中。

4. 悬浮

清洗剂中的表面活性物质能在污垢质点表面形成定向排列的分子层,进一步增加了去污作用。从清洗剂的基本结构上看,在其分子内有两个部分:一部分是由长的碳氢链组成,它在油中溶解而在水中不溶解;另一部分是水溶性基因,它使整个分子在水中能够溶解而发生表面活性作用。这种分子又称为极性分子,分子中油溶性部分称为亲油基或憎水基,水溶性部分称为亲水基或憎油基。表面活性物质分于与污垢质点接触后,其憎水的一端会吸附在污垢质点上,而亲水的一端与水与结合在一起。这样,吸附在污垢质点周围的很多定向排列的分子就起了桥梁作用,使污垢质点和周围的水溶液牢固地连结在一起,使憎水性污垢具有亲水性质,表面上的污垢脱落后,悬浮于清洗剂中。

5. 去污

最后用高压水枪将污垢冲掉。通过这种润湿——吸附——溶解——悬浮——去污的过程,不断循环,或综合起作用,将汽车表面上的污垢彻底清除掉。

四、清洗剂系列用品简介

常用的汽车清洗剂按其功用不同可分为三大类,即多功能清洗剂、去油剂和溶剂。

1. 车身表面多功能清洗剂

这种清洗剂主要用于清洗汽车表面灰尘、油污等,且在清洗的同时兼顾了对漆面的护理。其主要品种如下:

(1) 二合一清洗剂。这种清洗剂将清洁、护理合二为一,既有清洗功能,又有上蜡增光功能,以满足快速清洗兼打蜡的要求。如上光洗车液,主要由表面活性剂配制而成,上蜡成分是一种具有独特配方的水蜡。在清洗作业中,它可以在漆面形成一层蜡膜,增加车身鲜艳程度,有效保护车漆。本品使用非常方便,可以用作汽车的日常护理用品,适合刚做过专业美容的汽车或者只愿花较低费用洗车打蜡的汽车,这种洗车液不易燃,属生物降解型,对环境无污染。

(2) 香波类清洗剂。此类清洗剂主要有汽车香波及清洁香波等品种,具有性质温和、不破坏蜡膜、不腐蚀漆面、液体浓缩、泡沫丰富、使用成本低等产品性能。香波类清洗剂含有表面活性剂,有很强的分解能力,能有效地去除车身表面的尘土和油污。有的产品含有阳离子表面活性剂成分,能去除车身携带的静电和防止交通膜的形成。

(3) 脱蜡清洗剂。此类清洗剂含柔和性溶剂,具有较强的溶解功能。不仅可去除车身油垢,而且能把原有车蜡洗掉,主要适用于重新打蜡前的车身清洗。

(4) 水系清洗剂。这种汽车清洗剂不同于除油脱脂剂,其配方中基本不含碱性盐类,一般由多种表面活性剂配制而成,具有很强的浸润和分散能力,能够有效地去除车身表面的尘埃、油污。如不脱蜡洗车液,这种洗车液是近年来国内外在推广使用的水系清洁剂,它具有操作简便、挥发慢等特点而倍受客户的欢迎。其配方不含碱性盐类,主要成分是类型不一的表面活性剂,其中非离子活性剂使用的比较多,是车身日常清洁的首选洗车液。这种洗车液不易燃,属生物降解型,对环境无污染。

(5) 增光型清洗剂。这是一种集清洁、增光、保护于一身的超浓缩洗车液,使用时能够产生丰富的泡沫,具有良好的清洁效果,其独特的增光配方可以在车漆表面形成一层高透明的蜡质保护膜,令漆面光洁亮丽,给人焕然一新的感觉。

2. 去油剂

去油剂又称油脂清洗剂,它具有极强的去油功能,主要用于发动机、轮毂等油污较重部位的清洗。常见的去油剂有如下3类。

(1) 水质的去油剂:安全、无害、去油功能有限,成本适中。

(2) 石化溶剂型去油剂:易燃、有害、去油功能强,成本低。

(3) 天然型溶剂(橙皮提炼的):无害、去油功能强,成本高。

3. 溶剂

溶解清洗剂简称"溶剂",是一类溶解功能极强的清洗剂,不仅能清除车身上的焦油、沥青、鸟粪、橡胶、漆点等水不溶性污垢,而且可用于"开蜡",故有些品种直接取名为开蜡水。

溶剂分两大类,即石化溶剂和天然溶剂。大部分石化溶剂以煤油为基础料,然后加以各种添加剂或表面活性剂。

(1) 溶剂蜡质开蜡水

产品性能:蜡质开蜡水是属生物降解型溶剂,也就是说它的主要原料提炼于橙皮,因此成本较高。但这是目前唯一能满足西方环保要求的蜡质开蜡水。若蜡不厚,可将蜡质开蜡水按1∶1稀释使用。

注意事项：本品对环境无害，不易燃，不腐蚀，但具强碱性，使用时需有劳动保护措施。

（2）树脂开蜡水

产品性能：树脂蜡一般作运输车辆的保护剂，它的主要目的是防雨水、防尘和划痕。这种保护层一般不含油脂物质。因此，在开蜡时要用含树脂聚合物的溶解元素的树脂开蜡水。

车上一般是油脂蜡的保护剂，它被用来抵制海水的侵蚀，它的开蜡要用油脂蜡开蜡水。树脂开蜡水不含腐蚀剂，很多人在国外用它来清洗汽车顶部和有些车的皮革、电镀件、风窗玻璃及铝合金件等。

使用方法：与一般用品不同的是在使用时必须按1∶3的比例溶于水，最好是热水，因为此时树脂开蜡水的表面活性剂最活跃，开蜡效果最佳。

注意事项：虽不腐蚀，但使用时仍需劳保用品。

（3）污垢软化剂

鸟粪、树胶等东西落在车上若长时间不清洗会变硬，而且会侵蚀车漆，公路上溅上的沥青更是如此。因此，使用普通清洗剂很难洗掉已发硬的鸟粪和沥青。

产品性能：污垢软化剂实际上是一种柔和的溶剂，主要用来软化以上硬化物质。污垢软化剂可直接用在车漆、玻璃、保险杠等表面。污垢软化剂同时可作开蜡水，尤其是较硬的运输蜡。把污垢软化剂喷在车上，五分钟后用布一擦即可（一定要用清水将污垢软化剂冲净）。

注意事项：污垢软化剂属柔和型溶剂，pH值为9.5，废水有一定的碱性应妥善处理，工作时要有劳动保护措施。

五、常用汽车清洁用品

1. S-640万能清洁去脂剂

产品性能：该产品为浓缩配方，能够迅速清除各种表面的油污、尘埃及各种脏物，对于清洁表面无任何腐蚀作用。

使用方法：将该产品直接喷洒在待清洁的表面，然后用干净的软布擦拭几遍即可。

2. 万用清洁剂

产品性能：能除去各种玻璃、油漆表面及金属制品表面的污垢；不伤害漆膜、塑料及橡胶制品；是泡沫清洁剂，无滴流的困扰。

使用方法：将该产品直接喷涂在待清洗的物体表面，使泡沫停留一分钟，然后用干净的抹布擦拭干净即可。

适用范围：适用于车身表面、玻璃、座椅等的清洗。

注意事项：不要等泡沫全部干后才进行擦拭。

3. 403无氯制动系统清洗剂

产品性能：能快速、安全、有效地清洗制动盘、制动鼓、制动缸、制动弹簧和摩擦制动蹄片等部件表面的油渍、制动液及其他脏物。可清洗等速万向节等部件表面的油渍。能增加制动能力,消除制动系统的噪声和振颤。无氯配方,对人体和环境无害。

使用方法:使用前应将本产品摇均匀,向需清洗物表面喷涂本产品。晾干或用干净柔软的抹布擦干即可。需要润滑的地方,在清洗完毕后,应重新润滑。

注意事项:不要将该产品与眼睛和皮肤接触,切勿入口;远离儿童,远离热源、火源,密封保存;不要焚烧或刺穿容器。

4. 制动清洗剂

产品性能:产品能迅速清除污垢,避免产生辗轧的噪声。不含有毒物质,不会造成对环境的污染。

使用方法:将该产品直接喷涂到待清洗物体表面,然后用干净的抹布擦拭干净即可。

5. 417 高效发动机油渍清洗剂

产品性能:能迅速清除发动机、发电机及其他机械设备表面的油脂和污垢;对油漆、橡胶、导线和绝缘材料无害,也可用于清除汽车修理厂的地板和车道上的油垢等,有利于发动机散热。

使用方法:使发动机暖机,达到正常温度后熄火;用塑料布盖住橡胶制品和分电器盖等。使用前将该产品摇匀,充分喷射。5分钟后即可达到最佳渗润效果。对难以清洗的部位,可反复清洗。用高压水将发动机冲洗干净。

6. 轮毂清洁剂

产品性能:能有效地去除轮毂上的油渍、氧化色斑,并能清洁上光。本产品呈弱酸性,但对轮毂及轮胎均无腐蚀作用。

适用范围:所有车辆轮毂的清洗均可适用。

使用方法:将该产品直接喷涂在汽车的轮毂上,然后用软布擦拭干净即可。

7. 3M 晶亮智能汽车宝

产品性能:该产品是一种浓缩多用途清洁剂,不伤害新车的透明光亮层。洁净力强,不会洗掉汽车漆膜上的保护蜡,可节省再上蜡和清洗时间。配合 3M 成套清洗美容产品使用,效果更加显著。

适用范围:能有效地清洗去除漆膜上的粉尘、油渍、污垢,也可用于清洁塑胶配件、座垫等。

使用方法:按水∶洗车宝=133∶1(体积比)的比例混合成清洗液。用清洗液直接冲洗或擦洗,然后擦净吹干即可。

8. 发动机冷却系统清洗剂

如 CSF-181 专用清洗剂就是专门用于清洗发动机的冷却系统。

使用方法:使用一桶 472 毫升的 CSF-181 清洗剂,可清洗一个发动机。清洗时间为 40 分钟,作业前要仔细阅读产品使用说明书。

注意事项:在空气流通的场地使用。切勿入口。远离儿童。在室温、干燥环境下,密封储存,不能在高温下暴晒。

9. 发动机润滑系统清洁剂

产品性能：是在发动机不解体的情况下，通过专业设备或直接添加的方式来清洁润滑油路系统，改善润滑油的抗氧化性能，减小活塞环与气缸壁之间的摩擦作用，有效降低发动机的噪声和油耗，提高汽车的动力性和经济性，延长发动机使用寿命。

使用方法：请参照专用清洁设备和清洁剂产品的使用规程正确使用。

10. 电子燃油喷射系统清洁剂

产品性能：此类清洁剂大多直接加入到油箱内溶解到汽油之中，随汽油的流动清除供油系统及燃油喷射装置的焦油等沉积物，并通过燃烧分解作用清除燃烧室内的积炭，从而改善发动机的燃烧。

使用方法：在决定向油箱中添加电子燃油喷射系统清洁剂之前，必须确认此油箱是清洁、无沉积物，否则，部分清洁剂会首先分解油箱中长期累积的焦油、泥污等沉积物，导致油箱中的汽油浑浊而堵塞油泵滤网和油路管道。

11. 汽车空调系统清洗剂

产品性能：汽车空调清洗剂，如 AC-701 专门用于清洗汽车空调系统的进风道、送风道和蒸发器。清除其中的各种霉菌、有毒化合物、烟碱。消除车内的怪臭气味，清洁整个空调通风系统。

使用方法：使用前要摇动空调清洗剂罐体，打开车门，保持通风。启动发动机，打开空调外循环开关，将风量开到最大。将罐盖内的细软管接到喷头金属管上，将软管插入进风口，按下气阀，将气阀向右旋转，待清洗剂喷完后保持 20 分钟左右。可再用清水 100 毫升喷，同时风扇转动 10 分钟左右即可。

注意事项：清洗前应取下空调的空气滤清器，远离儿童。

12. 自动变速箱系统清洗剂

产品性能：如 ATF-280 清洗剂是免拆发动机清洗设备的专用清洗剂，专门用于清洗汽车的自动变速箱系统，本产品不易燃。

使用方法：将清洗剂注入变速箱中，启动发动机，使发动机转动 10 分。注意，在发动机运转时需变挡操作，然后使用发动机自动变速箱系统免拆换油机将旧油换出。

注意事项：在空气流通的场地使用。切勿入口。远离儿童。在室温、干燥环境下，密封储存，不能在高温下暴晒。

13. 发动机三元催化器清洗剂

产品性能：专业发动机三元清洗剂对三元催化器无害，可彻底清除三元催化器表面的硫、磷络化合物及各种沉积物，恢复三元催化器活性，降低一氧化碳、氮氧化合物等尾气的排放，有助于节省燃油，恢复发动机动力，延长三元使用寿命，对氧传感器无害。

使用方法：作业时应由专业人员配套专业工具并按照使用说明进行操作。清洗过程中，流量阀开小一些，将转速保持在 1500 转/分，让液体慢慢吸入，清洗时间保持在 30 分钟左右为佳；清洗完成后，再次启动引擎，怠速运转 5~10 分钟，以彻底排净残液（进气道有热度后方能行驶）。

注意事项：清洗时排出的气体有强烈的异味，请选择合适的清洗环境，注意劳动保护。

14. 轮毂去油剂

一般轮毂清洗液都属酸性物质，较容易损伤轮毂的金属层。

产品性能：此剂不含腐蚀剂，也不含酸性物质，而且清洗功能极强。将轮毂去油剂喷到轮毂表层后，油泥液自动往下流，只需用布轻轻擦干即可恢复金属或 ABS 塑料的原有光泽。

注意事项：该剂不易燃，对环境不造成污染，不腐蚀。

15. 轮胎强力去污剂

产品性能：该剂为强碱型清洁剂，与橡胶制品产生活跃反应。对带有白线圈的轮胎清洗效果尤其明显，用它清洗（最好喷后用马毛刷走一遍）过的白线圈如同新的一样。

注意事项：该剂属腐蚀性液体，应妥善保管。

16. 发动机强力清洗剂（松香型、浓缩型）

产品性能：它是一种生物降解型的溶剂，也是一种比一般溶剂更强的生物降解型去油剂。主要成分是从橙皮中提取的，成本高。

使用方法：不稀释时可清洗发动机等油泥较重的地方，按 1∶1 稀释（也可不稀释）后清洗内饰、抽油机等效果极好。

注意事项：应远离食物，该溶剂 pH 值为 13，属生物降解型，不易燃。

17. 发动机外部清洗剂

产品性能：该剂是以煤油为基础料的去油剂，或叫溶剂，属生物不可降解型，用后的脏液应妥善处理。该剂能去除较重油污，能快速乳化、分解去除油污，且不腐蚀机体及零部件；产品呈碱性，含有缓蚀剂成分。

运用范围：适用于发动机外表及底盘等部位清洗。

使用方法：该剂不稀释，直接使用，使用时将清洗剂喷到车上，擦洗后用水冲净即可。

注意事项：该剂属生物不可降解型，易燃，严禁在发动机灼热时使用。

18. 水质去油剂

产品性能：该剂是最具灵活性的去油剂，虽然不能用来开蜡（因不是溶剂），但它可作为一种多功能去油剂来使用，因为它是水质的，因此很安全。实际上，可把它当作普通多功能清洗剂（洗车、洗内饰、洗皮革），但它比一般清洗剂又多出了"切"油的功能。

注意事项：该剂属生物可降解型，不易燃，不腐蚀，但碱性较强，工作时应有保护措施。

第二节 汽车车蜡的选用

汽车打蜡的目的主要是为了保持车身漆面亮丽整洁,保护车漆。现代轿车越来越广泛地采用金属漆,日久天长,基漆的颜色将会褪变,进而影响汽车外观,同时会使全车产生色差。而车蜡可将部分入射光反射回去,能减缓基漆的颜色褪变。特别是现代车蜡的种类也越来越多,特别是现代高级美容蜡已具有防氧化、抗腐蚀、填补细小划痕、抛光、增光等一系列功能。因此及时给汽车打蜡,在车蜡与罩光漆的共同作用下,您的爱车将青春永驻,艳丽如新。作业时,专业人员可以根据车漆表面的具体情况来选用合适的车蜡产品。

一、车蜡的发展及主要功用

1. 车蜡的发展历史

自汽车诞生以来,汽车就是富人的玩物,虽然现代汽车已发展成为人们日常的交通工具,但是高级轿车仍然是社会地位的象征。光彩照人的车身表面能够体现车主的修养和风度,所以一直以来都存在车身表面的美容护理,只是以前不够专业,护理产品不多。现在汽车美容已从业余走上专业的道路,美容产品也琳琅满目,应有尽有。作为美容护理产品之一的汽车蜡至今也有几十年的历史,由单纯的打蜡上光发展到现在的具有多重保护性功能的产品。汽车蜡的发展大致经历了以下几个阶段。

(1) 化工类阶段

第一代车蜡是固体石蜡;第二代车蜡是膏状石蜡;第三代车蜡是液体石蜡。以上这三代车蜡都是以石油的蒸馏物为主要原料,使用比较麻烦,需彻底晒干后才能抛光,不能形成良好的保护层,保持不长久,一沾水就容易掉。

(2) 复合聚合物阶段

第四代车蜡是含单种聚合物的蜡;第五代车蜡是含多种聚合物的蜡。这些后期的车蜡中添加了聚合物(如特氟隆或釉等),这种聚合物一旦晒干后,能在车漆表面形成一层薄薄的保护膜,同时又起到上光的作用,可以保持几个月之久。

(3) 天然阶段

第六代车蜡是纯天然的蜡,不含人工合成物,是现代环保产品,具有良好的护理效果,是豪华轿车的上蜡首选。

近些年,含有聚合物的汽车蜡和采用纯天然原料制成的汽车蜡得到了广泛的应用。

2. 车蜡的主要功用

车蜡是车身表面最外层的保护,打蜡除了能增加漆面的光洁度外,其在车表形成的蜡膜还能有效地防止产生静电、防止紫外线的照射,起到抗高温、防氧化、防水、防划伤及研磨抛光等作用。

（1）防水作用

汽车运行环境很复杂，容易受到有害气体、有害灰尘及水分等具有腐蚀性物质的侵蚀。空气中的水蒸气冷凝后形成水滴存留在车身表面，在强烈阳光照射下，每个小水滴就是一个凸透镜，在它的聚焦作用下，焦点处温度达800℃～1000℃，形成一种"透镜效应"加速漆面老化，极大影响了漆面的质量及使用寿命。另外，有害气体和有害灰尘会造成车漆变色和老化。

汽车蜡可在车漆与大气之间形成一层保护层，将车漆与有害气体、有害灰尘有效地隔离，起到一种"屏蔽"的作用。车蜡能使车身漆面上的水滴附着减少60%～90%，高档车蜡还可使残留在漆面上的水滴进一步平展，呈扁平状，最大限度地减少水滴对阳光的聚焦，使车身免受侵蚀和破坏。打上去的蜡，可以使车身上的水滴会近似球状，不易产生透镜效应，可以有效地抑制因太阳光而造成的水痕。

（2）抗高温作用

车蜡抗高温作用是对来自不同方向的入射光产生有效反射，防止入射光线穿透清罩漆，导致底色漆老化变色，从而延长漆面的使用寿命。

（3）防静电作用

通过打蜡隔断空气及尘埃与车身漆面的摩擦，不但可有效防止车表静电的产生，还可大大降低带电尘埃对车表的附着。

（4）防紫外线作用

日光中的紫外光较易折射进入漆面，防紫外线车蜡充分地考虑了紫外线的特性，使其对车表的侵害最大限度地降低。

（5）上光作用

上光是车蜡的最基本作用之一，经过打蜡的车辆，都能不同程度地改善其漆面的光洁程度，使车身恢复亮丽本色。

（6）研磨抛光作用

当漆面出现浅划痕时，可使用研磨抛光车蜡。如划痕不很严重，抛光和打蜡作业可一次完成。

车蜡除了具有上述功用外，还具有防酸雨、防雾等功能，选用时可根据需要灵活把握，使打蜡取得事半功倍的效果。

（7）防划伤作用

车身表面打蜡后，形成的蜡膜都有一定的硬度和厚度，可以防止细小的划伤。

（8）抗氧化作用

打蜡后车身表面形成一层蜡膜，可以较好地防止漆面油分的损失，不容易形成氧化层。

车蜡除了具有上述功用外，还具有防酸雨、防雾等功能，选用时应根椐需要灵活把握，使打蜡起到事半功倍的效果。如车身褪色及出现细小划痕，经打蜡后即可恢复新车一样的色彩和光泽。

二、车蜡的主要成分和分类

1. 车蜡的主要成分

车蜡的主要成分是聚乙烯乳液或硅酮类高分子化合物,并含有油脂和添加剂成分。

2. 车蜡的种类

由于车蜡中所含的添加成分不同,使其在物理形态及性能上有所区别。

(1) 按其物理状态分,可分为固体蜡和液体蜡两种。在日常作业中,液体蜡应用相对较广泛,如龟牌蜡、即时抛等。

(2) 按其功能不同分,可分为上光蜡和抛光研磨蜡两种。国产上光蜡的主要添加成分为蜂蜡、松节油等,其外观多为白色或乳白色,主要用于喷漆作业中表面上光。国产抛光研磨蜡主要添加成分为地蜡、硅藻土、氧化铝、矿物油及乳化剂等,颜色有浅灰色、灰色、乳黄色及黄褐色等,主要用于浅划痕处理及漆膜的磨平作业,以清除浅划痕、橘纹、填平细小针孔等。

(3) 按其生产国别不同分,可分为国产蜡和进口蜡。目前,在国内汽车美容行业使用的车蜡中,高档车蜡绝大部分为进口蜡;低档车蜡中,国产车蜡占有较大的份额。常见进口车蜡多来自美国、英国、日本、荷兰等,例如,美国龟博士、普乐系列车蜡、英国特使系列车蜡等。国产车蜡最常用的有即时抛等。

(4) 按其作用不同分,可分为防水车蜡、防高温车蜡、防静电车蜡及防紫外线车蜡等。

三、车蜡的主要品种

1. 天然棕榈蜡

这种车蜡的主要成分是天然巴西棕榈蜡,使用后能增加车漆表面的光泽度和透明度,是美容产品中的极品,适合高档豪华轿车。

天然棕榈蜡是从生长在南美洲巴西东北部的棕榈树叶上提取的一种天然植物蜡,它能有效防止棕榈树叶在干燥地区的水分蒸发。它具有良好的光泽性、乳化性、防潮性、抗氧化性、附着性、摩擦性、湿滑性及粘度、硬度的可调整性,被广泛用于汽车、食品、皮革、化妆品、医药等行业。

2. 研磨蜡

这种车蜡的主要成分为研磨剂、地蜡、矿物油及乳化剂等,主要用于汽车漆面浅划痕处理及漆膜的磨平作业。

3. 硅蜡

这种车蜡的主要添加成分为硅酮类高分子化合物、润滑剂等,能够渗透、密封因氧引起的毛细孔、裂纹等,使汽车表面凹凸处变得光滑,形成非常均匀持久的蜡膜。

4. 特氟隆蜡

这种车蜡的主要添加成分为特氟隆的聚合物,使用后能防氧化、防酸雨、防腐蚀,效果牢固、持久,可深入漆的表层。

特氟隆是美国杜邦公司研发的所有碳氢树脂的总称。它具有优异的耐热性(180～200℃)、耐低温性(-200℃)、自润滑性及良好的化学稳定性等,常被称之为"拒腐蚀,永不沾"。

5. 含釉成分蜡

这种车蜡又叫太空釉,内合多种聚合物,使用后能使氧化严重的车漆表面焕然一新,起到防氧化、抗腐蚀、增加光亮度的作用。

6. 彩色蜡

这种蜡主要按车身漆面的颜色来分别使用,目前主要有12种。这种蜡含有棕榈蜡、油分添加剂、增色剂等,使用后能在漆面形成三层蜡膜,有效地抵制有害物质对车身漆面的损伤。

四、车蜡的选用原则

目前,汽车美容护理用品市场车蜡种类繁多,由于各种车蜡的性能不同,其作用效果也不一样,所以在选用时必须慎重,选择不当不仅不能保护车体,反而会使车漆变色,造成不必要的麻烦。

1. 根据车蜡的作用来选择

由于车辆的运行环境千差万别,在车蜡的选择上对汽车漆面的保护应该有所侧重。例如,沿海地区宜选用防盐雾功能较强的车蜡;而化学工业区宜选用防酸雨功能较强的车蜡;多雨地区宜选用防水性能优良的车蜡;高原、光照好的地区宜选用防紫外线、抗高温性能优良的车蜡。

2. 根据漆面的质量来选择

对于中高档轿车,其漆面的质量较好,宜选用高档车蜡;对普通轿车或其他车辆,可选用一般的保护车蜡即可,适合的就是最好的。

3. 根据漆面的新旧来选择

新车或新喷漆的车辆,应选用上光蜡,以保持车身的光泽和颜色;对旧车或漆面有漫射光痕的车辆,可选用研磨蜡对其进行抛光处理后,再用上光蜡上光。

4. 根据季节不同来选择

一般春秋风沙大,应选用质地稍硬些的车蜡;夏季光照较强,宜选用防高温、防紫外线能力强的车蜡;冬季应考虑防冻的要求。

5. 根据车辆行驶环境来选择

如果汽车经常行驶在泥泞、尘土、砾石、矿区、工地、乡村等恶劣道路环境中,应选用保护功能较强的硅酮树脂车蜡。

6. 根据车漆颜色来选择

选用车蜡时还必须考虑与车漆颜色相适应,一般深色车漆选用黑色、红色、绿色系列的车蜡,浅色车漆选用银色、白色、珍珠色系列车蜡。这样可以达到掩盖车身表面的细小划痕、使车身显得更加光洁、漂亮之目的。

7. 根据操作条件选择

如果有时间想多花一些功夫打出光泽,则可以选用固态蜡;如果想既省时又省力,则可选用喷雾式蜡,它可以边喷边打亮,同时能够去除车身表面污垢;如果觉得固态蜡使用不方便,又嫌喷雾式蜡的光泽不佳,则可选用半固态蜡或液态蜡。

五、一般保护性车蜡与高级美容车蜡的比较

1. 一般保护性车蜡的特点

这种车蜡是由蜡、硅、油脂等成分混合而成的,属于油性物质,它可在漆面形成一层油膜而散发光泽。但由于油膜与漆面的结合力差,保护时间较短,这种蜡常常因下雨或冲洗等因素流失,有时甚至附着在风窗玻璃上,而形成油垢。另外,存留在车蜡上的水滴一般呈半球状,会产生透镜作用,聚焦太阳光以致灼伤漆面。

2. 高级美容车蜡的特点

这种车蜡含有特殊材料成分,不论水冲洗多少次,一般都不会流失,也不用担心光泽在较短时间失去。施工后车蜡表面水滴呈扁平状,透镜作用不明显,有效地保护了漆面。高级美容蜡外观效果非常好,但价格偏高,特别是水晶蜡、钻石蜡等。因为这类车蜡除了具有一般保养蜡功能外,它还含有一种活性常强的渗透剂,能使车蜡迅速渗透于漆层内,它特殊的分子结构,可以和漆面之间产生牢固的结合力,上蜡后的漆面看起来浑然一体,效果颇佳。高级美容蜡使用时,一般要经过许多道复杂的前期处理工序,即使是新车上水晶蜡,也要经过清洗、风干、蓝黏土处理等多道工序,所以,技术含量高,效果一流,持久耐用。

六、车蜡系列用品简介

1. 天然抛光蜡

该品不同于其他任何一种蜡,它不含任何碳氢化合物(活性剂——石蜡、煤油等)。

产品性能:是通过纯天然原材料达到高科技护理效果的。它含有:巴西棕榈——镜面光泽剂;蜜蜂蜡——坚固的防水层;细白陶土和杏仁粉——柔和型抛光剂;硅酮树脂和其他聚合物——增光剂;芦荟油——易于抛光的湿润利;维他命E——可防止干燥、氧化;可可、香蕉油——芳香剂。

使用方法:将车身洗净擦干,轻轻摇晃本品,用软布把蜡薄薄地涂在车身上,每次按 0.5 m^2 涂擦,并擦除车身上多余的蜡,稍候用干净软布轻擦抛光即可。

2. 水晶镀膜——巴西棕榈抛光蜡

这种蜡多年来一直被喻为"美容皇后",它的水晶镀膜几乎是"光泽"的同义词,因为没有

任何其他产品能与它比"亮"。

产品性能:由多种聚合物合成,不含腐蚀剂成分,适用所有漆面;集上光、保护为一体,使漆表面形成永久性保护膜;清除车身表面细孔、焦油、树脂、氧化、尘垢等;延长抛光寿命,避免车漆产生裂纹、划痕、氧化、脱落及发黄;高质量的品质,只需使用少许即可达到意想不到的透明效果。

使用方法:使用前将车身洗净擦干,轻轻摇晃本品,倒入湿布或海绵少许,小面积旋转式涂于车漆表面,稍候用无纺棉抛光即可。建议 90 天使用一次。

3. 新车镀膜——新车保护蜡

产品性能:新车保护蜡含两种化学价截然相反的分子聚合物,两者的结合形成了一个完美的流线平面——水珠在上面也存不住。看一辆车是否打过蜡传统的方法是看车着水后的水珠效果:有水珠即是打过蜡;涂过新车保护蜡的车几乎没有水珠,因为它不存水,浇到车上的水流线似的倾下来,剩下的是镜子都要嫉妒的车漆表面。新车保护蜡给你真正的"镜面"效果。

4. 色彩镀膜——魔彩釉

产品性能:该镀膜具有清洁、上光和保护功能,可使擦伤、划痕减轻或消失。与原漆本色浑然一体,使旧漆焕然一新。适用所有漆面。

使用方法:将车身清洗干净,然后轻轻摇匀本品,倒少许于湿布,小面积圈式擦拭,稍候用干净软布擦净即可。应避免在强烈阳光下和车身温度高时使用。

5. 隐形车衣镀膜——特氟隆密封保护剂

产品性能:以特氟隆为主要配方原料,密封、润滑耐久、防酸雨、防腐蚀、防海水、抗潮湿,是新车和在恶劣及污染环境行驶的汽车的理想保护神。

使用方法:将车身清洗干净,擦干,轻轻摇晃本品,倒入湿海绵或柔软湿布少许,小面积旋转式擦拭。稍干后,再用无纺棉擦净即可。注意,应在阴凉处作业。

6. 太空镀膜——21 世纪高科技配方

产品性能:太空镀膜是 21 世纪高科技配方,含多种聚合物,能保持 12 个月之久。即使是氧化严重的车漆,经它"整容"后也光彩耀人。

使用方法:将车身洗净擦干,轻轻摇晃本品使其均匀,倒少许于潮湿海绵或柔软湿布,旋转涂于车漆表面后随即用无纺棉抛光。注意,应在阴凉处作业。

7. 水抛光镀膜蜡

产品性能:该品是不用手而用水来抛光的蜡。将其快速涂到车漆表面,然后用清水一冲即可,比手工抛蜡方便快捷。该品不是清洗剂,而是纯天然的巴西棕榈蜡,加以特种聚合物使其产生"流线催干"效果。该品光泽耀眼,不含研磨材料,属超柔和型用品,适用于各种车漆表面。

8. 防静电镀膜——手喷保护上光剂

产品性能:该剂为美容史上又一新突破,它是静电的克星。该剂为 21 世纪高科技配方,含有防静电元素,防尘;不含陶土,缝中不留白色痕迹;手喷蜡可保持6个月之久。使用简便,先喷后擦,20分钟即可处理一辆车。

9. 金属漆三重蜡

产品性能:该品是为金属漆面护理而设计的一种上光蜡,不含任何研磨材料。一般普通车蜡均含有研磨材料,会对金属漆面带来损伤,使漆面变暗。使用本品能在金属漆面形成三层蜡膜,快速抛光车身,无破坏性,可延长汽车使用寿命。适用于各种颜色的金属漆面。

使用方法:彻底清洗车身,摇匀本品后用海绵或软布将其涂于漆面,停几分钟后再用不起毛的软布抛光即可。

10. 去污蜡

产品性能:具有去污、除锈、除垢,保护漆膜光亮的功能。能恢复漆膜及金属表面的鲜艳色泽。

适用范围:用于车身表面清洗护理。

使用方法:将去污蜡直接涂布在清洗物表面,然后用柔软抹布擦拭干净即可。

注意事项:当车身漆膜温热时,不能使用该产品进行清洗。需待常温时,才可使用该产品清洗。

11. 特级增亮喷蜡

产品性能:该产品为最新快速保护蜡,一喷一抹就可以使漆膜的光彩立刻显见,犹如车刚打完蜡的效果,使漆膜光亮如新。

适用范围:适用于车身和设备的漆膜清洗护理。

使用方法:将本产品直接均匀地喷涂在漆膜表面,然后用多功能擦拭纸进行擦净即可。

注意事项:该产品需配合特级水晶乳蜡或水晶硬蜡使用,效果更佳。详细情况应按使用说明书要求使用。

12. 特级水晶乳蜡

产品性能:上蜡、清洁、显色、光滑、保护、防水、防氧化一次完成,并产生高光亮度,清洗效果可保持到10~15次洗车。

适用范围:适用于车辆漆膜保护。

使用方法:先将该产品均匀地喷涂到车身漆膜上,然后抛光,最后用多功能擦拭纸擦拭即可。

注意事项:按配套产品要求使用。

13. 特级水晶硬蜡

产品性能:该产品可使蜡保护层不易被水分解,可长时间保护漆膜光亮如新。抗紫外线,耐酸雨。只需薄薄地喷涂一层于漆膜上,可立刻光彩照人。其效果可达到20次洗车后不变。

适用范围:适用于车身漆膜清洗护理。

使用方法:将该产品薄薄地喷涂一层,然后用多功能擦拭纸擦拭干净即可。

注意事项:按配套产品要求使用。

14. 亮光蜡

产品性能：该产品为最新持久型保护蜡，不伤害新车的光亮透明层，且耐紫外线。该产品含有色彩鲜艳剂，可使被涂物光亮持久，品质稳定。可在漆膜上形成保护膜，防止氧化、酸雨腐蚀、雨水浸蚀等。使用该产品可使漆膜不粘灰尘。如漆膜上粘有污垢时，应先用去污剂清洗后，再用该产品护理。

适用范围：适用于车身、机械设备的漆膜护理。

使用方法：将该产品直接均匀地喷涂在车身漆膜上即可。

注意事项：不可在车身还处于暖热时使用。

15. 黄金镜面蜡

产品性能：该产品是一种高性能的护理型天然蜡，含有巴西棕榈、聚碳酸酯；对漆膜的渗透力极强，涂后光泽如镜，保持长久，可有效地护理汽车和其他设备的漆膜。

适用范围：适用于新车和旧车翻新后的漆膜护理。

使用方法：将该产品均匀地喷涂在漆膜上即可。

注意事项：该产品可手工打蜡，也可机器打蜡。

第三节　汽车专业保护用品选用

由于车身上的装饰材料性质不同，因此在进行美容作业时应根据不同部位的不同材质，选用具有针对性的专业清洁保护用品。

专业保护剂是一种用于皮革、塑料、橡胶等清洁、上光、保护的汽车美容用品。

一、皮革类专业保护剂

1. 水性真皮清洁柔顺剂

产品性能：该剂呈乳白色；液体，是一种性质温和的水溶剂。去污能力强，不损伤皮革，用后皮革不褪色，延缓老化且具有柔顺保护功能，配合真皮保护上光剂使用效果更佳。

适用范围：用于清洁真皮、人造革、仪表台等表面各种污垢。

2. 油性真皮上光保护剂

产品性能：该剂呈乳状，液体，有宜人的皮革味，为天然液体蜡。该剂具有快速清洁、还原、增色功能，能擦亮皮革、塑胶、木制家具等表面，并能形成一层平滑光亮的保护膜，延长使用寿命。特别是在用品中加上抗老化剂、防水剂、防静电剂等，能有效地保护皮革表面，避免皮革表面干裂褪色，防止有害物体的污染和损坏。

适用范围：汽车真皮座椅、家具（包括木制家具）、沙发、塑胶制品的上光保护。

使用方法：将该剂摇匀后喷于被整饰表面，用干净不起毛的软布擦拭，即可得到光亮持

久的保护层。

注意事项:该剂应存放在通风处,并远离火源。

3. 硬质皮革清洗剂

产品性能:该剂采用现代喷雾剂包装,泡沫丰富,可迅速清洁、护理精制皮革、乙烯树脂等制品。

使用方法:将该剂摇匀,喷在物体表面,然后用布或软毛刷清洗干净。对于软羔皮、麂皮及在皮子发热时适宜使用该剂。

注意事项:不得挤压该剂,且贮藏温度不得高于45℃。

二、化纤、丝绒类专业保护剂

1. 化纤保护剂

产品性能:该剂含有硅酮树脂,在清洗的同时这种聚合物附着在纤维上,具防紫外线、防老化、防腐蚀功能,而且再次脏了后也比较易清洗。该剂因含硅酮成分,价位较一般化纤清洗剂要高。

适用范围:该剂主要用于汽车内饰的化纤饰品的清洁、保护。

2. 绒毛深度清洁香波

产品性能:该香波为液体,有柠檬香味,由表面活性剂、柔顺剂、着色剂、杀菌剂等成分组合而成。具有气味芳香、清洁去污、增色、柔顺、杀菌等功能。该香波去污力强,用后色彩艳丽,干燥时间短,使用方便。

适用范围:该剂适用于绒毛座椅表面、皮革座椅表面、顶篷、车门内饰及车内地毯等,也可用于宾馆、酒店、干洗房及家庭干洗地毯与毛料服装。

使用方法:机械清洗,每5L水加入60mL清洁香波后,倒入清洗机的洁净水箱中,或根据生产商的说明要求使用;手工清洗,将1份香波加入20~30份清水进行稀释,然后喷于污垢处,再用干净纯棉毛巾擦净。

注意事项:该香波应存放于阴凉通风处,注意勿溅入眼中或吞服。

3. 化纤皮革清洁保护剂

产品性能:该剂适用于各种纤维织物、皮革和乙烯树脂装饰物。该剂能清除座椅尘垢,防止脏物侵入。该剂泡沫丰富,去污力强,洗后留有硅酮保护膜。

使用方法:轻轻摇晃该剂使其均匀,然后大面积喷在所需清洁的表面或喷在干净布上擦拭,用洁净干布将泡沫擦净。污渍明显处反复喷涂擦拭即可。在使用前应先找一小块试用,效果不好时勿用。如油脂过厚,应先用钝器刮除后再使用。

三、塑胶类专业保护剂

1. 塑胶护理上光剂

产品性能:该剂为粘稠的乳状液体,有宜人的皮革味,半透明,是一种不含硅的多功能塑胶护理剂,用于修整和翻新汽车外部保险杠等,使用简便,易于恢复已褪色部分的颜色。轻轻擦拭即可获得光亮如新的保护层,防止风化、减缓老化、延长使用寿命。

适用范围:适用于汽车外部保险杠、塑胶装饰条、车内部的仪表台、塑胶装饰物的清洁及上光保护。

使用方法:使用前将该剂充分摇匀,用不起毛的软布蘸少量该剂擦拭被整饰的表面,便可以在其表面留下一层光滑的保护膜。

注意事项:勿将该剂涂于风窗玻璃上。应密封存放于阴凉干燥处,且应远离儿童与火源。

2. 塑料、皮革清洁保护蜡

产品性能:该产品含有清新柠檬香味,适用于塑料、橡胶、皮革制品的清洗护理;能清洁汽车内室各种部件表面的污垢和油渍,并在被处理表面留下一层自然保护层,可使灰尘不再聚集;清洁润光一次完成。

适用范围:主要用于车身内室的清洗护理,也可用于外部前后保险杠等塑料件的清洗护理。

使用方法:先将该产品喷涂在清洗物表面上,然后用抹布擦拭干净即可。

3. 皮塑防护剂

产品性能:该剂含特殊的光亮胶质,广泛用于塑料、皮革、轮胎、橡胶、保险杠、门窗的清洗和保护,可使残旧的物体表面焕然一新。

使用方法:先清洗表面后,将该剂摇匀,喷于干燥表面,并保留一段时间,最后用软布擦拭。

注意事项:使用该剂时应远离儿童,并且注意保护眼睛。

4. 清澈美容保护剂

产品性能:该剂适用于所有塑料、皮革、橡胶等制品,可以快速上光和保护,增加透明度。

使用方法:将物体表面擦净,轻轻摇晃该剂,垂直喷射于物体表面,然后用干净软布擦净即可。

注意事项:使用该剂应远离儿童。

5. 超级防护剂

产品性能:该剂采用21世纪新配方,由多种聚合物合成。它广泛应用于橡胶、尼龙、皮革表面的清洗、上光和保护。它能防止紫外线照射,避免表面干裂褪色。

使用方法:轻轻摇晃该剂使其均匀。可直接喷在物体表面或喷在柔软干布上擦拭,然后用洁布擦干即可,经常使用效果更佳。对于粗糙表面不适宜使用该剂,注意勿入眼内。

6. 塑件橡胶润光剂

产品性能:塑件橡胶润光剂含天然润光剂,不含溶剂,可用于汽车塑胶、橡胶、合成皮、桃木配件表面,它能使之焕然一新。

适用范围:该剂能清洁驾驶台、转向盘、排挡手把、桃木饰条、车门手把、保险杠、后视镜

架、车身边条、轮胎上的打蜡残质,恢复其表面亮丽的本色。该剂还具有防静电粉尘与防止紫外线的功能,使塑胶不至于龟裂、变色。

四、电镀件专业保护剂

1. 电镀件除锈保护剂

产品性能:能有效除锈、除氧化,能对电镀件表层起到防止氧化的作用。

适用范围:金属厨具、餐具以及博物馆里的铜、银、金属的翻新。

2. 汽车镀铬抛光剂

产品性能:该剂能使锈蚀发暗的镀铬表面恢复原有的光泽,并延缓日后的腐蚀。

适用范围:高级轿车镀铬件及铝制件(包括轮辋、镀铬保险杠、轮毂盖等)的抛光与翻新。

使用方法:将该剂置少许于纯棉抛光布上,对需要抛光的部位反复擦拭,直至光亮满意为止。对于锈垢严重的表面应先进行除锈,然后再使用该剂。

五、玻璃专业保护剂

1. 玻璃清洁防雾剂

产品性能:该剂为强力配方,能迅速清除风窗玻璃或其他硬质面上干死的飞虫、交通膜、油污。该剂还具有防雾功能,可使汽车玻璃光洁明亮,可防止汽车贮水器结冰。

适用范围:玻璃、镜子、不锈钢、瓷器等表面清洁。

使用方法:按比例(按用品说明)加入汽车贮水器内或直接喷在被整饰表面。

2. 玻璃抛光剂

产品性能:该剂呈粘稠的乳状体,有清淡香味。它含有细度研磨剂、增光剂、去污剂,可以有效去除风窗玻璃上沾染的污斑、昆虫及不易用一般清洁剂清除的污垢,能改善雨刮器产生的擦痕,使玻璃晶莹透亮。该剂干燥时间短,对已发乌的旧玻璃有很好的还原能力。

适用范围:该剂适用于风窗玻璃、后视镜及玻璃门窗的清洁、上光。

使用方法:将该剂用软布或海绵均匀涂满被整饰表面,稍等片刻,再用干净的软布作直线擦拭,直到擦亮为止。对已发乌陈旧的玻璃可重复抛光。该剂不适宜抛光防霜栅格,且不要使用在已贴膜的玻璃上。

注意事项:该剂应密封存放于阴凉通风处,且应远离火源和儿童。

六、其他汽车专业用品

现代汽车专业用品市场品种丰富、规格齐全、应有尽有,使用者可以根据自己的需要进行合理的选择。在汽车美容养护等方面最常用的主要有如下几大类。

1. 清洁保护剂

该类用品针对汽车上不同的装饰材料具有特殊的清洁养护效果,主要是针对各种表面的顽固污渍进行有效的清除。常用的如焦油沥青去除剂、昆虫焦油清除剂、车裙泡沫清洗剂、异味清除剂、多功能防锈剂、发动机超级保护剂、铝钢圈靓丽保护漆、塑胶漆、发动机燃油系统强力清洗保护剂、发动机外观漆膜保护剂、汽车底盘高级保护剂、电路干燥喷雾剂等。

2. 抛光剂

在汽车美容作业中使用抛光剂的主要目的是消除车身表面的缺陷,如漆面失光、光泽度差、出现细微划痕等。常用的有强力抛光剂、漆面还原抛光剂、快速抛光剂、玻璃抛光剂及多功能抛光剂等。

3. 防锈剂

由于大气环境污染、地区气候差异、路面情况多变及随时间的自然推移等诸因素的影响,车辆的防锈涂层会渐渐被破坏,尤其是底盘、轮毂处的薄层涂料,很难抵御碎石溅击和酸雨的侵蚀,需要做防锈处理,以延长车辆的使用寿命。常见防锈剂有干性防锈剂、透明保护防锈树脂、二硫化铝防锈剂、特级防锈剂及底盘防锈系列产品等。

4. 护理剂

护理剂的使用对汽车保养起重要作用,经常性地使用护理剂能使车内外各饰件达到清洁、美观、亮丽的功效,并能防老化、防腐蚀、延长使用寿命。常用的护理剂有皮革塑料上光护理剂、表盘护理剂、轮胎增黑护理剂、轮胎上光护理剂等。

5. 添加剂

在汽车油品的使用过程中,适当地添加一些添加剂,在清洁、节能、防腐、抗磨、延长使用寿命及改善汽车性能等方面,都有很大的帮助。常用的添加剂有发动机润滑油添加剂、发动机燃油添加剂、变速器油添加剂、柴油添加剂等。

七、其他汽车特殊用品

1. 雨刷精

该产品是界面离子浓缩剂,不伤害车身钢板及漆面,可以快速清除污垢,不会产生伤害眼睛的折射光,可以延长雨刷的使用寿命。

2. 水箱恒温防漏剂

该产品可以维持水箱恒温,防止水箱漏气及漏水;可以保护冷却系统,润滑水泵;防止水质变化产生锈蚀及水垢;不会伤害橡胶及金属制品。250 mL 的防漏剂可用 15 kg 的水稀释。适用于各种汽车的冷却系统。使用时向发动机的冷却系统加入本剂,启动发动机 15 分钟,使冷却液变热,防漏剂即开始发生效用。

3. 查漏剂

该产品可以轻易寻找到不易察觉的泄漏处;颜色为白色,适用温度可达 −20℃。适用于各种压力管、燃气管的检漏等。使用前摇动罐子,喷涂后会在泄漏之处产生大量泡沫,此泡沫不会腐蚀物体,检查完后用水直接冲洗即可。

第四节 汽车漆面处理常用材料选用

随着汽车保有量的增加及汽车文化的普及,人们对汽车的使用要求更高更全面,不仅要求汽车尽量不受外界的腐蚀,有良好的使用性能、使用寿命及安全性等,而且要求有更加漂亮的外观及色彩装饰。而汽车漆面就是打扮汽车的外衣,正所谓"三分长相,七分打扮"。为达到此目的,在很大的程度上,合理选择好适当的涂料、喷涂用品、色彩及高质量的涂装技术,将起到很关键的作用。因此有人说,汽车涂装是一项技术性和艺术性高度结合的工作。要得到色彩各异、漆面靓丽的车身,且使车身免受外界有害物质的侵害,就离不开汽车漆面的喷涂材料,通常人们判断一辆汽车的档次高低,首先就是依据汽车的外观装饰。

一、常用的汽车涂料

涂料通常由基料(树脂、粘接剂)、颜料、填料、溶剂和少量功能性添加剂等组成,我国的国家标准 GB 2705—92,采用以涂料中的成膜物质为基础的分类方法。按基料种类可分为16大类;按性能特点可分为有机涂料、无机涂料、溶剂型涂料、无溶剂型涂料、水性涂料、粉末涂料、高固体分涂料和厚浆型涂料等;按其功能特点又可分为磁漆、色漆、清漆、调和漆、底漆、面漆和中间漆等。

1. 各种涂料的主要性能及用途比较

由于涂料的品种繁多,性能各异,在使用涂料涂装时,应根据汽车的等级进行选用。要反复比较充分实践,既要发挥涂料的特性和价值,又要尽可能地降低成本避免材料的浪费。

表 2-1 部分涂料的性能及用途比较

序号	涂料类别	优点	缺点	用途
1	氨基漆	涂膜坚硬、可打磨抛光;光泽、丰满度好,不易变色;附着力好,耐化学腐蚀,耐热、耐候性好	要高温下烘烤才能固化;烘烤过度,涂膜易发脆老化	广泛用于交通车辆、仪器仪表、家电、家具、钢铁、轻工
2	醇酸漆	耐候性、附着力较好,光泽较好;可刷、喷;自干、烘干均可	耐水、耐碱性差;涂膜较软,不能打磨抛光;干燥较慢	广泛用于钢铁、木材、建筑、交通车辆、机械、农机等
…	…			
16	橡胶漆	耐化学性强、耐水、耐磨、耐久性好;附着力较好	易变色,耐溶剂性差;清漆不耐紫外线光;个别品种施工复杂等	主要用于有关防腐、防化学腐蚀等工业部门

主要的16大类涂料的性能及用途比较如表 2-1 所示,表中只列出了几种涂料,使用时

可查阅相关的国家标准或详见产品使用说明书。

2. 汽车涂料涂层的分组和质量等级

根据 QC/T 484—1999《汽车油漆涂层》的规定，涂料涂层的划分共分为 10 个组和若干等级，如表 2-2 所示。注意表中只列出了部分组别和质量等级，使用时可查阅相关的国家标准或详见产品使用说明书。

表 2-2　部分汽车涂层的分组和质量等级

序号	分组名称	等级	油漆涂层名称	备注
TQ1	车身组	甲 乙	优质装饰保护性涂层 一般装饰保护性涂层	适用于高级轿车 适用于中级轿车
TQ2	轿车车身组	甲 乙	高级装饰性涂层 优质装饰保护性涂层	
TQ3	车厢组	甲 乙	防蚀、装饰性涂层 防腐、装饰性涂层	适用于铁制车厢 适用于木车厢及铁木车厢
TQ4	车架、车轮挡泥板组		优质防腐涂层	
TQ5	发动机组		保护性涂层（快干）	
TQ6	底盘组			
…	…			
TQ9	散热器、钢板、弹簧组		耐防水、防锈涂层	
TQ10	车内装饰件组			适用于轿车及大小客车内饰件

根据涂料在汽车涂层中的位置将其分为汽车底漆、腻子、中涂层涂料和汽车面漆。由于每一层涂料所处的位置不同，因此它们所起的作用也有所不同，对其性能的要求也就自然不同。

二、常用的汽车底漆

底漆是直接涂装在经过表面处理的车身表面的基础涂料，底漆性能的好坏直接影响着车身漆膜的附着力和耐腐蚀性。

1. 对底漆的要求

（1）底漆漆膜必须具有良好的耐腐蚀性、耐水性和抗化学药品的腐蚀性，有足够防止金属表面氧化腐蚀的防锈能力。

（2）底漆应对经过表面处理的车身表面有良好的附着力，所形成的底漆漆膜应具有良好的机械强度（耐冲击强度、硬度、弹性等）。

（3）底漆是增强工件表面与腻子（或面漆）、腻子与面漆之面的媒介层，为使两者牢固地结合，而不发生"咬底"、"揭皮"现象，底漆必须有合理的配套性。再通过合理而高质量的涂装施工工艺,才能保证底漆的涂装质量。

(4) 底漆应具有良好的施工性能,能适应先进的汽车涂装工艺。底漆的附着力和漆膜的强度除了与成膜物质有关,还与施工参数(如涂膜的厚度、均匀度、干燥程度、漏涂、稀释剂的正确使用及施工环境、表面清洁处理(如除锈、去油等)有关。

2. 国产汽车车身常用底漆性能简介

汽车车身涂装常用底漆性能如表 2-3 所示。注意表中只列出了部分汽车车身底漆的性能,使用时可查阅相关的国家标准或详见产品使用说明书。

表 2-3 汽车车身涂装常用底漆性能

型号及名称	性能	用途	使用方法
C06-1 铁红醇酸底漆	干燥快、有良好的附着力及防锈性,与硝、氨基等多种漆结合力好	用于各种车辆和机械设备的打底使用	用稀释剂或松节油、二甲苯稀释后,喷、刷均可。可常温自然干燥或 105℃下烘干
C06-17 铁红醇酸底漆	干燥快、附着力好,耐硝基漆性能良好,干燥后不易互溶或咬起	用于汽车或小五金等表面打底,也可在钢铁表面防锈打底用	用二甲苯或二甲苯与松节油混合剂稀释;喷涂、刷涂均可
…	…	…	…
Q06-4 各色硝基底漆	涂膜干燥快,易磨平	使用与汽车耐汽油和耐润滑油部件、铸铁等金属表面的到底用	用 X-2 或 X-1 稀释剂调整稠度,适合喷涂。可与硝基和醇酸面漆等配套使用

三、常用的汽车中涂层涂料

中涂层涂料是介于底漆层与面漆层之间的涂层所用的涂料。为提高现代汽车制造中的涂膜质量,中涂层喷涂已是必不可少的,所以在汽车维修涂装中也必须采用中涂层涂装。

1. 中涂层的作用

(1) 中涂层能够很好地填平砂痕和针孔,改善被喷工作表面的平整度、光滑度及封闭底漆涂层的缺陷,以提高涂膜质量。

(2) 提高面漆涂层的鲜映性和丰满性,提高整个涂层的装饰性和抗击性。

(3) 增加整个涂膜的厚度及与底材之间的附着性,提高其耐水性。

2. 汽车常用中涂层及腻子性能简介

汽车车身涂装常用中涂层涂料的类别如表 2-4 所示;常用的腻子种类及性能等如表 2-5 所示。注意表中只列出了部分汽车车身涂装中途材料的性能,使用时可查阅相关的国家标准或详见产品使用说明书。

表 2-4　汽车车身中涂层涂料的类别

类别名称	用途和特点	作用说明
通用底漆 （底漆二道浆）	可直接喷涂在金属表面上	具有底漆的功能，又具有一定的填平能力。一般采用"湿碰湿"工艺喷涂两道，以代替底漆和二道浆，达到简化工艺的目的
腻子 （填密）	是一种专供填平表面用的含有颜料较多的涂料，使用时刮涂在底涂层上	刮腻子能提高被涂表面的平整度和装饰性，但对整车涂装工艺弊多利少。腻子层易老化、开裂、脱落，手工刮涂和打磨劳动强度大，因此生产整车时基本上不用刮涂腻子，只有汽车维修喷涂时常常需要刮涂腻子，已到达填平整形的目的
二道浆 （喷涂腻子）	颜料和填料含量比底漆多，比腻子少，灰色。手工、自动喷涂均可，具有良好的湿打磨性，可得到很平滑的打磨表面	其作用介于通用底漆和腻子之间，对被涂表面的微小缺陷或不平之处有一定的填平能力，可提高总涂层厚度及漆面的光泽度
封底漆	是涂装面漆前的最后一道中间层涂料，其漆基含量介于底漆和面漆之间，涂膜呈光亮或半光亮	其作用是辅助底漆和腻子填平细微的缺陷，提高被喷涂表面的平整度和光亮度

表 2-5　汽车车身常用腻子的类别

型号名称	性能及用途	使用方法
原子灰系列腻子	干燥迅速、体积收缩率小、涂膜机械强度高、与底材附着力强、施工性好，多用于汽车维修时使用	分组包装，腻子与固化剂比例为 100∶1(3,4)，混合均匀后即可使用。注意，一次不能调配过多，防止固化
C07-5 各色醇酸腻子	腻子坚硬、附着力好、易刮涂，用于车辆、机械、机床及木器等表面的填平	每次刮涂厚度不超过 0.5 mm，可自然干燥或烘干，可以醇酸氨基、硝基等面漆配套使用
…	…	…
H07-4 各色环氧酯烘干腻子	干燥后质地坚硬，附着力强，耐水、耐潮性好，用于各种车辆的金属表面填平	每次刮涂厚度不超过 0.5 mm，用二甲苯调稀后刮涂在物件表面
G07-3 各色过氯乙烯腻子	干燥快，具有耐候性、耐油、防潮、防霉性能好，常用于汽车、机床等表面的填平	先用稠腻子填平较大缺陷处，干后全面填刮，刮涂时往返 1～2 次，以防腻子卷起，可用 X-3 过氯乙烯稀料调节稠度

　　腻子是由大量的填充料，以各种涂料为粘结剂所组成的一种粘稠的浆状涂料。主要用于填充工件表面的凹陷、气孔、裂纹、擦伤等缺陷，以取得均匀平整的表面。虽然腻子可改变整个涂层的外观，但往往会在一定程度上降低涂层的机械强度和防护能力，所以应尽量不用或少用腻子。

腻子的品种很多,有造漆厂制造的成品腻子,也有自行调制的油性腻子。在成品腻子中,有常温干燥型、烘干型、快干型及单组分型、双组分型等。使用时,要结合具体施工对象,即修复汽车的档次、损坏程度以及对车表面漆的要求等灵活选用。

3. 原子灰简介

原子灰,俗称汽车腻子。是一种以不饱和聚酯树脂为主要原料,配入了钴盐引发剂、阻聚剂、滑石粉等填加剂,用过氧化物作为固化剂的可根据实际需要,随时调配使用、方便快捷的新型喷涂填充材料。

原子灰是一种膏状或浆状的涂料。它容易干燥,干后坚硬,能耐砂磨。一般刮涂在底材的表面(也有使用大口径喷枪喷涂的浆状原子灰,称为"喷涂原子灰"),用来填平补齐底材上的凹坑、缝隙、孔眼、焊疤、刮痕以及加工过程中所造成的物面缺陷等,使底材表面达到平整、匀顺,能够充分地显现面漆的丰满度和光泽度等。

4. 二道浆与封底漆

(1) 二道浆又称喷涂腻子或二道底漆。它的功用介于通用底漆和腻子之间,对被涂工件表面的微小缺陷有一定的填平能力。它的颜料和填料含量比底漆多;比腻子少,颜色一般为灰色。二道浆通常采用手工喷涂和自动静电喷涂,它具有良好的湿打磨性,打磨后可得到非常平滑的表面。

二道底浆含有较多的体质颜料,能够很好地填平砂痕和针孔,实际上就是腻子表面的填平,故又有稀腻子之称。如表2-6所示,是常用二道浆的性能及应用范围等。

表2-6 常用二道浆及应用范围

名称	成分	性能	用途
醇酸二道浆	植物油改性醇酸树脂颜料等	漆膜细,填孔性好,附着力强,容易打磨,价格便宜	普通汽车
硝基二道浆	硝化棉、油改性醇酸树脂颜料等	漆膜坚硬,填孔性好,快干,容易打磨,有一定机械强度	轿车
氨基二道浆	氨基树脂、醇酸树脂等	漆膜细,填平性好,附着力强,容易打磨	普通汽车
环氧二道浆	环氧脂、中油度醇酸树脂等	填密性好,附着力强,容易打磨,可烘干也可自干	轿车
酯胶二道浆	顺丁烯二炼酸酐树脂、精干性油等	快干,填密性好,附着力强,容易打磨	普通汽车
丙烯酸二道浆	甲基丙烯酸脂、甲基丙烯酸酰胺共聚树脂	快干,填密性好,附着力强,可连续喷涂	中高档轿车

(2) 封底漆是喷涂面漆前的最后一道中涂层涂料。它的漆基含量介于底漆和面漆之间,含颜料成分较低,主要用于填平打磨的痕迹,给面层涂料提供最大的表面光滑度。涂膜

一般呈光亮或半光亮。漆基一般是由底漆所用的树脂配成,颜色与面漆配套。

5. 中涂层应有的特性

为了保证整个涂层的施工质量,要求中涂层应具有以下的特性:

(1) 应与底、面漆涂层配套良好,涂层间的结合力强,硬度配套适中,不被面漆的溶剂所咬起。

(2) 应具有填平性,能消除被涂漆表面的划纹等微小缺陷。

(3) 打磨性能良好,在湿打磨后能得到平整光滑的表面。

(4) 机械强度高,尤其是柔韧性和抗冲击性卓越,具有良好的抗石击性能。

(5) 当用闪光漆做面漆时,中涂层应具备耐紫外线的性能。

(6) 适宜的烘烤固化温度,有良好的低温固化性、热固性。

(7) 得到的涂膜硬度适中,耐溶剂性能好,适宜与各种面漆配套使用。

为适应环保要求,中间层涂料向水性涂料、高固体分涂料和粉末涂料方向发展。中涂层的颜色有与面漆共色化的倾向,以提高面漆的施工效果。

四、常用的汽车面漆

汽车面漆是汽车涂装中的最后一道工序,它的各项指标直接影响到汽车涂膜的装饰性、耐候性、使用寿命和车身的价值,因此科学合理地选择车身涂装面漆是非常重要的。随着工业技术的不断发展,汽车面漆在近60多年中,无论在所用的漆基方面,还是在色泽和施工性能等方面都得到了突飞猛进的发展。

所谓面漆并不是一个独立的油漆品种,而是相对于底漆而言,喷涂于被涂物面的最上层的涂料。在喷涂时应首先用底漆打底,再用面漆罩面。

1. 面漆的作用

(1) 对车身起保护作用,延长汽车的使用寿命。

(2) 提高被涂物面的装饰作用,使车辆具有色彩光泽及其他装饰效果。

喷涂后的车身,在一般和特殊的使用条件下,其保护和装饰效果都取决于涂料的性能、精心的施工以及底材、底漆、中涂、面漆等的适宜配套。

2. 面漆的性能要求

面漆是喷涂在整个涂层最外面的一层涂料。由于其直接与阳光、水分及大气等接触,所以在满足车身美观需要的同时,在其他方面也对面漆提出了更高的要求。

(1) 光泽、靓丽、丰满度好,色差小。在标准膜厚条件下,测定光泽、色差、丰满度和鲜映性等,应达到标准要求。总之,外观要有良好的观赏性。

(2) 漆膜硬度及抗冲击性好。涂膜应坚硬耐磨,有足够的抗石击性和硬度,以保证涂膜在汽车行驶中不会由于路面沙石的冲击和摩擦而产生划纹。

(3) 耐候性、耐老化性好。耐候性及耐老化性能是选择面漆的重要指标之一。如果汽车用面漆的耐候性和耐老化性能不好,使用不久后,面漆就会出现失光、变色及粉化等缺陷,直接影响汽车的装饰性,使车身加速老化变旧。因此,要求汽车用面漆涂膜,在热带地区长期曝晒后,只允许有轻微的失光和变色,不得有起泡、开裂和锈蚀等现象发生。

(4) 耐湿热性及防腐性好。面漆涂膜在湿热条件下(如温度40℃,相对湿度大于90%),应不起泡、不变色、不失光。对面漆层的防腐蚀性能要求虽没有像对底漆层那样高,但与底漆层配套后应能增强整个涂膜的防腐蚀性能。

(5) 耐化学药品性好。面漆涂膜在使用过程中,如与蓄电池酸液、润滑油和制动液、汽油及各种清洗剂等直接接触,擦净后接触面不应有变色、起泡或失光等现象发生。

(6) 有良好的施工性能。所选用的面漆对施工工艺应有良好的适应性,在装饰性要求高的场合,面漆涂层应有优良的抛光性能。同时,面漆还应具有较好的重涂性和修补性。

3. 面漆的类别

汽车喷涂中的面漆有很多品种,其分类也比较复杂。如有按面漆类型分的,也有按涂料颜色分的。现在,汽车修补用面漆主要有素色面漆和金属面漆两大类型。

(1) 素色面漆

素色面漆俗称"瓷漆",是将各种颜色的着色颜料研磨得非常细小,均匀地分散在树脂基料中而制成各种颜色的油漆。素色漆本身在喷涂后即具备良好的光泽度和鲜映性,涂膜厚度在达到 $50~\mu m$ 后即可显现完全的色调。素色漆随着着色颜料不同也具有不同的遮盖力,遮盖能力比较强的颜料,会使涂膜在日光照射时光线只能穿透 $20~\mu m$ 左右,就被反射出来。而遮盖能力较弱的颜料往往需要比较厚的膜厚才能完全遮盖底层。因为素色面漆本身就具有良好的光泽和鲜映性,在喷涂完毕后整个面漆层即告完成,所以又称"单工序面漆"。

(2) 金属面漆

金属面漆具有不同的名称,如"银粉漆"、"金属闪光漆"、"星粉漆"、"宝石漆"等。不论何种名称,基本上都是以金属粉颗粒(以铝粉颗粒最为普遍)和普通着色颜料加入到树脂基料中而制成。

自金属面漆问世以来,在汽车喷涂上使用的比例越来越大,现已成为汽车修补施工时的主要选择。但因为其性质特殊,所以在调色及喷涂施工等方面要比素色面漆困难许多。在修补过程中,除调色需要一定的准确性外,还需要喷涂技巧的适当配合,金属面漆才能在汽车修补施工中发挥出完美的效果。

金属面漆中的着色颜料比一般素色面漆中的少,若不加入金属粉颗粒,光线会直接穿透涂膜而达底层,涂膜的遮盖力就不能完全发挥。金属粉同其他的颜料颗粒一样能反射光线,正是由于金属粉的大量存在,使金属面漆的遮盖能力比一般素色面漆要高很多,通常喷涂 $20\sim30~\mu m$ 的膜厚即可完全遮盖底层。涂膜中金属粉的排列并不是有序的,所以对光线的反射角度不同,造成金属漆本身的无光效果。因此必须在金属漆上面再喷涂罩光清漆后才能显现出光泽度和鲜映性,其金属闪光效果才能充分发挥。由于金属面漆必须由两步工序完成,即金属漆层和清漆层,所以又称为"双工序面漆"。

除以上两种常用面漆外,现在还有一种被称为"珍珠漆"的新型汽车面漆。珍珠漆也被归为金属面漆一类,与普通金属漆的区别是在树脂中加入的不是铝粉颗粒,而是表面镀有金属氧化物的云母颗粒。

由于云母颗粒除可以反射一定的光线外,还可以投射和折射部分光线,所以这种面漆可以使被涂物表面产生类似珠光的辉泽。当从不同的角度观察时,有的还可以产生不同的色相效果。

珍珠色的种类大致可以分为干扰型和不干扰型两种。干扰型珍珠色即云母反射、折射和投射的光线相互干扰,可出现奇异的辉泽。不干扰型珍珠色一般为高光泽不透明漆,主要用于调色。干扰型云母颗粒一般为半透明状,即在云母颗粒上薄薄镀上一层二氧化钛,镀层的薄厚程度决定了光线折射后的颜色效果。例如纯闪珍珠,微粒钛颜料呈半透明状,有些正面反射的光为黄色,而侧面散乱光为蓝色;又如银状云母,是在一般纯闪珍珠的云母微粒表面再薄薄镀一层银。这种珍珠色偏光性强,可以得到立体性金属光泽,在微弱光线下也可以发出悦目的光泽。

不干扰型珍珠色的云母多镀有不透明的金属氧化物如氧化铁、氧化铬等,会使其变为不透明色。通常这种珍珠色不单独使用,而与普通的色母进行混合调色使用。

珍珠色面漆也同普通金属面漆一样,需要在色漆层上再喷涂罩光清漆层来提高光泽度和鲜映性,同时来体现珍珠色特有的光泽效果。因为珍珠色面漆的遮盖能力非常差,在喷涂时多需要首先做一层与面漆颜色相同或相似的色底来提高面漆的遮盖力。然后喷涂面漆,面漆之后还要喷涂罩光清漆,所以该种面漆也称为"三工序面漆"。

汽车用面漆的性能多由其所用的树脂决定。现在普遍采用的面漆(素色面漆)树脂有硝基树脂、醇酸树脂、丙烯酸树脂和丙烯酸聚胺酯树脂等,后三者最为常用。罩光清漆及不含任何颜料的无色透明涂料,其树脂与常用素色面漆相同。金属面漆通常为单组分自然挥发干燥型,多采用丙烯酸聚胺酯型树脂。

4. 面漆的固化方式

(1) 溶剂挥发型。这类涂料是靠溶剂的挥发而干燥成膜。构成面漆涂料的树脂分子在涂料状态时已经是高分子,在形成涂膜的过程中,只有溶剂挥发,树脂分子自身不会发生化学反应。这类涂料包括硝基纤维素涂料、热塑性丙烯酸树脂涂料以及各类改性丙烯酸树脂涂料等。在我国,涂料行业又将溶剂挥发型涂料称为"喷漆"。

(2) 氧化固化型。这类面漆涂料的干燥主要是在常温空气下,靠自身的氧化和聚合反应而形成坚硬的漆膜。这类涂料包括醇酸树脂涂料和丙烯酸改性醇酸树脂涂料等。

(3) 热固化型。这类面漆涂料的干燥是靠成膜物质在高温作用下,起交联反应而固化成膜的。主要包括热固性丙烯酸涂料、热固性环氧涂料、氨基醇酸树脂涂料和氨基丙烯酸树脂涂料等。

(4) 双组分添加固化剂固化型。这类面漆涂料的两种活性组分采取分开包装,施工时将两种活性组分按比例混合,活性基团交联反应而固化成膜。一般以常温干燥为主,也可低温(60~70℃)烘烤固化成膜。双组分涂料的干燥速度及涂膜性能与环境温度和固化剂加入量有关,如固化剂加入量过多,某些涂料的干燥速度反而会降低,且形成的漆膜脆性较大。因此,在施工时不可加入过多的固化剂。

(5) 催化固化型。这类面漆涂料主要包括有机过氧化物、氨蒸气和湿气的催化物质固化的涂料。这类涂料有湿固型有机硅改性丙烯酸树脂涂料、过氧化物引发固化丙烯酸树脂涂料、氨蒸气固化聚氨脂树脂涂料等。由于这类涂料需要特殊的催化剂干燥,施工工艺较复杂,在现代汽车的喷涂施工中已经很少使用了。

5. 常用国产汽车面漆性能简介

汽车车身涂装常用面漆性能如表 2-7 所示。注意表中只列出了部分汽车车身面漆的性能,使用时可查阅相关的国家标准或详见产品使用说明书。

表 2-7 汽车车身涂装常用面漆性能

型号及名称	特性	使用范围	用量(mL/m²)
Q04-31(34) 各色硝基磁漆	涂膜光亮平滑,涂膜经 100~110℃ 2 小时烘烤,其机械强度更佳,可抛光打蜡	中高级轿车车身	160~200
Q01-1 硝基清漆	干燥快,有良好的光泽和硬度,涂膜耐久性好,可研磨抛光	与汽车外用硝基漆配套使用,调入色漆内罩光,也可用于木制品	50~70
Q04-2 各色硝基外用磁漆	干燥快,涂膜较硬、光亮,可抛光上蜡	汽车车身和汽车总成大修是用漆	240~360
G04-9 各色过氯乙烯磁漆	干燥快,漆膜光亮,色泽鲜艳,能打磨抛光。耐候性、抗老化性优于硝基涂料,但耐汽油性差	适用于大客车车身、电车、机床、医疗设备,常用于湿热带地区	150~210
C04-2 各色醇酸磁漆	有较好的光亮度和机械强度,附着力良好,耐水性好,可自然干燥	常用于汽车驾驶室、车厢和大客车外表涂装	60~80
Q04-31 Q04-34 各色硝基磁漆	涂膜光亮平滑,涂膜经烘烤后机械强度更好,耐候性比 Q04-2 漆更好,可抛光上蜡	中高级轿车车身	160~220
…	…	…	…

五、常用汽车涂料的合理选用

在汽车的涂装中,由于各种底漆、各种中涂层涂料和面漆涂料,性能各不相同,千差万别。其中,有的可配套使用,有的不可能一起使用,否则,可能会导致涂膜质量降低,甚至使涂料报废或涂装工程返工。所以,涂料的合理配套选用是一项很重要的工作,是保证涂装质量的关键。

1. 涂料的选择原则

(1) 底漆的选择原则。满足基本材料(金属、塑料等)对底漆的要求;满足车辆使用地域气候条件的特殊要求;满足各种车辆不同档次对底漆的要求;在车辆维修中,要满足中涂层及面漆对底漆性能的要求。

(2) 中涂层涂料的选择原则。中涂层涂料要满足与底漆和面漆附着力的要求;在保证涂装质量的条件下,施工方便,生产率高,效益好。

(3) 面漆的选择原则。满足各档次汽车外表的不同要求;满足与中涂层漆和底漆结合力的要求;满足地区环境对面漆的"三防"要求;在保证面漆性能质量原则下,要求面漆施工方便,涂装效益好。

2. 常用汽车涂料与被涂材质的适应性

由于各种物面材质的极性和吸附能力不同,因而需合理选用与物面材料性质相适应的涂料。常用汽车涂料与被涂材质的适应性如表 2-8 所示。

表 2-8 常用汽车涂料与被涂材质的适应性

材质 涂料	钢铁	轻金属	塑料	木材	皮革	玻璃	织纤维
油脂漆	5	4	3	4	3	2	3
醇酸树脂漆	5	4	4	5	5	4	5
氨基树脂漆	5	4	4	4	4	2	4
硝基漆	5	4	4	5	5	4	5
酚醛漆	5	5	4	4	2	4	4
环氧树脂漆	5	5	4	4	3	5	—
氯化橡胶漆	5	3	5	5	4	1	4
丙烯酸酯漆	4	5	4	4	4	1	4
有机硅漆	5	5	4	3	3	5	5
聚氨酯漆	5	5	5	5	5	5	5

注:5—表示最好,1—表示最差。

3. 常用汽车涂料适应的环境条件

不同的地区不同的气候,对汽车的适应性有不同的要求。如南方湿热地区使用的汽车,要求涂料对湿热、盐雾、霉菌有良好的三防性能;在北方干寒地区使用的汽车,要求其涂料有一定的耐寒性能。另外在不同的环境下,对涂料的耐候、耐磨、耐冲击和耐汽油等性能都有不同的要求。涂料适应的环境条件如表 2-9 所示。

表 2-9 常用汽车涂料适应的环境条件

使用的环境条件 \ 涂料品种	酚醛漆	沥青漆	醇酸漆	氨基漆	硝基漆	过氯乙烯漆	丙烯酸漆	环氧漆	聚氨酯漆	有机硅漆
一般条件下使用,但要求耐候性及装饰性好			★	★			★		★	
一般条件下使用,但要求防潮性及耐水性好	★	★					★	★	★	
化工大气条件下使用或要耐化学腐蚀性较好	★	★				★	★	★	★	
在湿热条件下使用,要求三防性能好	★		★			★	★	★	★	
在高温条件下使用										★

4. 常用汽车涂料的施工方法

不同涂料的性能差异,要求的施工方法就不同,因此选用涂料要根据现有的涂装设备和涂料所适应的涂装方法进行选择。施工方法和适用涂料如表 2-10 所示。

表 2-10 常用汽车涂料的施工方法

施工方法	刷涂	浸涂	电泳	压缩空气喷涂	高压无气喷涂	静电喷涂	静电粉末喷涂
使用涂料	油性漆 酚醛漆 醇酸漆	各种合成树脂涂料	各种水溶性电沉积涂料	各种硝基漆、氨基漆、过氯乙烯漆等	各种类型涂料,特别是厚浆料、高不挥发分涂料,但不适宜粒度大的涂料	合成树脂涂料、高不挥发分涂料	粉末涂料

5. 常用的进口汽车底漆、腻子和面漆的合理配套

在汽车涂装中,各种底漆、腻子、面漆,由于其性能不相同,并不是都能够搭配使用。如果配套不当,会产生涂膜间附着力差、起层脱落、咬底泛色等现象,严重影响施工质量。

目前,进口面漆多以硝基漆、热塑性丙烯酸漆以及聚氨酯双组分漆为主,而且都是国外较大的涂料公司生产,基本上都有相配套使用的底漆、中涂层漆和面漆,产品使用说明书都有比较详细的技术要求、施工条件和产品质量检验方法等,这给合理配套选用提供了方便而可靠的条件。但在实际选用时,也应注意以下要求:

(1) 最好选用同一国家的同一厂家系列产品,即选用它的配套底漆、中涂层漆和面漆,甚至包括稀释剂、固化剂、防潮剂等喷涂辅料。

(2) 对于不同厂商的涂料,可根据同类型原料相向的性能产品互换选用,但必须注意产品的使用要求,认真阅读涂料产品的使用说明书或经试验后方可使用,确保涂料产品的合理配套使用。

各种金属与常用底漆、面漆等涂料的合理配套如表 2-11 所示。

表 2-11　不同金属与常用底漆、面漆等涂料的合理配套

面漆类型	黑色金属	铝镁及铝镁合金	锌及锌合金	铜及铜合金
酚醛漆	酚醛底漆 醇酸底漆	锌黄纯酚醛底漆 磷化底漆	锌黄环氧底漆 锌黄环氧醇酸底漆	酚醛底漆 磷化底漆
沥青漆	沥青底漆 酚醛底漆	沥青底漆	沥青底漆	沥青底漆
醇酸漆	醇酸底漆 环氧底漆	锌黄纯酚醛底漆 锌黄纯醇酸底漆	醇酸底漆 磷化底漆	酚醛底漆
氨基漆	醇酸底漆 氨基漆 环氧底漆	锌黄环氧底漆	酚醛底漆 磷化底漆	环氧底漆
硝基漆	酚醛底漆 硝基底漆 醇酸底漆 环氧底漆	锌黄纯酚醛底漆 锌黄纯醇酸底漆 锌黄纯环氧底漆	酚醛底漆 醇酸底漆 环氧底漆	酚醛底漆 环氧底漆
过氯乙烯漆	酚醛底漆 醇酸底漆 磷化底漆 丙烯酸底漆 过氯乙烯底漆	锌黄纯酚醛底漆 锌黄纯醇酸底漆 磷化底漆 锶黄、锌黄丙烯酸底漆	酚醛底漆 醇酸底漆 环氧底漆 磷化底漆	酚醛底漆 磷化底漆 丙烯酸底漆 过氯乙烯底漆
丙烯酸漆	酚醛底漆 醇酸底漆 环氧底漆 磷化底漆 丙烯酸底漆	锌黄纯酚醛底漆 锶黄、锌黄丙烯酸底漆 磷化底漆	酚醛底漆 环氧底漆	酚醛底漆 环氧醇酸底漆
环氧漆	环氧底漆	锌黄环氧底漆	环氧底漆	环氧底漆
聚氨酯漆	聚氨酯底漆 硝基二道底漆	锌黄聚氨酯底漆	聚氨酯底漆	聚氨酯底漆

六、汽车高级涂料简介

为了提高装饰效果,常使用一些具有高性能的涂料进行喷涂,以达到理想的目的。

1. 珍珠汽车漆装饰

珍珠汽车漆具有很高的镜面光泽,珠光细腻柔和,装饰性极佳,同时还具有随视角而变化的闪色效应。所以,目前美欧、日本等地区和国家的各大汽车公司,几乎所有的高级豪华轿车均采用珍珠漆涂装。

（1）珍珠汽车漆的组成

珍珠汽车漆是以各种天然或合成树脂为基料,按一定比例加入云母钛珠光颜料制成的

新型涂料,是金属闪光涂料中的一种特殊品种。

(2) 珍珠汽车漆的产品性能

①具有细腻柔和的"珍珠光泽效应"。在施工中,珍珠汽车漆的珠光颜料能在漆膜中获得有规则的定向排列,入射光线照射在漆膜表面时,漆膜能显示出类似丝绸和软缎般细腻柔和的珍珠光泽,这就是所谓的"珍珠光泽效应"。珍珠光泽效应是珍珠漆独有的特色,是区别与一般金属漆的重要标志。

②具有明亮闪烁的"金属闪光效应"。一般金属漆是依靠金属颜料片具有对光的镜面反射作用而在人们眼里产生"金属闪光效应",但漆膜缺乏三维空间的立体感。采用经着色处理过的珠光颜料,不但同样可获得一系列不同色泽的金属色珠光涂料,而且珠光漆总是只反射部分入射光,而把大部分入射光透射到下一层晶片上,又重复一次反射和透射,使漆膜的丰满度优于常规金属漆。

③具有随视角变化的"视角闪色效应"。当透明片状颜料平行地分布在涂料中,入射光将在折光指数不同的透明层界面发生光的多次折射和反射,在部分吸收和部分透过作用下,平行的各种反射光之间必然会发生光的干涉现象。这种随观察者角度不同而看到不同干涉色的现象,称为"视角闪色效应"或"多色效应"。正是这种效应,才能使人们感受到珍珠汽车漆的全新色彩艺术的风韵。

④具有随曲率的变化而变化的"色彩转移效应"。采用干涉色幻彩云母钛珠光颜料制成的连续漆膜,能同时显示出两种截然不同的颜色,这种颜色的变化叫做"色彩转移效应"。该漆色彩会随轿车车身曲率改变而发生变化,其色彩转移效应表现为从蓝到橙、从黄到紫、从红到绿等,即从一种原色变到它的互补色。正是这种"色彩转移效应",人们才能根据不同的需要设计出不同涂料的配方,以创造出各种奇妙和梦幻般的珍珠汽车漆。

⑤全新的环保型产品。以水作溶剂替代有机溶剂的水溶性混合色漆系统,是全新的环保型产品。施得乐银底漆(C型)总共有58种混合色漆,色调有13种以上的配方,并能调配出世界上所有汽车漆系列的色调。它在市场上被认为是使用最方便的水溶性漆,只要经水(完全除盐的水)稀释,即可喷涂施工,覆盖力强,且符合全世界现行的所有法规。

2. 69 幻彩超级特别珍珠漆系列

69 系列珍珠漆特有超级变幻方式,能使油漆产生特有变幻色彩,使装饰效果更胜一筹。

3. D800 双组分镜面清漆、D880 双组分高厚膜超级清漆

D800、D880 双组分清漆与 BC 系列磁漆配合使用,喷完 BC 磁漆之后,再喷上两道 D800(或 D880)清漆,可以使车身表面达到优质的镜面效果,提高装饰性能。

4. 特种高亮清漆

1360、200 为高固型双组分清漆,有极好的流平性,光泽度特别高且硬度好,同时可快速干燥和抛光。它适用于大、小面积修补及整车喷涂,为名贵轿车高品质喷涂的首选。

七、汽车喷漆施工中常用的其他修补材料

1. 常用修补用品

（1）磨料。用于金属打磨施工,汽车面漆的打磨抛光作业。

（2）砂皮。主要用于金属基层打磨除锈、腻子层及底漆的磨光。

（3）砂纸。分木砂纸和水砂纸两种。木砂纸主要用于木制品的干磨;水砂纸适于各种腻子或漆膜的水磨。

在汽车涂装作业中,还经常用到棉纱、破布、脱脂棉、胶带、黄油、汽油、消雾剂、废报纸等用品。

2. 各种辅料

涂料的辅助材料品种很多,从它们的功能来看,主要品种有催干剂、防潮剂、紫外线吸收剂、悬浮剂、流平剂和减光剂等。这些辅助材料有些是在涂料制造时就添加到涂料当中的,如悬浮剂、紫外线吸收剂等;有些需要根据施工情况进行添加,如防潮剂、流平剂、减光剂等。

（1）催干剂

催干剂是一种能加速涂层干燥的物质,多使用于醇酸树脂涂料中。催干剂能促进涂膜中树脂的氧化聚合作用,大大缩短涂膜的干燥时间。尤其是在冬季施工中涂膜干燥很慢的情况下,加入催干剂后即使环境温度没有变化,干燥时间也会明显缩短。

（2）防潮剂

防潮剂也称化白剂、化白水,是由高沸点的酯类、酮类溶剂组成的。将它加入硝基漆等自然挥发型涂料中,能防止涂膜中的溶剂挥发时产生的泛白现象。此外,施工环境温度过低,或空气湿度过高和喷涂用的压缩空气中含有过多的水分等,也会引起泛白。在涂料中加入适量的防潮剂后,由于高沸点溶剂的增多,可减缓溶剂的挥发速度,减少水分凝结现象的发生。

（3）固化剂

固化剂多为酸、胺、过氧化物等物质,与涂料中的合成树脂发生反应而使涂膜干燥固化。该类型的涂料在未加入固化剂时一般不会干燥结膜,而与固化剂混合后在常温下即可发生化学反应而干燥固化,若适当加温(60～80℃)效果更好。不同树脂的涂料所使用的固化剂成分也不同,例如聚酯树脂用过氧化物作为固化剂;环氧树脂用胺类作为固化剂;丙烯酸聚胺酯类用含异氰酸酯类作为固化剂等。

（4）紫外线吸收剂

紫外线吸收剂对阳光中的紫外线有较强的吸收能力,添加在涂料当中可减少紫外线对涂膜的损害,防止涂膜粉化、老化和失光等。

（5）悬浮剂

悬浮剂主要用来防止涂料在储存中结块。在涂料中加入悬浮剂后,可使涂料稠度增加但松散易调和。

(6) 流平剂

流平剂能降低涂料的表面张力,防止缩孔的产生,增加涂膜的流平性能。在喷涂时,由于被涂物表面清洁不彻底,残存有油脂、蜡渍等或由于压缩空气中含有未过滤的油分,这些会使该部分涂膜表面张力增大而产生缩孔现象(俗称鱼眼)。在涂料中适量加入流平剂,缩孔的现象会大大改善。

(7) 减光剂

减光剂具有降低涂膜光泽的作用。有时为了喷涂特殊部位,如塑料保险杠等,使涂料产生亚光效果,适量加入减光剂可以达到所需的要求。

(8) 稀释剂

稀释剂是汽车喷涂施工的主要辅助材料,一般为单组分或多组分的挥发性液体。其作用是调稀涂料的粘度,使之有利于喷涂施工。

(9) 增塑剂

增塑剂又称增韧剂。主要用于硝基漆中,以提高漆膜的弹性和抗张强度,防止漆膜发脆或龟裂,常用品种有邻苯二甲酸二丁酯等。

(10) 增稠剂

增稠剂主要用于醇酸类漆中,以防止漆膜产生流挂。常用品种有硬脂酸铝、有机膨润土等。

(11) 防结皮剂

防结皮剂主要用于氧化固化型清漆和色漆中,以防止表面产生结皮或干皮。常用品种有丙酮等。在汽车车身的喷涂施工中,要依据涂料的具体情况,合理地选择各种辅助材料,以达到最佳的喷涂效果。

(12) 脱漆剂

脱漆剂主要用于对旧漆的消除。实际上,国内外各大油漆厂家均有各种油漆配套的脱漆剂,使用时可根据各品牌油漆的配套性要求进行选用。

八、汽车减振消声涂料

汽车减振消声涂料是轿车车身涂装不可缺少的一种材料,其主要作用是抗振及隔热、隔噪。

汽车常用减振消声涂料,如表 2-12 所示。

表 2-12 汽车常用减振消声涂料

种类	基本组成	特点	应用
54-11 丙烯酸减振消声涂料	热固性丙烯酸树脂、环氧树脂、填料、发泡剂、防火剂等	黑色,减振消声,耐水性好,可刷涂、喷涂,但需要烘干	轿车车门、翼子板、发动机罩、顶盖及底盘等

续表

种类	基本组成	特点	应用
54-12减振消声阻尼涂料	热固性丙烯酸树脂、环氧树脂、发泡剂、防火剂等	黑色浆状,附着力好,抗冲击性及耐水性好	轿车车身涂装
80-1减振消声阻尼涂料	丙烯酸酯共聚体、环氧树脂、填料、发泡剂、防火剂等	附着力强,抗冲击,耐水性好,但需烘干	轿车车身涂装

第五节　汽车常用装饰材料选用

汽车装饰的效果如何能够充分体现车辆的档次、车主的个性及审美程度等。在汽车内外装饰中所用的材料好坏,在一定程度上决定了汽车最终的价值高低。

一、汽车常用外饰材料

在汽车外部装饰材料中,除了油漆以外,绝大部分是塑料、橡胶等材料制作的汽车零部件。例如,保险杠、格栅、防撞条、车体板、窗框架、灯框架、散热器固定框等塑料部件,轮胎、密封条等橡胶制品部件。此外,还有很少一部分金属或有色金属外部装饰件,例如铝合金的轮毂、车轮装饰条、玻璃窗框、车身装饰压条、不锈钢脚踏板、旗杆灯的旗杆、门的外把手等不锈钢装饰件。

1. 塑料饰材

在汽车外装饰中,应用的塑料类材料主要有聚氯乙烯(PVC)、聚丙烯、丙烯腈、丁润烯、苯乙烯(ABC)、酚醛塑料(PP)、聚氨酯泡沫塑料(PU)等。

2. 橡胶饰材

橡胶分为天然橡胶和合成橡胶两大类。合成橡胶主要有丁苯橡胶、丁腈橡胶、丁基橡胶和氯丁橡胶等。橡胶在汽车上主要用于汽车轮胎、电线电缆密封胶垫、密封条、汽车垫板等。

二、汽车常用内饰材料

1. 布饰面料

布饰面料,按其原料的组成,可分为纯棉织品、纯毛织品、化纤织品和混纺织品。其主要性能及产品用途,如表2-13所示。

表 2-13 汽车常用布饰面料性能及用途

产品名称	产品性能	产品用途
纯棉织品	柔软性、保温性、透气性良好,易涂色,鲜艳;易吸水,但强度不高,织品易变形	用在汽车的一般装饰中,如座垫、座套等
纯毛织品	保温性、透气性好,强度比棉织品高;不易着色,易遭虫咬,易变形,不易清洗及定型温度高	是汽车装饰的主要材料,可做顶棚、内衬板等的装饰,也可作为座套、座垫及地毯的选材
化纤织品	强度高、寿命长,易清洗,定型后不易变形,织品挺括,易着色;保温性、透气性差	是汽车装饰的主要材料,可做顶棚、内衬板等的装饰,也可作为座套、座垫及地毯的选材
混纺织品	以棉、毛和化纤为原料,按一定比例制成。具有上述单原料的优点,综合性能良好,在一定程度上克服了单原料某些方面的不足	是汽车装饰的主要材料,可做顶棚、内衬板等的装饰,也可作为座套、座垫及地毯的选材

2. 皮革面料

皮革面料是由动物的皮经加工而成的面料。主要有牛皮、羊皮和猪皮等。

(1) 产品性能

牛皮以黄牛皮为主,皮革大而厚,加工和装饰性好,是皮革装饰中最佳的面料。它可以染成各种颜色,柔和丰满,皮纹细腻,表面光亮。羊皮较牛皮薄,皮纹更细腻更柔和,但强度比牛皮差。猪皮比牛皮小,比羊皮大而厚,毛孔大,皮质和皮纹较粗。皮革制品有一定的透气性,用作座垫时,有冬暖夏凉的效果。但主要缺点是怕水浸湿,水渗湿后易变形,装饰效果变坏。

(2) 用途

皮革面料是汽车装饰中的高级装饰面料,在高级豪华的轿车装饰中,驾驶室、座椅、仪表板、顶盖内衬、车身内护面,甚至车顶的外护面,都采用优质的黄牛皮面料进行装饰。车内的一些附件,如转向盘、把手、安全拉手等都可用真皮面料进行装饰。

三、汽车装饰中常用胶粘剂

胶粘剂的种类很多,性能和使用条件都不一样,所以选择的余地较大。

1. 通用胶粘剂

常用的通用胶粘剂主要有 AB 胶、502 胶、玻璃胶、丙酮环氧树脂胶、密封胶等。如通用胶粘剂 CH-20(改性聚亚胺酯胶粘剂),它的使用条件及性能如下:

(1) 工艺条件:不需加温、加压,在常温下就可进行粘接。

(2) 产品性能:耐酸、碱、水性能良好,耐辐照。

(3) 应用范围:用于软聚氯乙烯与软聚氯乙烯、钢材、木材、水泥、钢筋混凝土之间,橡胶与金属间的粘接,施工可在干燥、潮湿的条件下进行。

2. 结构胶粘剂

常用的结构胶粘剂主要有发泡胶、双面胶、透明车体密封胶等。如结构粘胶,它的使用条件及性能如下:

(1) 产品性能:双组份通用结构粘胶。混合容易,延展平滑,粘接强度高。

(2) 应用范围:适用于金属、玻璃及各种塑料的粘接。可用于车身上玻璃钢件及弹性元件的修复。

3. 玻璃固定蛇胶

(1) 产品性能:易施工,不会因受挤压而外溢。

(2) 应用范围:适用于风窗玻璃安装及车灯边缘的密封等,也用于隔音材料的安装施工。

第三章　汽车美容设备

> 从某种意义上讲,汽车美容的效果主要取决于汽车美容的工具和设备的好坏,正所谓"手巧不如家什妙"。
>
> 因此,要想提高汽车美容的质量,除了有较高技术水平的人员外,还要具备高质量的专业汽车美容设备。另外,为了以提高作业的速度和质量,确保汽车美容的效果,要求操作人员必须熟悉各种汽车美容设备的用途和正确的操作方法。

第一节　汽车美容常用的工具和设备

一、汽车美容常用的工具

1. 清洁工具

（1）海绵

海绵具有柔软、弹性好、吸水性强和较好的藏土藏尘能力等特点,有利于保护漆面及提高作业效率。清洗汽车时,海绵能使沙粒或尘土藏于海绵的气孔之内,这样可以避免因擦洗工具过硬或不能包容泥沙而给车身表面造成划痕的情况。注意,使用前让海绵吸入适量已经配好的洗车液,这样可用于清除车漆上附着力较强的污垢。

（2）毛巾

毛巾是人工清洗和擦拭汽车不可缺少的工具。专业汽车美容场所需准备多块毛巾,包括大毛巾、小毛巾、湿毛巾、半湿毛巾和干毛巾等。大毛巾主要用于车身表面的手工清洗和擦拭;小毛巾主要用于擦洗车身凹槽、门边及内部件等处的污垢;湿毛巾、半湿毛巾和干毛巾在清洗、擦拭车窗玻璃时应结合使用。

（3）洗车手套

用于擦洗车身,洗车手套上的绒毛可容纳灰尘,使漆面避免划伤。

(4) 喷水壶

手工清洁汽车内室、绒毛座椅或贴防太阳膜时的必备工具。

(5) 空气清洁枪

空气清洁枪用于清洁汽车内饰品。

(6) 砂纸

砂纸既是研磨用品,又是高标号水砂纸,利用其背面来擦拭车窗玻璃,可去除附着在玻璃上的顽固污渍。

(7) 专用车巾

车巾是最新研制的汽车专用清洁产品,它是用蜡、树脂和去离子水乳化混合而成的液料浸润于无纺布上制成的。

车巾的去污机理是通过利用其特有的乳化液与被擦表面的污垢相溶合后,使之软化,松脱后除去。由于乳化液呈中性(pH=7),故无论是酸性还是碱性的污垢均能去除,且不损伤被擦表面和刺激人的皮肤,是具有国际最新清洗理念的绿色环保产品。

由于液料中包括清洁剂、润滑剂和保护油三大类物质。当轻擦物体表面时,污垢软化后便被吸附到无纺布上。润滑剂则起到无纺布与被擦表面的润滑作用,从而保护了被擦表面。同时,无纺布涂上保护釉,能够遮盖磨损痕迹,使被擦表面闪闪发亮。

(8) 麂皮

麂皮具有质地柔软、韧性及耐磨性好和防静电等特点,主要用于车身打蜡后将蜡抛出光泽,也常常用于车窗玻璃的擦拭。

(9) 附件

附件包括水桶、工作围裙、防滑防水鞋、橡胶手套、软胶水管和涂料过滤漏斗等。

2. 除锈工具

在汽车修补喷漆之前,应将作业面的锈蚀清除干净,然后才能进行底漆、刮原子灰等涂装。常用的除锈工具有手工和机械两种。

(1) 手工除锈工具

手工清除锈蚀、污物及旧漆等,是一种最简单的除锈方法。使用的工具主要有刮刀、扁铲、钢丝刷、锉刀、砂布及废砂轮片等,如图3-1所示。使用手工清除工具操作费力,工作效率低,清除效果差。但因其操作方便、简单易行及不受任何位置的影响等优点,在实际工作中仍是局部、零部件等小工作量清除的主要手段。

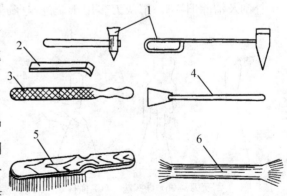

图3-1 手工清除工具

1—尖头锤 2—弯头刮刀 3—粗锉刀
4—刮铲 5—钢丝刷 6—钢丝束

(2) 机械除锈工具

机械除锈是利用机械产生的冲击、摩擦作用对工件表面进行除锈,机械除锈工具的除锈速度快,质量好,工作效率高,适用于大面积或批量汽车锈蚀的清除。机械除锈工具按动力装置的不同分为电动除锈工具和气动除锈工具两类。

电动除锈工具具有结构简单、体积小、质量轻、使用方便、易于维修等特点。常用的电动除锈工具有电动刷、电动砂轮、电动锤、电动针束除锈机等。

气动除锈工具是利用压缩空气作动力,带动机器作业进行除锈的工具,常用的气动工具有气动枪、气动砂轮、气动圆盘钢丝刷、离心除锈器、气动除锈锤等。

(3) 喷射除锈工具

喷射除锈工具包括喷丸、干喷砂、湿喷砂等,其中,湿喷砂除锈工具除锈效果最好。它是利用压缩空气将砂水混合物从喷砂枪的喷嘴高速喷射到工件表面,通过冲击摩擦力将锈除净。湿喷砂装置,主要由空气压缩机、贮气罐、砂罐、水罐、喷头等部分组成。喷射除锈工具的特点是除锈效果好,效率高。适用于汽车车架等处的锈蚀清除。但由于其结构复杂、体积大、操作繁琐、影响环境等,故在汽车维修现场基本上不使用。

3. 刮涂工具

常用的刮涂工具大致分为刮灰刀、牛角板、钢片刮板与橡胶刮板等四种。
类型。

(1) 刮灰刀

刮灰刀又称油灰刀,它是由木柄和刀板构成。木柄由松木、桦木等制做,刀板由弹性较好的钢板制做。其特点是成品刮灰刀的规格多、弹性好、使用方便。其规格按刃头的宽窄进行分类,如宽灰刀有 100 mm 和 75 mm 两种宽度,适用于木车厢、客车大板等平整大物面的腻子刮涂或基层清理;中号灰刀的宽度多为 50 mm～65 mm,主要用于调配腻子、小面积腻子补刮及清除旧漆等;窄灰刀多用于调配腻子或清理腻子毛刺。刮灰刀及握法如图 3-2 所示。

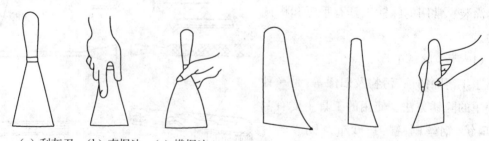

(a) 刮灰刀　(b) 直握法　(c) 横握法

图 3-2　刮灰刀及握法　　　　　图 3-3　牛角板及握法

(2) 牛角板

牛角板由优质的水牛角制成,其特点是使用方便,可来回刮涂。主要用于修饰腻子的补刮等。牛角板使用后应清理干净,置于木夹上存放,以防变形,影响使用。牛角板及握法,如

图 3-3 所示。

(3) 钢片刮板

钢片刮板由弹性极好的薄钢片制成,其特点是弹性好、刮涂轻便、效率高,刮后的腻子层平整。既可用于局部刮涂,也可用于全面刮涂。适用于小轿车、大型客车等表面的腻子刮平。钢片刮板及握法,如图 3-4 所示。

(4) 橡胶刮板

橡胶刮板采用耐油、耐溶剂和线胀系数小的橡胶板制成,外形尺寸和形状根据需要确定。橡胶刮板弹性极好,刮涂方便,可随物面形状的不同进行刮涂,以获得平整的腻子层。尤其对凸形、圆形、椭圆形等物面,使用橡胶刮板刮涂,更易保证质量。橡胶刮板适用于刮涂弧形车门、叶子板等。橡胶刮板及握法,如图 3-5 所示。

 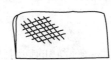

图 3-4　钢片刮板及握法　　　　图 3-5　橡胶刮板及握法

4. 手工打磨工具

手工打磨主要是用砂布包垫板进行打磨,垫板有木制的,也有硬橡胶制的。木块可选用长 180～200 mm;宽 50～60 mm、厚 25～30 mm 的平直木板;橡胶块可使用厚 180~200 mm,长宽相应的厚橡胶板剪制而成。如图 3-6 所示。

(a) 木块　　　(b) 橡胶块

图 3-6　打磨块

砂纸、砂布是打磨工具的辅助材料,砂纸分水砂纸和木砂纸两种,是将磨料粘结在纸上制成的。木砂纸主要用于磨光木制品表面;水砂纸由于涂有耐水涂料,所以可防水,并可以水磨。砂布一般由布、胶、砂子制成。

5. 机械打磨工具

常用的机械打磨工具的种类很多,按动力装置不同可分为气动打磨工具和电动打磨工具两大类。

气动打磨工具主要有风磨机、风动砂轮、钢丝轮等。气动打磨工具主要用于清除钢铁表面上的铁锈、旧涂层及打磨腻子等。具有体积小、质量轻、速度快、磨平质量好、使用安全、可干磨也可水磨等优点。

电动打磨工具主要有电动软轴磨盘式打磨机、电动软轴带吸尘袋磨盘式打磨机、电动磨灰机等。主要作用同气动打磨工具。具有噪声小、振动轻、粉尘飞扬少等优点。但是,其通常比气动打磨工具大些,且不适于水磨。

（1）盘式打磨机

这是最常用的打磨机。它是一个带硬橡胶柔性垫的动力机械,垫上通过一个中心螺母固定了真正的打磨盘,一般只用于钣金表面的粗打磨。这种打磨机的打磨盘做简单的圆周运动,很容易在钣金表面上形成漩涡状磨痕,如图3-7所示。修复车间的盘式打磨机主要用于打磨锈蚀的或敲平操作的板件部位,以获得光滑表面便于喷涂。

图3-7　盘式打磨机

图3-8　轨道式打磨机

（2）轨道式打磨机

这是个多轨道作用的机器,在旋转的同时还有摆动,如图3-8所示。这种复合运动方式的打磨可以消除旋转痕迹,得到更好的磨光效果。多轨道作用减少了工件表面热的生成,这对打磨填充物和油漆表面是十分重要的。该工具也可用于抛光作业。

（3）带式打磨机

这种打磨机十分适用于盘式打磨机难以进入的凹凸表面。打磨机使用较长的打磨带,来代替通常的打磨盘,如图3-9所示。在有些打磨机上还装有真空装置,以减少车间内的粉尘污染。

带式打磨机因其接触面积大,所以能使焊接部位打磨的较平整。但由于带式打磨机产生的花纹常常呈瓜条状,而且有划痕,因此只用于钣金表面的粗打磨。

图3-9　带式打磨机

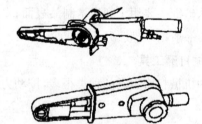
图3-10　直线式打磨机

（4）直线式打磨机

这种机具可当作打磨机或锉刀用,如图3-10所示。当作打磨机使用时,在工具上夹上打磨纸。它进行往复直线运动,对工件表面进行打磨,形成光滑的表面。换上标准锉刀刀刃即可作为锉刀使用,动力驱动的锉身其速度可达每分钟3000转行程。

（5）振动式打磨机

这种打磨机的砂垫外形呈矩形,便于在工件表面上沿直线轨迹移动,整个砂垫以小圆圈的轨迹振动,如图 3-11 所示。使用时打磨机可以根据工件表面情况采用各种尺寸的砂垫,以提高工作效率,轨迹直径亦可改变。

图 3-11 振动式打磨机

6. 刷涂工具

刷涂的主要工具一般有漆刷、画笔、毛笔、盛漆容器等。

（1）漆刷

漆刷有很多种类,按形状可分为团形、扁形和歪脖形三种;按制作材料可分为硬毛刷和软毛刷两类。硬毛刷主要用猪鬃、马鬃制作,软毛刷用狼毫、猫毛、绵羊和山羊毛等制作。使用时可依据需要,选择不同尺寸的漆刷。常用的漆刷,如图 3-12 所示。

   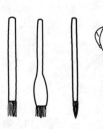 

图 3-12 常用漆刷　　　　　　　图 3-13 画笔和毛笔的拿握法

圆形毛刷可分为大圆毛刷和椭圆毛刷两种。刷毛一般用猪鬃或马鬃制成,直径也分大小不同的尺寸,圆形毛刷适用于涂刷粗糙的物件。

扁形刷也分为硬毛、软毛两种。硬毛刷多用猪鬃制成;软毛刷多用羊毛制成,以毛直、毛清为上品。软毛刷常用于刷涂稀涂料,由于含漆量大、刷痕轻、漆流展性好,适用于涂刷品质要求较高的物件。

在选购毛刷时,通常以毛直、口齐、刷斗与刷柄组合牢固、无刷毛脱落者为上品。

（2）毛笔和画笔

毛笔和画笔在涂装作业中用来描字、划线,涂刷不易涂到的部位和局部补漆用。常用画笔主要为长杆画笔,毛笔以狼毫为好。画笔和毛笔的拿握法,如图 3-13 所示。

7. 喷涂工具

喷涂工具主要指喷枪。喷枪的作用是将油漆和其他液状材料喷涂到被涂物面上。要做好喷涂工作,保证喷涂质量,必须正确使用和维护喷枪。

（1）喷枪的基本结构

喷枪由喷枪嘴和枪体两大部分组成。喷枪嘴由空气帽、涂料喷嘴和涂料控制针阀组成。枪体由空气阀、涂料调节控制旋钮、喷雾形状控制旋钮、压缩空气进气口、扳机、手柄和进料口等组成,如图 3-14 所示。

扳机为两段式转换,扣下喷枪扳机时,空气阀先开放,从空气孔高速喷出的压缩空气在涂料喷嘴前面形成低压区;再用力扣下时,涂料喷嘴打开,吸收涂料。

空气帽把压缩空气导入漆流,使漆流雾化。涂料喷嘴上每个小孔的作用都不同,主空气孔的作用是形成真空,吸出漆液;侧面空气孔有2~4个,它借助空气压力控制雾束形状;辅助空气孔有4~10个,它促进漆液雾化。辅助空气孔对喷枪性能有明显影响,孔大或多,则雾化能力强,能以较快的速度喷涂大型物件;孔小或少,则需要的空气少,雾形小,喷涂量小,便于小物件的喷涂或低速喷涂。空气也从两个侧孔流出,其作用是控制雾束形状。喷雾形状控制旋钮关上,雾束呈圆形;旋钮打开,雾束呈椭圆形。

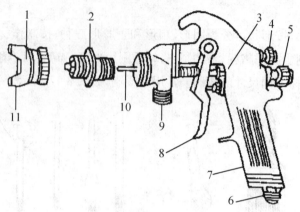

图 3-14 典型喷枪的基本结构

1—空气帽 2—涂料喷嘴 3—空气阀 4—喷雾形状控制旋钮
5—涂料调节控制旋钮 6—压缩空气进气口 7—手柄
8—扳机 9—进料口 10—涂料控制针阀 11—喷气角

　　涂料控制针阀和涂料喷嘴的作用都是控制喷漆量,并把漆流从喷枪中导向气流。涂料喷嘴内有涂料控制针阀内座,涂料控制针阀顶到内座时可切断漆流。从喷枪喷出的实际漆量由涂料控制针阀从末端到顶部、到内座时涂料喷嘴开口的大小决定。涂料喷嘴有各种型号,可以适应不同类型及粘度的油漆。涂料喷嘴的口径越大时涂料喷出量越大,因此喷涂防锈底漆等下层涂料时,用大口径的涂料喷嘴;而喷涂透明面漆及色漆等上层涂料时,用中小口径的涂料喷嘴。

　　(2) 喷枪的种类

　　喷枪种类很多,用途各不相同。按供漆方式可分为虹吸式、重力式和压送式;按喷嘴类型可分为多嘴式、单嘴式和扁嘴式;按雾化机理可分为内部混合式和外部混合式;按用途可分为本色漆喷涂用喷枪和金属闪光漆专用喷枪。

　　①虹吸式喷枪是汽车修补喷涂作业中常用的一种喷枪,其结构如图3-15所示。涂料杯位于喷枪嘴的后下方,喷涂时利用气流作用将涂料吸引上行,并由于压力差使其在喷嘴处形成漆雾。工作时先把涂料放在漆杯里并把漆杯连到喷枪上;扳动扳机到一半时空气阀先打开,压缩空气流过喷枪,从空气帽上的孔中喷出,在喷漆出口处形成真空;继续扳动扳机,使顶针离开喷嘴内座,涂料从漆杯中被吸出,送入进漆口,从喷漆嘴喷出。

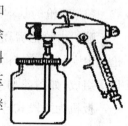

图 3-15 虹吸式喷枪

虹吸式喷枪的特点是喷涂时稳定性好,便于调换涂料。但涂料粘度变化时,对涂料的喷出量影响较大。

②重力式喷枪的涂料杯在喷枪嘴上面,如图 3-16 所示。利用涂料的重力及枪嘴尖端部气流产生的压力差,把涂料喷涂于物体表面。喷枪的操作方法与虹吸式基本相同。

图 3-16 重力式喷枪

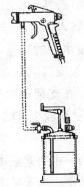
图 3-17 压送式喷枪

重力式喷枪的特点是,涂料粘度变化对喷出量影响不大,杯的位置可自由操作,作业容易,但喷涂的稳定性较差。

③压送式喷枪的喷嘴与空气帽正面平齐,不形成真空,如图 3-17 所示。涂料被压向空气帽,压力由一个独立的压力罐提供。系统的连接方法是:输气软管从压力罐上的气压调节装置出口接到喷枪进气口上;主输气软管从调压阀连接至压力罐的调压阀入口,输漆管从压力罐的出漆口连接至喷枪进漆口。

压送式喷枪具有涂料容量大、可适用于连续喷涂、涂料喷出量的范围可进行调节、操作简易等特点。但不适用于喷涂小表面,并且更换涂料和清洗喷枪需要耗费一定的时间。

(3) 喷漆笔

喷漆笔适用于从简单到复杂的面漆喷涂,常用于复杂而精细的喷涂作业,在特种装饰喷涂时用处最大,喷漆笔的结构形式如图 3-18 所示。

图 3-18 喷漆笔

8. 防涂遮蔽工具和用品

(1) 皱纹纸胶带

粘贴遮盖纸或利用其自身来遮盖的遮纸称为遮盖胶带。这种胶带是由各种纸、布、乙烯树脂等原材料制成,但为了稳定的粘着,且剥开后粘着剂不会留下,容易切断等,一般采用纸质胶带。

为了适应涂装及美容作业场合的强制干燥以及拐弯转角时伸缩性良好,目前通常使用涂装专用皱纹纸胶带。这种皱纹纸胶带,采用耐高温、耐溶剂型粘胶制成,能承受超过 100℃ 的高温历经一小时保持性能稳定。适用于汽车修补涂装和汽车美容作业。

(2) 防涂遮蔽纸

报纸是最常用的防涂遮蔽纸。但报纸表面附着的灰尘、绒毛和飞絮随风飘动,落在濡湿的喷涂漆面上,会形成漆面尘粒缺陷。从经济性和操作方便性两方面考虑,用旧报纸作为防涂遮蔽纸可以在喷涂面漆之前彻底清洁被涂表面、用除尘粘布仔细地揩抹被涂表面,然后才开始喷涂面漆,但需将漆雾喷涂在张贴好的防涂遮蔽报纸表面,将其表面附着的灰尘、飞絮牢牢地粘在报纸上,完后才转入正常的喷涂作业。

随着汽车维修质量水平的提高,专用防涂纸日益得到普遍使用。使用前,按安装要求将不同规格的皱纹胶纸带和专用防涂纸安装在支架相对应的位置上,使用时需要多少拉出多少,再从贴胶纸带的一侧开始用力上拉,安装在支架上的切纸刀刃即把所需的纸切下供使用,如图 3-19 所示。

图 3-19 专用遮蔽纸

除了除了上述的两种主要遮蔽用品外,还常用到一些专用的遮蔽用品,如塑料膜座椅护套、帆布车轮专用罩、防水布全车护罩、翼子板防护罩、胶质或真皮垫等。

9. 塑料焊接工具

(1) 挤出式塑料焊枪

挤出式塑料焊枪也叫无气流塑料焊枪。无气流焊接技术和热风塑料焊接技术相比具有费用低、容易掌握、操作简单和通用性强的优点。热风焊通常使用 5mm 的焊条,而无气流焊接则使用 3mm 的焊条,由于焊条细,不但熔化快,而且可避免板件过热变形和焊料过多这两个麻烦的问题。其结构如图 3-20 所示。

(2) 热风式塑料焊枪

图 3-20 挤出式塑料焊枪

热风式塑料焊枪是采用一个陶瓷或不锈钢电热元件来产生 230~340℃ 的热风。热风通过喷嘴吹到焊件及焊条上,使焊条软化,将加热后熔化的塑料棒压入接缝即可。焊接过程中,塑料的收缩量比金属要大,所以在焊接下料时应多留焊接余量。其结构如图 3-21 所示。

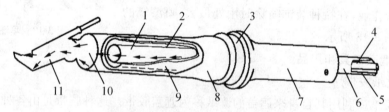

图 3-21 典型热风式塑料焊接焊炬

1—加热元件 2—加热腔 3—固定螺姆 4—交流电 5—接压缩空气
6—空气管 7—把手 8—外套管 9—内空管 10—热空气 11—焊嘴

10. 汽车内饰件拆装工具

在汽车内饰件的拆装过程中,为了方便施工防止损坏内饰件常需要一些专用的内饰件拆装工具。如手电钻,如图 3-22 所示。内饰件拆装组合工具,如图 3-23 所示。图 3-24 表示的是组合工具的使用。另外,还会用到一些普通的工具,如各种钳子、锤子、刀具、旋具等。

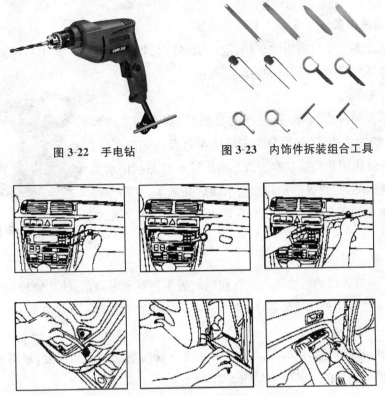

图 3-22　手电钻　　　　图 3-23　内饰件拆装组合工具

图 3-24　汽车内饰件拆装组合工具的使用

二、汽车美容常用的设备

1. 空气压缩机

空气压缩机(俗称气泵)是提供压缩空气的设备。除了喷漆需要用压缩空气之外,所有的气动工具和设备都要利用有一定压力和流量的压缩空气作为动力。空气压缩机有三种基本类型,即膜片式、活塞式和旋转式。常用的是活塞式空气压缩机,如图 3-25 所示,一般压力为 0.8~1.4MPa。

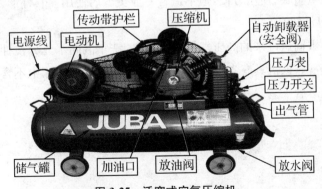

图 3-25　活塞式空气压缩机

空气压缩机是所有空气系统的心脏,它将空气的压力从大气压力升高到某一更高的压力值。

2. 汽车清洗设备

汽车清洗设备主要有高压洗车机、泡沫机、吸尘器、甩干机等。其中高压清洗机有冷水及冷热水两种；吸尘器有交流电和直流电两种。

（1）高压洗车机

高压洗车机的种类较多，有国产的及德国、意大利等进口的，按其使用的功能的不同，可分为普通洗车机及冷热洗车机，但其所起的主要作用及功效基本一致。高压洗车机是利用水泵内活塞的往复运动，而使吸进来的低压水变成高压水，从而变得较容易将车体表面的泥沙、灰尘、污垢等去掉。其一般外形如图3-26所示。

图3-26 高压洗车机

（2）吸尘器

专业汽车美容护理的吸尘器与家庭使用的吸尘器有所不同，它的功能较大，吸力强且具有吸尘、吸水等功能。外用接头较多，大小不一，均为针对汽车室内宽窄不一样的地方而设计的。

它是利用电机的快速转动，带动工作泵加速气管内空气的流动速度，逐渐形成真空，从而起到吸尘、吸水等目的。其外形如图3-27所示。

图3-27 专业吸尘器　　图3-28 迷你型吸尘器

另外，现在有一种车主可以随车携带便携式迷你型吸尘器。它可以直接利用车上的点烟器电源，体积小、重量轻、使用方便，但不适合专业美容店使用。其外形如图3-28所示。

（3）泡沫机（打泡机）

利用空气压缩机输送过来的高压气体，将机内的洗车液同水充分搅拌混合，使之喷到汽车上的泡沫多而丰富。该机具有省时、省力、省钱、干净及清洗泡沫中不含砂粒等特点，可改变人工打泡的传统落后工艺。其外形如图3-29所示。

图 3-29 泡沫机

图 3-30 蒸气清洗机

(4) 蒸气清洗机

蒸气清洗机是利用电能加热,使机内的水变成高温高压的蒸气,喷射到车室内各个部位,从而有效地达到去污清洗、杀菌消毒的目的。其外形如图 3-30 所示。

(5) 专业脱水机

专业脱水机是利用电机带动离心甩干桶,靠其离心作用把脚垫、座套、毛巾、海绵等上面的水分及污物甩干净。其外形如图 3-31 所示。

图 3-31 专业脱水机

图 3-32 自动洗车机

(6) 自动洗车机

自动洗车机可以根据不同的选择不同的清洗程序,一般的结构形式如图 3-32 所示。自动洗车机的一般工作程序所包括的清洗顺序如下。

车身外表清洗——使用清洗剂——车轮清洗——烘干——打蜡——外表整理。

3. 打蜡研磨抛光设备

汽车漆面的打蜡、研磨抛光是汽车美容的主要作业项目。其设备主要有打蜡机、研磨抛光机、研磨抛光盘等。

(1) 研磨抛光机

这是一种集研磨和抛光为一体的设备,安装研磨盘时可进行研磨作业,安装抛光盘可进行抛光作业。如图 3-33 所示。

研磨机按转速是否可调分为调速研磨机和定速研磨机两种。调速研磨机有高、中、低三种转速,1200r/min 以下为低速,1600r/min 左右为中速,2000r/min 以上为高速。

图 3-33　研磨抛光机　　　　图 3-34　打蜡机

(2) 研磨盘和抛光盘

其材料分为全毛、混纺毛、海绵三种,每种盘所用的研磨和抛光材料有明显区别。海绵研磨盘是黄色的,质地硬;抛光盘是白色的,质地软、细腻。全毛盘与混纺毛盘虽然在颜色上没有根本区别,但手感上差别很大。各种海绵盘的厚度及形状也不一样,各有各自的讲究,有平底的,也有波纹底的。波纹底盘跟平底盘相比,前者可减少研磨/抛光剂的飞溅。

(3) 打蜡机

打蜡机是代替人工把车蜡打在漆面上,并将其抛出光泽的设备。打蜡机工作时以椭圆形旋转,类似卫星绕地球的旋转轨道,故也称轨道打蜡机,如图 3-34 所示。它具有质量轻、做工细、转盘面积大、效率高及操作便利等特点。

注意:专业人员现在已不再用它做研磨或抛光用,因为它的速度和轨道式的旋转使其产生不了足够的热能让研磨剂、抛光剂与车漆进行化学反应,简而言之,它的功效远不如研磨抛光。

4. 汽车漆面干燥设备

(1) 烤漆房

烤漆间可以单独设置,也可以与喷漆棚连成一体。如果喷漆棚带有无尘的干燥室,则可加速喷漆面层干燥,使喷漆作业更清洁。常用的烤漆房有热空气对流干燥式和红外线辐射干燥式两种,如图 3-35、图 3-36 所示。

图 3-35　热空气对流干燥式　　　　图 3-36　红外线辐射干燥式

(2) 红外烤灯

这种方法是将热能转变为辐射能来干燥涂层,常用于局部涂层的快速干燥。红外线可直入漆层,加速其分子的化学反应,使双组份漆在 15 分钟左右干透,原子灰在 5 分钟左右干透,且热传导均匀、面密度稳定、粘合力强。如图 3-37 所示,为两种不同类型的红外烤灯。

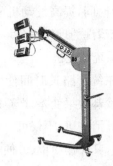

图 3-37　红外烤灯

（3）喷漆烤漆房

喷漆烤漆房是将喷漆与烤漆合二为一的设备。由于这种设备具有占地少、设备利用率高、投资少、经济实用等特点,所以在汽车涂装修理行业应用最为广泛。具有代表性的是中大集团工业公司生产的中大牌高级汽车喷漆烤漆房系列产品。

5. 汽车举升机

汽车举升机主要分为双柱式、四柱式及剪式三种类型,如图 3-38 所示。它们主要是在进行汽车底盘的美容护理时使用。

双柱式举升机　　　　　　四柱式举升机　　　　　　剪式举升机

图 3-38　汽车举升机类型

6. 其他清洗换油设备

现代汽车美容除了对车表、底盘及内饰进行清洗美容护理外,还对发动机系统、空调系统及变速器等进行清洗护理。如发动机润滑系统、燃油系统、冷却系统免拆清洗机;自动变速箱换油机、空调冷媒加注机等,充分体现现代汽车"以养代修"的护理方针。

（1）发动机润滑系统清洗机

发动机润滑系统的污染是导致发动机故障的主要原因之一。润滑系统内部的清洗一直是发动机维护保养工艺的难题。发动机润滑系统免拆清洗机以压力脉冲的形式,把专用清洗液从机油滤清器接口输入,从油底壳放油口抽回,通过反冲式体外循环,达到了清洗发动机润滑系统的目的,从而实现发动机润滑系统的免拆清洗。发动机润滑系统免拆清洗机适用于汽油、柴油发动机润滑系统的清　　图 3-39　润滑系统清洗机洗,它具有性能优越、成本较低、使用方便快捷、节省人力和物力、清洗效果明显等优点。同时,可延长机油的更换时间,提高发动机的使用寿命和润滑系统的清洁度,改善系统润滑条件,是发动机润滑系统清洗的理想设备。发动机润滑系统清洗机的外形,如图3-39所示。

(2)发动机冷却系统清洗机

汽车发动机冷却系统管路长时间使用后,管路内壁会产生锈、污垢以致管路阻塞不流畅、发动机温度升高、冷却效果变差,严重时可使发动机发生烧瓦、抱轴,致使汽车无法运行。

使用冷却系统循环清洗机,不仅可以清除水箱、水道内的水垢、杂质,而且可以自动更换防冻液,彻底保养水箱,其操作简单、方便。发动机冷却系统清洗机的外形,如图3-40所示。

(3)发动机燃油系统清洗机

发动机燃油系统清洗机是将特制的燃油系统清洗剂同燃油按比例充分混合,通过清洗机输入发动机,让发动机怠速运转,在燃烧的过程中,将发动机内部喷油嘴、气门及缸壁等处的胶质、积炭等杂质清洗干净,达到清洁保养的目的。发动机燃油系统清洗机的外形,如图3-41所示。

图 3-40　冷却系统清洗机　　　　图 3-41　燃油系统清洗机

(4)自动变速器换油机

自动变速箱油换油机采用自动流向控制装置及等量调节系统,配有油质循环流速视察,依靠变速箱本身动力及交换机换油,并有换油后自动切换吸油功能,使整个过程快速、高效。能够最有效地保护自动变速箱,保证等量交换,更能清除变速箱内的油泥及金属屑。操作时可以通过新旧油液颜色观察窗,随时观察自动变速器油的颜色变化,保证换油质量。自动变速器换油机的外形,如图3-42所示。

图 3-42　自动变速器换油机　　　　图 3-43　汽车废油抽取机

(5) 废油抽取机

废油抽取机是借助压缩空气或电机驱动,利用真空吸力作用将废油抽吸出来。废油机采用专业级的高品质真空发生器,首先直接抽取废油收集罐的真空,使其真空度始终保持在最大值上,从而加速了抽废油速度。回收的废油可通过压缩空气进行自动往高处排放,也可通过手动往低处排放。该机也可利用配制的托油盘进行手动接油作业。油盘里的废油,可通过该机构和阀门使之流入存储器,同时可根据需要变换托油盘的高度。其外形如图3-43所示。

(6) 空调冷媒回收加注机

单片机控制,传感器全程监控,操作简单,使用方便。集回收、加注、抽真空、除油、除水气、除杂质等功能于一体。具备制冷剂净化装置,可去除水分、杂质。可有效清除混入制冷剂中的空气。能够把混入冷媒中的压缩机油分离,并可加入相应新油,具有完备的高、低压显示和压力保护系统功能。固定电子计量秤、大液晶精确显示冷媒回收、加注量。配置可重复充装专用钢瓶,带有气、液双阀以及液位和安全保护,可有效清除混入冷媒罐中的不凝气体。它是一种大容量空调冷媒回收加注设备,适合于气态和液态制冷剂(冷媒)的回收、净化和加注,其外形如图3-44所示。

图 3-44　空调冷媒回收加注机

第二节　汽车美容设备的正确使用

一、喷枪的选择与使用

1. 喷枪的选择依据

(1) 依据喷涂面积

被涂装的物件大,要选用口径较大的喷枪,这样出漆量大、速度快。喷涂物件面积小而且颜色种类又多时,使用大喷枪则会造成浪费,又不能提高品质。

(2) 依据车漆种类及喷涂品质

选择喷枪应考虑涂料的品种以及喷涂的品质等级标准等因素。喷涂品质要求高时,需选择出漆嘴雾化好的喷枪。相反,物件大、品质要求不高,选用雾化好的喷枪反而会影响效率。

(3) 依据技术习惯

一般喷枪口径越大,所需用的空气压力越大,喷出的涂料越多,需用漆的稠度越高。喷涂涂料的雾化程度与喷枪的口径大小、涂料的粘度、出风孔的排风量多少及排列的角度等有很大关系。因此,选择时要根据个人的技术习惯,合理选择。

选择喷枪主要是选择喷枪的口径和类型,施工时要全面比较、综合考虑、合理选择。

2. 喷枪的使用

(1) 使用前准备

使用前应检查并调整喷枪是否工作正常,发现故障时要预先加以排除。然后安装供料装置,准备喷涂。

(2) 喷枪的使用

手握喷枪柄,以食指稍微压扣扳机,压缩空气阀门首先打开,压缩空气沿管道到达喷气嘴,喷出气流,这时由于针塞套筒未打开,气流可用于吹去涂装面的灰尘。再向后压扣扳机,针塞后移,打开喷料嘴,由于高速气流使漆道内形成负压,而漆罐内由于大气压作用,使涂料吸出喷嘴口,随同气流扩散成微粒的雾状喷向涂面而形成涂膜。

在喷涂操作中,喷涂气压、喷涂的距离、喷枪移动速度、喷涂路线、喷涂角度等操作技术,对涂膜的质量和物面的美观都有直接的影响。

一般喷涂压力 0.4～0.6MPa、喷枪移动速度 20～40 cm/s、喷枪距物面25 cm,保持垂直。

(3) 喷枪的维护

①用后清洗。为防止喷枪内漆道被余漆干固堵塞,每次喷涂完毕,必须将喷枪清洗干净。

②定期清洗。除每次施工完毕进行清洗外,还应定期全面地拆洗喷枪。即将喷枪解体成零件,浸泡在稀释剂中,然后逐件清洗。在拆装清洗喷枪过程中,应用专用工具仔细操作,不得损坏各种零件。清洗喷枪只可用毛刷,清洗过的零件应用干净柔软的棉布揩擦。出气孔或出漆孔若有堵塞,应用溶剂小心冲洗,不得用金属丝去捅,以免损坏小孔,影响喷枪的正常使用。

③注油润滑。喷枪每次使用完毕,都要为喷枪各部位的零件注几滴轻机械润滑油。如果每天都要使用喷枪,则要在有弹簧的部位(如控制液体物料的顶针弹簧和空气阀的弹簧)加一点轻润滑脂,每年两次。

④涂油防锈。喷枪清洗完毕后,旋下气流喷嘴,在喷嘴上涂上防锈油,再旋上气流喷嘴。在针塞套筒和顶芯外露表面也涂上防锈油,防止针塞生锈而产生漏气(针塞漏气会造成喷雾时断时续的故障)。

二、研磨抛光机的使用

1. 研磨盘、抛光盘安装

(1) 吸盘式安装法

首先将一个硬质(硬塑料聚酯)底盘(托盘)用螺钉固定在研磨机的机头上,托盘的另一面可粘住带有尼龙易粘平面的物体。这时可根据需要选择各种吸盘式的研磨盘和抛光盘,使用极为方便,只要把研磨吸盘或抛光吸盘贴在托盘上即可。

(2) 固式安装法

研磨机头不带托盘,只有一个公/母接头。安装时需要把研磨紧固盘或抛光紧固盘拧上去,安装方法也不是很复杂。

2. 研磨抛光机的安全操作方法

(1) 研磨机开机或关机时绝不能接触工作表面。

(2) 作业时,转速 1000～3000 r/min 范围内调整;右手紧握直把,左手紧握横把,由左手向作业面垂直用力,转盘与作业面保持基本平行,如图 3-45 所示。

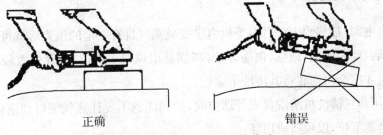

正确　　　　　　　　　　　　　　错误

图 3-45　研磨抛光机的操作方法

(3) 不要对太靠近边框、保险杠和其他可能咬住转盘外沿的部位进行作业。时刻注意研磨机的电线,防止将电线卷入机器。

(4) 操作时,注意劳动保护。另外在研磨机完全停下之前,不要放下研磨机。

(5) 未经过专业培训的人员,严禁使用研磨抛光机。经过培训的专业人士,也必须熟练以后才可上车操作,且刚刚使用时,研磨抛光机的转速不可调得太快,力度不可太大,必须先在不显眼处试验一下油漆的性质才可全车大面积操作。

三、打蜡机的使用

首先将车蜡均匀地涂在打蜡盘上,每次按 0.5 m² 的面积涂匀,直至打完全车。不使用打蜡盘套上蜡时,可用海绵或毛巾沾蜡少许,每次按 0.5 m² 的面积涂匀,至全车打完;上完蜡后,要等待几分钟时间,让车蜡凝固到可以抛光的程度。

最后进行抛光,将抛蜡盘套装上并检查确认绒线中无杂质。打开打蜡机,将其轻放在车体上横向(或纵向)进行覆盖式抛光,如图 3-46 所示,直到光泽令人满意为止。

 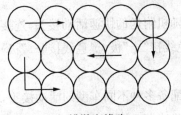

打蜡机使用　　　　　　　　　　打蜡抛光线路

图 3-46　打蜡机的操作方法

四、泡沫机的使用

首先打开泡沫机的洗车液加注口,加入洗车液约 400 mL,灌满水,关闭阀门。接通空气压缩机进气管,打开进气开关,等泡沫压力表显示达 25 N 以上后,就可使用该机向汽车喷射泡沫了。

注意:每天下班停止工作时,必须将罐内的压力泄放干净,以免罐内的压力过大,对气管及接头造成损伤。

五、蒸气洗车机的使用

首先开启电源,加热约 10 分钟,等机内水变成蒸气且有一定的压力后就可使用,主要喷射到玻璃、仪表、座位座垫、地毯、顶篷等处,特别是出风口等部位,因其位置较隐蔽,一定要用蒸气清洗机才能全面彻底将其清洗干净。

注意:在用蒸气清洗机清洗仪表等部位时,特别注意不要让蒸气喷射到室内收录机、CD机及音箱等电器部位,以免造成损坏。

六、专业脱水机的使用

将脚垫、座套等物卷成圈,放到脱水机内,启动电源开关即可。需要注意的是脱水物品放入脱水机内,必须放置均匀,使之重心平衡,且一次甩干的物体不可太重,以免损坏电机。

七、废油抽取机的使用

废油抽取机目前在市场上有多种,常用的一种是靠压缩空气直接驱动的废油抽取机。使用时首先拉出机油尺,插入合适的吸油管。然后启动电源开关,按下"启动键",油底壳内的废机油即自动被抽吸入到贮油罐内。

注意:抽取废油时,应选择口径合适的吸管;当废油抽得差不多时,吸管应来回抽动,以便把油底壳内的废油全部抽吸干净;在抽吸废油的过程中,应将气门室盖上的机油加注口打开,以平衡曲轴箱内的大气压强,加快抽吸速度。

八、发动机燃油系统清洗机的使用

首先利用随机附送的快速活动接头,连接好进油管道,将电源输入线分别夹到蓄电池的正负极上(红色线接"+"极,黑色线接"-"极),打开启动开关供油,启动发动机,怠速运转 10 分钟左右即可。

该清洗机配备多种不同车型的活动接头,可清洗各种化油器式、电控喷射式汽油发动机和各种四冲程柴油发动机,能够清洗大部分进口及国产车辆,能对车辆、工程机械、发动机组以及轮船、机车的发动机进行有效清洗。

九、发动机润滑系统清洗机的使用

发动机润滑系统清洗机是通过专用的清洗液对发动机的润滑系统进行免拆清洗,能提供表态、动态、反向清洗三种工作方式,清除发动机润滑系统的积炭和油泥,达到加强散热,提高效率,降低排放,延长汽车寿命的目的。

1. 静态清洗

发动机静止,清洗液从发动机机油滤芯接口注入发动机主油管,通过冲洗和溶解作用,把油泥溶入清洗液中一起流下,到达油底壳内,随后在一定的负压下从放油口处抽出。

2. 动态清洗

发动机怠速运转,发动机自身的油泵和清洗机的油泵同时工作,清洗液可到达静态清洗时不能清洗的地方,清洗更彻底、更干净。

3. 反向清洗

发动机静止,清洗液自发动机机油滤芯接口处注入机油泵油道,并沿着与机油运行的相反方向进行冲洗,从滤网内侧向外流入油底壳,这样就可以把沉积在机油泵滤网外侧的污物溶解、清洗干净。机油泵滤网是保证机油流量的关键部位,只有经过这样的反向冲洗,才能使发动机恢复正常流量和散热功能。

十、空气压缩系统

空气压缩系统一般由空气压缩机(气泵)、气流控制和调节装置及各种辅助元件的几个部分组成。配置管路时应使配管朝一个方向倾斜,以便使压缩空气内的水、油分离后由高处流向低处,最后经自动排水阀排出。典型空气压缩供应系统的组成和空气压缩管路布置,如图 3-47 所示。

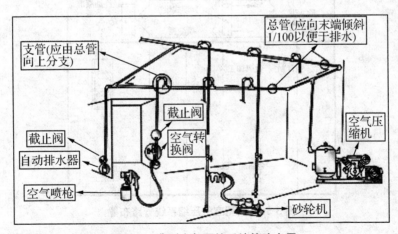

图 3-47 典型空气压缩系统管路布置

1. 储气罐

空气压缩机输出的空气并不直接接到气动工具上,而是输送到储气罐之后,再经管道输送到各用气点上使用的,有些空气压缩供应系统中除了压缩机本身带有储气罐外,另外又增加了一个储气罐。储气罐可减少压缩机的运转时间,保证气动工具用气的需要,如图 3-48 所示。

2. 空气冷冻干燥机

空气冷冻干燥机主要用于降低压缩空气的温度,它既可以吸收气流的热量又可以清除杂质和残余的油、水,如图 3-49 所示。

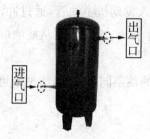
图 3-48　空气压缩储气罐

图 3-49　空气冷冻干燥机

3. 油水分离器

它可以清除压缩空气中的水分、油雾和各种碎屑,过滤和调节空气,调节压力并为各种气动设备,如喷枪、吸尘器、气动工具提供多路压缩空气出口。

十一、喷漆棚的基本要求

喷漆棚应当有合理的通风设备、充足的照明、有效的防火设施以及符合环境保护要求的密封(或治理)措施。如果喷漆棚必须与金属加工部分或其他多尘部分同处一室,就应当采取分隔措施,如用隔板、隔墙等措施单独构建一个喷漆空间,如图 3-50 所示。

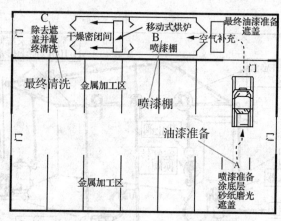
图 3-50　典型空气压缩系统管路布置

十二、喷漆棚的换气系统

喷漆棚有两种形式:一种是单室式的,只具有喷漆功能;另一种是双室式的,同时具有喷漆和烘干功能。风机和过滤器都设置在喷漆棚外。换气系统应达到每小时全换气两次或更多次的要求。一般常采用的是下向通风喷漆棚,如图 3-51 所示。

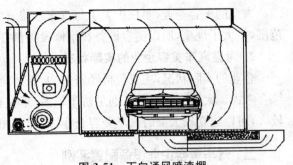

图 3-51　下向通风喷漆棚

十三、高压清洗机的使用

1. 做好清洗准备

先对清洗机进行检查,看设备是否处于正常状态,准备好有关工具和材料;接通清洗机用的水源、电源后,按下启动开关使喷枪能正常喷出用于清洗高压水。

注意:在启动前,必须将吸水滤网放入水中;接通电源开关和按压引水阀杆并将喷枪开启,听到响声后引水阀杆会自动顶起,手即松开,首次使用时需先按引水阀杆,过后启动,不必再按引水阀杆即能工作(注意!喷枪不能对着人,以防止造成伤害);启动后,可以通过压力调节阀手动调节水的压力。

2. 操作要求

清洗机的喷枪是设计成手枪式的,根据清洗作业情况,可以随时调节喷枪的工作状态。

握紧扳机,使枪的阀门开启,高压液流经喷射胶管从喷枪喷出,松开扳机,阀门在弹簧的作用下关闭,即可停止清洗作业。

喷枪可远距离冲洗也可近距离冲洗。远距离冲洗时,可旋动喷枪上的调节套向前,液流形成束状,从喷嘴射出。近距离冲洗时,可旋动调节套向后,高压液流通过螺旋槽,形成扩散雾状从喷嘴喷出。

注意:使用时应检查清洗机润滑油的油位,要保持在油位线上,如低于油位线时,要及时添加。如长期存放,应彻底清除泵内积水,将机器放在干燥处,勿与腐蚀性化学品接触。

第三节　汽车美容设备的配置

一、汽车美容企业设备配置原则

1. 考虑汽车美容企业的规模

美容企业的规模是设备配置的依据。规模小的企业,设备配置较少,主要以美容清洗和美容基本设备为主。例如,一般清洗机、打蜡机和抛光机等即可满足要求。

中型的美容企业,适当地增加了一些与维修有关的机械设备,如拆胎机、平衡机、抽油机、蒸汽机等,以扩大企业的业务范围。

大型的美容企业,不仅扩大了与汽车维修有关的业务和设备,在美容方面也增大了服务范围,扩大了规模,所以美容设备和维修设备都在能力和范围方面增加较多。

2. 考虑汽车美容企业的实际状况

企业的实际状况,主要包括经济实力、技术能力、地区对汽车美容装饰的需求等方面的综合考虑。大城市的汽车特别是轿车较多,车主有相当的经济基础,对汽车美容护理的需求较大,可以建立较大型的汽车美容企业,并配置相应的设备。

二、汽车美容企业设备配置实例

1. 小型汽车美容企业的设备配置(如表 3-1 所示)

表 3-1 小型汽车美容企业主要设备配置

序号	名称	数量	序号	名称	数量
1	高压清洗机	1	5	废油抽取机	1
2	研磨抛光机	1	6	冷媒加注机	1
3	打蜡机	1	7	泡沫机	1
4	蒸汽清洗机	1	8	脱水机	1

2. 中型汽车美容企业的设备配置(如表 3-2 所示)

表 3-2 中型汽车美容企业主要设备配置

序号	名称	数量	序号	名称	数量
1	高压清洗机	1	7	废油抽取机	2
2	研磨抛光机	1	8	冷媒加注机	1
3	打蜡机	1	9	泡沫机	1
4	蒸汽清洗机	1	10	脱水机	1
5	扒胎机	1	11	专业吸尘器	1
6	动平衡机	1	12	脚垫清洗机	1

3. 大型汽车美容企业的设备配置(如表 3-3 所示)

表 3-3 大型汽车美容企业主要设备配置

序号	名称	数量	序号	名称	数量
1	高压清洗机	1	11	废油抽取机	2
2	研磨抛光机	1	12	冷媒加注机	1
3	打蜡机	1	13	泡沫机	1
4	蒸汽清洗机	1	14	脱水机	1
5	扒胎机	1	15	臭氧消毒机	1
6	动平衡机	1	16	喷油嘴清洗机	1
7	划痕修复机	1	17	润滑系清洗机	1
8	充电启动器	1	18	冷却系清洗机	1
9	专业吸尘器	1	19	燃油系清洗机	1
10	脚垫清洗机	1	20	自动变速器换油机	1

第四章 汽车的清洗

> 汽车在使用过程中,会遇到各种各样的道路状况及自然环境,其工作条件比较恶劣。即使车身漆面质量再好,经过长时间的风吹日晒,酸雨侵蚀等,也会使车身漆面褪色,失去光泽,形成氧化层。此外,汽车行驶时容易粘上灰尘、泥土、焦油、沥青等污物,尤其是下雨天,底盘部位很容易粘上泥水,如不及时清洁护理,容易形成锈渍,影响汽车的正常行驶。因此,汽车要定期进行车身美容。而汽车美容的首要任务就是汽车的清洗,也可以说是汽车美容的基础工作,汽车清洗的质量好坏直接影响到汽车美容的最佳效果。
>
> 车身的清洗不仅是汽车美容的前期准备也是汽车保养的最基本工作。经常清洗车能减少外界有害物质的侵蚀,保持车身清洁亮丽、光彩如新、延长汽车的使用寿命。

第一节 汽车清洗概述

一、汽车清洗的概念与作用

1. 汽车清洗的概念

现代汽车清洗与"传统洗车"有着本质上的不同。"传统洗车"没有任何规范性可言,作业时一根胶皮管与自来水一接,甚至一桶水、一块抹布,任何人都可操作。这样洗出来的车其效果不言而喻,更严重的是车身上清洗下的泥沙及污水到处流淌污染了环境,不但影响了城市形象,也造成了水资源的浪费。而专业的现代汽车清洗应有经管理部门核批的固定经营场所、配套设备完善齐全、洗车水要保证循环利用。这样不仅保证了汽车清洗的效果,而且还达到了节约用水、保护环境的目的。

可见现代汽车清洗是采用专用的清洗设备和清洗用品,对汽车车身及其附属部件进行清洁处理,使之保持及恢复汽车原有的车身装饰效果的最基本的美容工序。其特点主要体现在以下几方面。

(1) 现代汽车清洗的系统性

所谓的系统性就是根据汽车的自身特点,由表及里对汽车各部位进行全面而细致的清洗保养。传统的洗车只是去除了汽车表面的泥土、灰尘等,仅仅是洗去了汽车表面上的浮落物,而对粘附在车漆上具有较强氧化性的沥青、树油、鸟粪、虫尸及嵌入车漆深处的杂质等是无法去除的,上述这些物质不仅影响汽车的外观,还严重地氧化腐蚀着车漆,时间一长,车漆就会被氧化失光,严重时还会造成车漆脱落,影响汽车的使用寿命。

现代汽车清洗则是在传统洗车的基础上,内涵扩大到漆面清除氧化物和车漆保养的范畴,不仅洗去了汽车表面的浮尘,还用专业技术将粘附在汽车表面上的有害物质统统除去。

(2) 现代汽车清洗的专业性

所谓的专业性就是严格按着工艺要求由经过培训的专业人员采用专用的设备、工具、用品及专业的手段进行汽车清洗的作业。现代汽车清洗应使用专业优质的清洗产品,针对汽车各部位材质进行有针对性的清洗和翻新,使汽车经过专业的清洗后外观洁亮如新。如专用洗车液呈中性,选用非离子表面活性剂制成,能使污渍分子分解浮起而轻易被洗掉,其化学成分不会破坏车漆,有的还兼有上蜡功能,对车漆兼有保护作用,有效延长汽车寿命。

传统洗车用的洗衣粉、肥皂水、洗洁精等,虽能分解一些油垢,但会造成车漆氧化、失光,严重时还会腐蚀金属和加速密封胶条的老化。

(3) 现代汽车清洗的规范性

所谓规范性就是每一道工序都有标准而规范的技术要求。传统洗车大多由非专业人员组成,无论从技术、手段及程序上都没有规范性可言,使洗车的效果难以保证,而从事现代汽车清洗的操作人员都经过正规严格的训练,能熟练地借助于现代化的设备和高性能的清洗用品进行洗车作业,如用高压水枪或半自动清洗设备完成冲洗,由专业人员完成清洁和擦干等工序。这样不仅可以大大提高了清洗作业的效率,节约了能耗,降低了人力消耗,同时还有效地保护了汽车漆面。

2. 汽车清洗的作用

(1) 保持汽车外观整洁

汽车在行驶中经常置身于飞扬的尘土中,风吹日晒,赶上雨雪天气还要在泥泞道路上行驶,车身外表难免被泥土沾污,影响汽车外观整洁和美观,为使汽车外观保持清洁亮丽,应根据汽车所处的环境状况,经常对汽车进行清洗保养。

(2) 消除大气污染的侵害

大气中有多种能对车身表面产生危害的污染物,尤其是酸雨的危害性最大,它附着于车身表面会使漆面形成网纹或斑点,如不及时清洗还会造成漆层老化。因此,在工业污染较严重的地区,汽车淋雨后应及时将汽车送到专业汽车美容店进行清洗。

(3) 清除车身表面顽渍

车身表面如沾附树油、鸟粪、虫尸、焦油、沥青飞漆等顽渍,如不及时清除就会腐蚀漆层,给护理增加难度。为此,车主要经常检查车身表面,一旦发现具有腐蚀性的顽渍应尽快清除,如已出现腐蚀的漆层必须及时到专业汽车美容店进行处理。

(4) 为后续作业打好基础

良好的车身清洗,是汽车各项美容作业的基础,更是美容作业质量的重要保证。

二、汽车清洗的种类与时机

1. 汽车清洗的种类

(1) 一般性清洗

一般性清洗是指原车身表面有蜡且蜡的效果很好,对车漆仍有一定的保护作用,在洗车时不需把它去掉。因此,这种洗车只是洗掉车身的灰尘、污迹等。清洗方法主要是通过清水和专用清洗剂,采用人工或机械的方法进行清洗。汽车的一般性清洗是最常用的一种清洗方法,也是汽车最基本的保养项目之一。

(2) 除蜡清洗

一般汽车车身的漆面都是要上蜡保护的,只是蜡的品种和时间不同。汽车经过一段时间的行驶漆面上的蜡就会逐渐老化或局部脱落,失去其应有的保护功能。在上新蜡之前必须要把车身上的残蜡清除干净,不然会因两次上蜡的品牌和时间的不同,容易出现局部新蜡附着不牢的现象。

除蜡清洗是一种除掉车漆表面原有车蜡的清洗作业。清洗时要针对不同的车蜡选用不同的除蜡水,有效地去除车蜡。用除蜡水洗完之后,再用清水将车身表面冲洗干净。

(3) 新车开蜡清洗

新车下线时,为了避免在露天停放或运输中风吹雨淋、烈日曝晒、烟雾及酸雨的侵蚀,必须进行喷蜡覆盖保护,以防漆面受蚀老化、生锈。但在新车交付正常使用运行后,这层下线时的保护蜡必须除去,这种对新车进行除蜡的过程称之为开蜡清洗。这种保护蜡的成分与日常的车蜡是不同的,因此在购买了新车后,应到专业美容店用新车开蜡剂去除保护蜡,然后对车漆做深层次清洁养护,此工序称作"车漆还原"。然后再用高泡柔性洗车液清洗上光,最后用不含抛光剂的、柔和的新车专用蜡将清洁的车漆表层密封,使车漆底色充分展露。

(4) 车表顽固污渍的清洗

汽车行驶时有可能粘上鸟粪、沥青、焦油、飞漆等难以清洗的顽渍,如没有及时清洗,长时间附着在漆面上,会形成顽固的污渍,特别是此类附着物在短时间内就会对车漆产生腐蚀,这种顽固的污渍用一般的方法和清洗剂很难清除,必须用专门的清洗剂进行清洗。如焦油去除剂、有机溶剂等,也可根据情况用抛光的方法进行清除。

(5) 车身静电去除清洗

车辆在行驶过程中由于摩擦而产生强烈的静电层,静电对灰尘和油污的吸附能力很强,一般用水不能彻底清除,必须要用专用的车身静电去除剂进行清洗。如果车身静电没有彻底清除掉就上蜡,则残留的车身静电荷被覆盖在车蜡下面,使车蜡的养护性能大大降低,并

且其附着漆面的能力也会降低,车身对尘土的吸附能力增强,时间不长车蜡就会脱落从而失去上蜡保护的意义。

汽车美容护理用品中有专门用于清除车身静电的产品,如汽车专用清洁香波,这种清洗用品的pH值为7.0,是一种绝对中性的车身清洁剂。它含有阴离子表面活性剂和其他有效清洁成分,在喷涂于车身表面后会与车身自带的静电荷发生作用,将电荷从漆面彻底清除掉。使用前先用高压水将沾在车身表面的污物冲净,再将汽车专用清洁香波按使用说明的要求进行稀释,然后喷涂在车身表面上,或用海绵蘸上稀释的清洁液擦到车身表面。擦洗时要注意全车的范围,不要有遗漏的地方。保持片刻后用高压水把泡沫冲掉。

(6) 车身交通膜的去除清洗

汽车经过长时间的行驶,由于车身产生静电吸附灰尘、有害气体分子等,这些附着物会逐渐的加厚,时间久了形成一层顽固的交通膜,持续损伤漆面。这层交通膜使原来艳丽的车身变得暗淡无光,还会对以后的上蜡质量产生严重的影响。这层交通膜使用普通的清洁剂很难把它清除掉,必须用专用的交通膜去除剂进行清洗。清洗时按一定比例稀释后,将其喷到车身上,过一段时间后再用高压水冲干净就可以去除交通膜了。

(7) 增艳清洗

这种清洗的作业方式是在抛光或上镜面釉之后进行,目的是除掉残留在车身表面的抛光剂和油分,为上蜡保护做好准备,使用的产品是"清洁上蜡二合一香波"。用这种产品进行深度增艳清洗很好的视觉效果,不但可以除去抛光剂、油分等污物,还可以留下一层薄薄的蜡膜为接下来的上蜡保护打基础。

操作时先按产品说明书的要求稀释"清洁上蜡二合一香波",然后直接用海绵将稀释液涂于车身,最后用水冲去泡沫再用干净的软布擦干。清洗完成后,不但能增艳车身漆色,同时增强蜡膜的光泽度,提高汽车抗静电和抗氧化的能力。

2. 汽车清洗的时机

一般汽车清洗的周期和时机没有一个固定的模式,主要应根据汽车所在地区的气候状况、工业污染的程度、经常行驶的路况和污垢的种类确定。

(1) 根据天气情况判断

连续晴天时,车身表面的污渍以浮尘为主,平时只要用专用的汽车掸子将车身表面上的灰尘清除即可,如有必要再用湿毛巾或湿布擦拭前后风窗玻璃及车窗与两旁的后视镜。一般先清除车顶,再清除前后风窗玻璃、左右车窗、车门,最后清除发动机盖及行李舱盖。如果一直为此种天气,大约一周做一次全车清洗工作即可。

连续雨天时,车身表面污渍以泥土为主,只要用清水先将全车喷洒,使车上的泥土掉落。因为还会再下雨,接下来用湿布或湿毛巾擦拭全车所有的玻璃以保证良好的驾车视线。但当天晴之后,一定要及时到汽车专业美容店将全车彻底的清洗保养。

忽晴忽雨天气时,就得常常清洗车身表面,特别是在尘土路较多的地区更是如此。虽然很麻烦、累人,但为了使车容清洁、延长车漆的使用寿命也应对汽车进行清洗。

(2) 根据汽车行驶的路况判断

经常在清洁的柏油或水泥路面行驶的汽车,车身表面除了一些浮尘外,不易沾上顽固的污渍,一般每周进行一次全车清洗即可。平时可依据车身的污染的情况,用汽车掸子简单地清扫一下即可。

如果汽车经常在沙土路面或建筑工地上行驶,很容易受到污染,特别是在雨天一些土路便成了泥泞路、工地上溅起的水泥等。在这样的道路上行驶,汽车最好每天都进行清洗,以免形成顽渍附着久了腐蚀车漆。

如果汽车经常行驶在沿海地区或有露水及雾区道路时,由于沿海地区大气中盐分含量和湿度较大,盐分与露水或雾气结合附着在汽车表面上会腐蚀车身。因此,要根据当地的天气情况及时对汽车进行清洗。

(3) 特殊情形下的清洗

如露天停车在或行驶在工地、大树旁、正在进行道路维修施工的柏油马路、天桥及路灯粉刷现场等。车身表面很容易粘附有沥青、焦油、水泥、树汁、鸟粪及虫尸等污物,且沥青和焦油都是有机化合物,长时间附着于漆面会出现色斑、腐蚀漆层和金属车身。因此,遇到这些情况时,要根据污物的性质选用不同的专用清洗剂及时对汽车进行清洗。

三、汽车清洗的注意事项

1. 注意水质及用品

洗车时最好使用软水,尽量避免使用含矿物质较多的硬水,否则会在车身干燥后留下圈痕影响洗车效果。

洗车时要用专用洗车液,严禁使用肥皂、洗衣粉或洗洁精,因为这类用品碱性强,会导致漆面失光,局部产生色差,密封橡胶老化,还会加速局部漆面脱落部位的金属腐蚀。

2. 注意水的压力

高压冲洗时,水压不宜太高,一般不高于 0.7MPa,喷嘴与车身不要离得太近,以避免高速水柱对漆面的过力冲刷损伤漆面。冲洗底盘时,水压可高一些,以便能够冲掉底盘上附着的污泥和其他附着物。车身清洗时,可将水压调低些,如果清洗车身的水压和水流过大,污物颗粒会划伤漆层。另外,在冲洗水箱前面(通风孔处)时要注意控制水流的角度,水流要和水箱平面保持垂直,以免高压水流冲倒水箱上的散热片影响其散热效果。

3. 注意工具的选择

清洗汽车油漆表面时,切莫使用刷子、粗布,以避免刮伤漆面留下痕迹。擦清洗剂时应使用软毛巾或海绵,最好使用海绵并随时将海绵在清水中洗涤,以免其中裹有硬质颗粒划伤漆面。洗车时首先要将灰尘冲掉,不可一边冲水一边用海绵擦洗,否则,因为粗砂粒及灰尘尚未被冲除,容易造成细小的划痕。

4. 注意车身的冲洗顺序

洗车时都应遵循由上到下的原则,即由车顶、前后盖板、车身侧面、灯具、保险杠、车裙、车轮等。一般人常不会注意到的后视镜座上也会积聚很多污垢,可以将后视镜折起后,用海绵擦拭掉。油箱盖、车门把手也要拉起来擦去里面污垢,因为这些污垢在遇水流下来以后就会形成条状污渍。

5. 注意天气情况

洗车时应注意天气。清洗汽车外表面最好在室内或背阴处清洗,夏天不要在阳光直射下洗车。如果阳光直射,车表水分蒸发快,车身上的水滴干燥后会留下斑点,影响清洗效果。若发动机罩还有余热,应待冷却后再进行清洗,防止温差太大伤及漆层。冬季不要在严寒中洗车,以防水滴在车身上结冰,造成漆层破裂。北方严寒季节洗车应在室内进行,车辆进入工位后,停留5～10分钟,然后冲洗。

6. 注意残留的洗车液

用洗车液洗车后,冲洗一定要干净,不可马虎了事,否则,残留的洗车液将会渗入漆表,造成污点。更严重的是灰尘等附着在车上,与水结合酸化之后造成生锈。因此车身与边框的间隙、油箱盖、铁板与铁板的接合处、后视镜与车门的填封处等洗车液会渗入的地方,都要仔细冲洗。积在车子零件接缝中的洗车液,应集中水压对着接缝喷洗将其除去。

7. 注意密封和积水

清洗前应当将全部车门、车窗、锁孔、发动机罩、行李箱盖、通风孔、空气入口严密关闭,封严发动机电器系统,以防清洗时进水,造成短路、窜电、锈蚀和冰冻影响机件的功能等。在没有干燥设备的场地清洗时,最好将汽车停在带有小坡度的空地或路边,以便清洗后清洗剂和水能自己流尽,防止积水污染或腐蚀。

8. 注意制动和锈迹

注意制动。清洗汽车轮毂内侧时,要防止进水,造成刹车不灵,特别是鼓式制动器影响更大。如发现进水,可轻踏制动踏板,使车辆低速运行,造成摩擦产生热量使制动器干燥。

对于清洗后有锈迹的地方,可将牙粉(牙膏)撒在软布上,沾上氨水或松节油擦拭,擦完后再涂上防锈透明漆。

9. 注意保护电器元件

清洗车时要小心不要让水溅到电器原件上,特别是清洗发动机室时,更不要将水溅到分电器、点火线圈、火花塞孔等电气系统的零件上,否则会使发动机不易起动。如果不小心溅到电气系统上,应用干布把水擦干,或用压缩空气把水吹净并将分电器盖内的水分擦净。

10. 注意擦干的用品和方法

冲完车后须用带有较长绒毛的毛巾抹干,长的绒毛能吸住脏物,使其不擦伤漆面。抹干时,也应遵循由上到下的原则,也不要太用力擦拭。同样,擦干水滴,也不要一次一大片,要像海绵一样将水吸干较为理想,最好用洗车麂皮吸干,洗车麂皮质地柔软,且具有超强吸水力,可迅速吸干水分。车身的隙缝之间,标识隙缝间的水滴可用吸水性强的纸插入吸干。同时车身、行李箱、发动机盖等,只要是能打开的部分都要打开擦洗,也不要遗漏了门边踏板、加油口周边,如果不仔细擦拭的话,久了将会形成顽固的水垢,难以去除。

第二节　汽车外部的清洗

汽车外部主要指车身外露表面及行走部分的清洗作业,车表的污垢主要有外部沉积物、锈蚀物以及焦油、沥青、树汁、鸟粪、虫尸等附着物。这些污垢往往都具有很高的附着力,能牢固地附着在零件的表面,各有不同的性质,因此从零件表面清除它们的方法和难易程度也不同。如不及时清理,不仅影响车容的整洁还会造成外表严重锈蚀、早期龟裂、松脱,并影响检修、拆装等。因此,隔一定时间或行驶一定里程,应该清洗一次。

一、汽车车表的污垢组成和清洗的工艺条件

1. 汽车车表污垢的组成

（1）外部沉积物

外部沉积物可以分为尘埃沉积物和油腻沉积物。大气中经常含有一定数量的尘埃,漂浮在行驶的车辆附近,当尘埃颗粒的含量增加时,它在金属表面的凝聚和沉积也就加快。在潮湿的空气中,由于吸附的水膜会提高尘粒间的附着力,从而使尘粒加速凝聚,尘粒附着在表面上的牢固程度取决于表面的清洁程度、尘粒的大小和空气的湿度。油腻沉积物,是由于污泥和尘埃落到被机油污染了的车表或零件上而形成的,如果润滑油落到了污染的表面上,此时尘土被润滑油浸透也会形成油腻沉积物。

（2）锈蚀物

锈蚀物是由于金属和合金的化学或电化学被破坏而形成的。钢铁零件表面如果失去保护层,长时间暴露在潮湿的空气中很容易形成微红褐色的物质——铁锈。铁锈能溶于酸中,微溶于碱和水中。铝制零件同样会产生锈蚀,它的锈蚀物是呈灰白色薄膜的氧化铝或氧化铝的水化物。

（3）附着物

汽车在行驶中,由于周围环境的不同而容易沾上一些附着物,如行驶在维修的道路上容易沾上焦油、沥青等,行驶在乡间道路容易沾上树汁、鸟粪、虫尸等。这些附着物能牢固地粘在车身表面,一般很难用水清洗干净,要用有机溶剂去除清洗。

由此可见,针对车表上不同性质的污垢要用不同的方法和清洗剂进行清洗。

2. 清洗的工艺条件

（1）清洗溶液的温度

清洗溶液温度越高,去垢作用越显著,但温度过高不但造成能源浪费、成本增大,还会使汽车表面漆层发软、失去光泽。所以,一般在日常汽车冲洗时,清洗溶液的温度控制在35～50℃较合适。一般冬季加温的温度要高一些,夏季要低一些。在用清洗剂清洗汽车之

前,先用温水冲洗一下被清洗表面,不仅会增加清洗效果,而且会减少清洗剂用量。

(2) 清洗溶液的浓度

一般情况下,清洗溶液浓度增加,去垢效率亦增加。但当浓度过大时,去垢效率并不再显著增加,且浓度增加时对漆层会有破坏作用,对有色金属也有不利影响。清洗溶液对漆层的影响可用清洗剂的 pH 值来确定。当溶液的碱性增大即溶液的 pH 值增大时,其去垢能力增加,但对漆层有不利影响;中性溶液对漆层无害,但又缺乏足够的去垢能力。一般采用 pH 为 7.5~8.0 的弱碱性清洗剂,既能保证去垢效果,又能使漆层不受影响。

(3) 冲洗压力

一般冲洗车身的压力在 0.4~0.6MPa 下较为适合。个别情况下(如污垢多、清洗表面形状复杂等)压力可达 0.7MPa。冲洗汽车底盘可将压力增大至 1~2.5MPa,因为底盘形状复杂,且油污多、附着力强,压力过低不易将污垢冲掉。

(4) 清洗剂对污垢的作用时间

对汽车外表面一般只要 3~5 秒,底盘冲洗要 5~10 秒,个别地方如一些形状复杂的深孔、拐角,冲洗时间可延长至 10 秒以上。对外表面的冲洗,时间不宜过长,因为长时间冲洗会造成局部漆层发软;且易在汽车表面上形成一层难以去除的痕迹。冲洗中应使各处冲洗的时间一致,并应以一定方向和按一定顺序进行。

(5) 气温对清洗质量的影响

冬季清洗汽车,会使水结冰而引起漆膜开裂。在这种情况下,一定要将水加热后再进行冲洗,汽车冲洗完毕立即用抹布擦干。夏季在天气炎热的阳光下进行冲洗,由于水分蒸发较快,会使车身留下圈状的污迹,在洗车作业时应引起注意。

二、汽车外部的一般清洗和机械清洗

1. 汽车外部的一般清洗

汽车外部的一般清洗就是利用一些简单的设备,靠具有一定压力的水、专用清洗剂及人工的擦洗,对车表的尘土和污垢进行清除。因此,这种清洗方式主要由人工进行,操作简单、成本低,但清洗的效果不够稳定,其质量取决于操作人员的技术熟练程度。一般洗车的规范操作步骤应该包括洗车前的准备、冲车、擦洗、冲洗和擦车等五个步骤进行。为了保证洗车的速度和质量,操作应由两人配合进行。

(1) 清洗前的准备

有客户来到时,操作人员应主动上前招呼,并引导车辆进入清洗工位。车辆停放平稳后,拉好手制动,车主离车。然后将车内脚垫撤出,关好车门。

调配清洗剂时,必须严格按着产品说明书上的要求进行,既要保证清洗剂的去污能力,又要减少不必要的浪费。

争取做到:讲求服务送微笑,准备充分提工效。

(2) 冲车

用高压清洗机冲去车身污物,顺序自上而下。整个过程当中始终由一个方向向另一边的斜下方冲洗,尽量避免正向或反向冲洗,以免将泥沙冲回已经冲洗干净的部位。

冲洗车时,尽可能用水流冲去车表附着的泥土,必要时要进行刷洗。不可忽视的部位是车身的下部及底部,因为大量的泥沙和污物一般都聚集在这些部位,如果稍有不慎就会遗留下泥沙等物质,擦洗时就会因有泥沙而划伤漆面。因此,必须彻底地冲洗掉车身下部及车底的大颗粒泥沙。

在冲车的同时,另一人应同时对脚垫进行清洗,并晾晒于支架上。一般这个工序共需时间2～5分钟。冲洗车的质量标准为:车身通体用高压水枪打湿而无遗漏,车漆表面无大颗粒泥沙或污物以确保以下步骤的顺利进行。

争取做到:自上而下同向刷,车表冲遍无泥沙。

(3) 用清洗剂擦洗

将配制好的洗车液均匀喷洒于浸湿的车身表面,如有泡沫清洗机,可先将泡沫喷洒在车身表面,然后两人各持大海绵一左一右呈"S"形按照从上到下的顺序擦洗车身。擦洗时应注意全车的每个角落都要细致认真地进行擦洗,同时注意车身表面有些冲洗不掉的附着物,不可用力猛擦,以免损坏车身漆面。对于那些像焦油、沥青等顽固污渍,应使用专用溶剂来清洗。

争取做到:认真细致莫漏擦,小心谨慎防磨花。

(4) 冲洗

擦洗完毕之后,开始用高压清洗机冲洗车身,顺序同冲车时一样,但这时应以车身的顶部、上部和中部为重点。因为冲车时已经将车身下部冲洗得比较干净并进行了一定的擦洗。且冲洗车身的中上部位时向下流动的水已基本能够将下部及底部冲洗干净,所以下部和底部一带而过即可。冲洗车身的同时另一人可进入车内用半湿性小毛巾擦洗车内饰部件。

争取做到:自上而下顺序冲,泥沙污垢无影踪。

(5) 车巾擦车

两人各用一块半湿性大毛巾将整个车身从前至后先预擦一遍,待车身中部及下部的大部分水分被吸干之后,再用麂皮细擦一遍,要求擦干所留下的水痕。最后用麂皮将棱角中残留的水分赶净,这样"一遍毛巾、两遍麂皮"之后车身应不留水痕而且十分干净。

用麂皮擦完一遍后,一人应取出两块毛巾,一干一湿,用半湿性毛巾(有条件的也可用压缩空气吹干)擦净车门边、发动机盖、行李箱边沿及油箱盖内侧的泥沙后,再用干毛巾擦干前面所留下的水痕。

争取做到:一干一湿车表净,无水无痕亮又明。

(6) 压缩空气吹干

一手拿空气枪,一手拿干净车巾,对车身上的缝隙处、特别是车门及油箱盖周围等,边吹边擦,彻底清除里面的残余水分。

争取做到:残留水分随风去,周到服务赢信誉。

最后用吸尘器将车内的尘土(仪表板、座椅缝隙处及地毯)由上至下吸干净,倒掉烟灰缸内的烟灰及杂物,垫好脚垫。然后用半湿性毛巾和抛光巾擦拭玻璃,用半湿性毛巾擦干轮毂及汽车底部(擦内饰及玻璃的毛巾应与擦洗门边、车身底部及轮毂的毛巾分开使用)。

验车时应特别注意检查洗车工序中容易遗漏的部位,如发动机盖边沿及内侧、车门边缘内侧、车门把手内侧、后备箱边沿内侧、油箱盖内侧、车身底部、轮胎及排气管等部件。在交车之前还应记住车内喷洒些香水或空气清新剂,仪表板上擦拭一些液体仪表蜡,这样车主会感到更加满意。

验车标准为:外部饰件应无尘土、无污垢、无水痕;玻璃光亮如新,无划痕;内饰部件无灰尘、室内无异味,座垫及脚垫摆放整齐。

2. 汽车的机械清洗

汽车的机械清洗就是使用专用的洗车设备对汽车的外表进行的清洗过程。专用汽车清洗设备一般可分为半自动和全自动两种。两者可统称为自动洗车,它们的相同之处为:驾驶员将待洗的汽车驶入洗车线的车道中,发动机熄火,拉起手制动,关好车门、车窗,驾驶员可留在车内也可离开。不同点是半自动洗车需要根据洗车工序的要求,由人工操作洗车机上不同的功能按钮来完成。全自动洗车,只要按下机器上的启动钮即可全程操作,直至洗车完毕。一般自动洗车的步骤如下:

(1) 检查车身的污染情况,必要时应对污垢较重的部位进行人工预洗。

(2) 检查设备、接通电源,做好洗车准备。

(3) 做好准备预检完成后,将车开至洗车台的停车位置,关好车窗和车门,关闭发动机,驾驶员离开。

(4) 启动清洗机,对车表进行喷水浸湿。喷完水后,清洗机的滚刷开始运转刷洗车身的上侧、左侧和右侧,用喷头冲洗车轮和底盘的底部。车表全部洗刷完毕后,清洗机再重新喷一遍清水冲洗汽车的各个部位。

(5) 清洗完成后开始喷水蜡,并将水蜡抛光擦亮。

(6) 最后用压缩空气或热蒸气将车身吹干,一次洗车基本完成。

(7) 对汽车进行清洗质量检查,发现有残留的污垢或水痕,应用人工补充清洗去除,直到车身表面全部清洁、干净为止。

3. 机械洗车的注意事项

(1) 将汽车驶入洗车道,检查车辆是否准确停放在洗车道中所要求的位置。

(2) 无论是半自动还是全自动洗车机,汽车在清洗前应将车门、车窗紧闭,车内最好不要有人滞留(因为有些车的防渗水功能不良,容易在清洗过程中,将水渗入车内,溅湿车内乘员)。

(3) 在未开始清洗前,应先询问车主,是否加水蜡一起清洗,这样可以使清洗、打蜡一次完成,节省时间。但由于水蜡在清洗过程中,同时也清洗了各处的玻璃,晴天不觉得,一旦下雨因水蜡附着在玻璃上,特别是前风窗玻璃,在刮水片的作用下会造成视线模糊。所以在汽车清洗中,如果不是时间关系,最好还是采用手工或机器打蜡。

(4) 在对汽车进行清洗前,要根据车辆的大小、污垢的情况、清洗的内容等具体情况,和客户谈好收费标准,以免事后发生争议。

(5) 自动洗车机洗完后的车,车身由洗车机上的压缩空气吹干。为避免汽车防水功能不良造成车门缝滴水,车主在进入车内要将汽车驶出洗车道时,最好先将车门与车顶间的接缝处所渗的水擦干,否则会滴在身上。

(6) 因刚洗完车,车轮还是有水分,所以刚洗完的车子在刚起动行驶时应慢速行使,使水分被地面逐渐吸收后再高速行驶,才不致使灰尘再度附着在车轮上。最好是用人工的方法将车轮上的水分擦干或让汽车自然风干,不要急着开走,一来可以使水分蒸发,又可避免灰尘重新沾到车轮上。

(7) 自动洗车的清洗媒介物不是我们常见的布、绵等质软、不易刮伤的工具,而是一种类似塑胶的长丝条。由于这些长丝条滚动的速度较快,对车身的摩擦相对较大。因此,长期使用电动洗车机来洗车,易使车身漆面损伤。并且自动洗车总会有洗不到的死角处,往往还需要配合人工清洗。所以目前这种洗车方式渐渐少了,大多改用人工洗车,一来可清除一些电动洗车无法清除的地方,如车轮弧内及凹缘;二来可发现一些受损的小痕迹,可立即补救。再者是开店的投资少、使用成本低、操作简单灵活。

(8) 使用自动洗车机时,因洗车机的清洗位置都与汽车的高度有关,像出租车顶上的标牌、车身上的天线、后行李箱上扰流板等,需要事先处理好。

三、新型的洗车方法

1. 蒸气洗车

这种从韩国引进的集清洗、打蜡、保养于一机的蒸气洗车,旨在从根本上改变现有落后的洗车方式,从而给洗车行业带来一场新的变革。蒸气洗车具有如下优点:

(1) 无污染

洗车是在雾状下进行的,洗完后原地仍旧干净整洁,是目前绿色环保产品,对保护市容市貌,改善生态环境具有重要意义。

(2) 节水、节能

蒸气洗车每辆车仅用水半升左右,用水量是一般洗车的百分之一,耗电 0.5 度左右。

(3) 车容靓

该机采用特殊清洁剂、上光剂和高档车布,清洁护理一次完成,避免用水洗车造成的车子磨花,车漆失去光泽,而极易使汽车毁容。

(4) 体积小、重量轻,可流动作业,上门服务。

(5) 无需专用店面,不受场地限制。快捷方便,劳动强度低,只需 10 分钟左右即可完成作业。

2. 无水洗车

无水洗车也称为干洗保护釉洗车,由于干洗保护釉内含有清洁剂、润滑剂及保护釉三大类物质,因此用干洗保护釉洗车可以同时完成清洗、润滑、上釉等功能。

呈雾状喷射到车表面的干洗保护釉,把所有能接触到的污物和车表面加以覆盖。在清洗剂的作用下,车表面污渍被软化,并在保护釉的包裹下变成无数小形珠粒,保护釉同时把车表面加以覆盖,大珠粒与车表面保护釉之间的润滑剂起到减少摩擦的作用。珠粒状的污渍在干毛巾的吸水引导下,被毛巾带离车表面。车表面只剩下凹凸不平的保护釉及少量润滑剂。用另一干毛巾擦拭后,去除润滑剂,留下的就是有相当硬度的耐磨、防水、防尘及防晒的保护釉。

干洗保护釉不与污渍起任何化学反应,它所含的高度润滑配方与高度反光因子不会破坏车漆,反使车身熠熠生辉。

无水洗车操作非常简单,只需把干洗保护釉用特制之喷瓶,以雾状喷洒到未经任何清洗的干燥车表面上,无需等候即用第一块干毛巾轻擦车表面,就可轻易地除去污渍,再用另一块毛巾加以抛光,完成一辆小轿车的清洁、上光维护,只需15~30分钟。同时,用干洗保护釉抛光后的车表面不但不会留下螺旋纹,而且由于坚硬、光滑的保护釉使沙、水、泥等脏物无法驻脚,因此只需用湿毛巾把留在车表面上的微粒轻轻抹去再用干毛巾轻轻抛光,车表面又能恢复原亮,保护釉对车表面的保护期长达30天。可见,无水洗车具有如下特点:

(1) 节水

无水洗车最大的优点就是节水,一般的洗车耗水非常严重,一辆车一年大约平均消耗洗车用水一吨左右。现在一般的中等城市都有几十万辆甚至上百万辆的汽车,可以想象每年的洗车耗水是十分惊人的。而由于各种无水洗车用品的出现,使汽车"干洗"成为现实。

(2) 功能全

使用的干洗保护釉具有洗车、打蜡、上光一次完成的功效,一辆脏车只需10分钟左右就能彻底清洁其表面,同时还能在车漆表面形成一层光亮的、不易蒸发的高分子保护膜。此高分子保护膜,具有洁净滑爽、气味芳香、抗紫外线辐射等特点。同时还可以防静电、防雨、雪水的侵蚀,并能迅速掩盖车体漆面上的瑕疵,修复细小的划痕。

(3) 安全环保

干洗保护釉具有无害、无毒、气味清香、不含任何有机溶剂等特点,对漆面无任何副作用。采用无水洗车除达到节水目的外,还可有效地解决废水排放问题,减少对环境的污染。

(4) 使用范围广

干洗保护釉不仅可对车身漆面进行清洁、上光、打蜡,而且可对玻璃、车室仪表盘、座椅等进行清洁、上光、打蜡等。兑水稀释后加入洗车机中,还可冲洗汽车底盘部件。

(5) 作业效率高

一般传统洗车作业,清洗与护理是分开进行的,既费时,又费力,两个工人完成清洗、护理作业至少需要30分钟。采用"无水洗车净"进行清洗作业,可将清洗、上光、打蜡合三为一,一次完成,只要10分钟左右便可完成一辆车的清洗护理作业,大大节省了作业时间。

(6) 经济效益好

每位车主都想使自己的爱车经常保持洁净、亮丽,对于烦琐而又复杂的清洗、护理作业,若自己动手不仅费时、费力,而且因技术水平差,难以达到预期效果。若经常去汽车美容店费用又太高,很不经济。采用"无水洗车净"清洗汽车,操作方便、快捷,每次只要花3元钱就能使汽车焕然一新,并能对车漆起到良好的保护作用,可谓经济实惠。

(7) 对漆面具有保护作用

传统洗车采用的清洗剂大多是碱性化工品,长期使用会严重腐蚀车漆,使车漆表面失去宝贵的光泽。另外,汽车清洗后的打蜡、抛光工序中如使用的是硬蜡,一般上蜡后需等较长时间才能抛光,在这段时间里,附着在车漆上的蜡将粘吸大气中灰尘和微细砂粒,此时再进行抛光,就会使车漆受到伤害,在车漆表面留下无数细小的划痕,加快车漆失去光泽的速度。采用"无水洗车净"不仅不会对漆面产生任何副作用,而且对漆面具有很好的保护效果。

3. 自助洗车器

这种洗车器不用电,去除了以往洗车器使用汽车电源的束缚,既节省了电能又简化了操作。它采用能保护汽车表面的毛刷,使用时洗刷同时进行,更加方便、快捷,用时5~10分钟即可洗完一部小车。洗一部小车用水量仅5~8升,8升水可连续喷射10分钟左右。

四、车表顽渍及其他部件的清洗

1. 车表顽渍的清洗

被鸟粪、沥青、焦油、树胶等顽渍沥长时间附着的漆面,在有机化合物的作用下会出现污斑,应及时清除。但这些顽渍用一般的清洗很难去除,必须用专门的清洗剂和方法进行清洗,可以采取以下方法处理。

(1) 清水刷洗

对于附着时间不长的这类污物,一般可以刷洗清除。在刷洗时,水温在常温或常温以下,刷子要选用鬃毛刷,以免划伤漆面。

(2) 有机溶剂清除

如果刷洗难以清除污渍,可选用有机溶剂,但选用时一定要注意不可选用对车漆产生溶解作用的有机溶剂(如含醇类、苯类的有机溶剂等)。一般可用汽油浸润后,擦拭清除。

(3) 用专用的清洗剂清除

焦油去除剂是汽车美容的常用产品,主要用于沥青及焦油等有机烃类化合物的清洁。树胶清洗剂是去除树胶和鸟粪的专用清洗剂,可以有效去除车表的鸟粪和树胶。使用专用的清洗剂,既可有效去除污物,又不会对漆面造成损坏。建议在实际操作时,最好优先选用专用清洗产品,若无专用清洗产品,可酌情考虑用前两种方法。

(4) 抛光机清除

对附着时间太久的顽渍可以使用抛光机清除,操作时可加入适当的研磨剂,可快速有效

地去除附着在车表的沥青、焦油、鸟粪、树胶等顽渍。

2. 车表其他部件的清洗

汽车除车身需要经常清洗外，车表其他部位不同材质的零部件也需要清洗，使用的清洗剂和清洗方法也有所不同。

（1）不锈钢饰件的清洗

汽车车身外部常装有保险杠、防撞杠、脚踏板、个性装饰件等，这些部件常用不锈钢材质制成且大部分装在汽车的下部，容易受到污染，需要经常清洗。可以使用不锈钢上光护理剂进行清洗，在迅速除去表面污物的同时还能有效上光。清洗时，可将不锈钢上光清洗剂喷涂在不锈钢饰件上，用软布直接擦拭即可，然后用水冲净擦干。

（2）镀铬件的清洗

有的汽车外部装有后镜架、车轮侧护板装饰件、天线杆等镀铬件，行车时由于空气中的水分和有害气体对其腐蚀而失去光泽，严重的可能生锈，影响美观。这些部件一般较易清洁护理，操作时可将镀铬件表面先用水洗净擦干，然后用干净抹布沾上汽车镀铬抛光剂，对需要清洁的部位反复擦拭，直至光亮度满意为止。锈垢严重的镀铬件表面应使用除锈剂先进行除锈，然后再使用汽车镀铬抛光剂进行处理。注意，不要使用钢刷、腐蚀性清洗剂等。

（3）塑胶件的清洗

有些汽车的进气格栅、保险杠、后视镜外壳、车门把手等是塑胶件，在风吹日晒的情况下会失去光泽，甚至氧化龟裂，脏污的塑胶件若不及时清洗，也会影响美观。汽车前后组合灯具也多为塑料件，长久不清洗会影响灯光照射的亮度。塑胶护理上光剂不但能迅速除去污垢，而且还能有效地上光。清洁时可先用水擦洗，再用干净的棉布蘸上塑胶护理上光剂进行反复擦拭，然后用清水冲洗。清洁组合灯具时注意不要用腐蚀性溶剂清洗车灯，否则易造成蚀痕；不要在干燥的情况下擦拭车灯，否则会造成刮痕。注意，不要用煤油、汽油或苛性钠等化学试剂清洗塑胶件，以免发胀变质或使车灯破裂。此外，有些采用隐藏式前照灯设计的车辆，别忘了要将前照灯开启后再进行清洗。

（4）车窗玻璃外表面的清洗

车窗玻璃要经常清洗，以保证其有足够的清晰度，一般情况下经常用水清洗就可以了。如果车窗玻璃久不清洗，会在玻璃的外表面形成一层交通膜，这时用水清洗不但费时费力，而且清洁不彻底，还会留下交通膜的花纹，所以要进行特殊的清洗处理。清洗玻璃前应先将上面粘附的污渍、焦油或沥青等用塑料或塑料刮片除去（注意：塑料刮片不能来回刮，应该向同一方向推，以免刮伤玻璃），然后再用专用的玻璃清洁剂进行清洗。操作时可先用玻璃清洁剂进行擦洗，除去表面的灰尘及交通膜，然后涂上风窗玻璃抛光剂，稍待片刻，再用干净的棉布作直线运行擦拭，直到将玻璃擦亮为止。这种用品兼具上光作用，不但能使玻璃表面洁净、光滑、防止灰尘二次沉降，同时还能改善刮水器擦痕。

五、汽车底盘和发动机部分的清洗

1. 汽车底盘部分的清洗

汽车底盘部分由于与路面距离最近，工作环境比较恶劣，行驶中经常会粘有泥土、焦油、沥青等污物，特别是雨、雪天气，底盘部位更容易粘上泥水，如不及时清洗容易形成顽渍和锈斑。另外汽车底盘系统的油液渗漏，粘上灰尘后造成油渍、油泥等，如不及时护理，就会影响到汽车的行驶性能。

(1) 车身底板的清洗

车身底板是车身的最低部分，因此往往被人忽视。而且底板朝着行驶路面，行驶时最容易粘上泥水、焦油、沥青等污物，其污染的情况一般不容易发现，常常因护理不及时而产生锈渍、锈斑等。对于泥土、焦油、沥青等可用发动机清洗剂或除油剂清洗，对于锈渍、锈斑等可用除锈剂进行擦洗。清洗完成后再用多功能防锈剂喷涂在底盘上即可。

(2) 转向系统的清洗

转向系统的转向横拉杆、方向机、转向节臂等部件位于车底，汽车行驶时比较容易脏污，如不及时清洗，时间长了就会生锈影响其应有的使用性能。一般的污渍可用多功能清洗剂进行清洗，如果发现有锈斑就必须用除锈剂进行擦洗。清洗后可喷上多功能防锈剂进行护理。此外，还可以在转向助力贮液灌中添加转向助力调节密封剂，可以恢复老化橡胶油封的密封性，防止转向液的渗漏，消除因漏液而造成的转向迟钝、转向沉重等现象，还能清洗并润滑助力转向系统内部机件，防止胶质、老化和油泥产生，减少机件磨损，延长使用寿命。

(3) 传动系统的清洗

传动系统的变速箱、传动轴、主减速器壳体、半轴套管等部件也是容易粘上泥土、产生油泥受到污染的地方，长时间不清洗会对部件产生锈蚀，一般可视污物的性质选用专用清洗剂进行清洗。

(4) 制动系统的清洗

由于汽车制动器工作情况的特殊性，制动蹄片有可能会粘上油泥、制动液、烧蚀物、胶质等污物，容易产生制动噪声，影响制动性能，因此也必须定期进行清洁护理。可选专用的制动系统清洗剂进行喷洒清洗，能有效地清除制动蹄片上的污物，改善制动效能，消除制动噪声。使用时只要将清洁剂喷在需要清洁的部位即可，如有需要可重复清洁。

(5) 轮胎的清洗

轮胎上除了粘有灰尘、泥土外，还有些酸、碱性物质污染。清洗时要先将夹在轮胎花纹里的砂石清除，再用高压水冲去上面的泥土和灰尘。而对于一些酸、碱性物质用水难以清除，普通清洁剂也只能除去尘土，因此，要想获得理想的轮胎清洗效果，应使用专用的轮胎清洗剂。轮胎清洁增黑剂除了具有清洗、翻新等作用外，同时还具有减少紫外线的辐射、减缓橡胶老化、增黑上光、延长轮胎使用寿命等功能。

(6) 轮圈的清洗

现代汽车轮圈除了钢制的外,还有铝合金制品等。清洗时须特别小心,其表面有装饰保护层,因此应使用中性清洁剂清洗,不可用碱性清洗液、钢刷、腐蚀性溶剂、燃油或强烈清洁剂,否则会破坏保护层。此外,一定要用海绵等柔软的东西来轻轻刷洗,不要用毛刷,否则将会严重损伤表面的光亮层。

根据不同材质的轮圈,使用不同的清洁剂,一次清洗一个。因为一次清洗一个轮圈可避免清洁剂在轮圈表面凝固,若清洁剂凝固,清洁效果将降低,且在使用清水冲洗时将更加困难。

当轮圈的温度很高时,千万不可清洁轮圈,因为高温会促使清洁剂发生化学变化,导致轮圈表面受损或降低清洁效果。选择良好的清洁剂也可降低因温度升高而变质的风险,若轮圈温度仍高,最好让它自然冷却1小时以上再清洁,千万不可用冷水冲洗冷却,此举易使轮圈受损,甚至可能造成刹车盘的变形影响制动效果,甚至导致交通事故的发生。

长期附着在轮圈上的积垢,如沥青、刹车皮的黑粉等,各种清洁剂皆无法清洁时,可试着使用刷子消除污垢,切勿使用过硬的刷子或铁质刷子,此举将会刮伤轮圈表面。

车辆长期置放停车场,受其他车辆的排气污染,因排气化合物中含有酸性物质,也会导致轮圈表面的侵蚀。车辆所在地区较为潮湿或接近海滨,也应勤加清洗,以免盐分侵蚀轮圈表面。轮圈清洗后,再用防酸清洁剂进行处理,一般每两个星期应彻底清洗轮圈上的盐分污垢和制动片上的残留物。

2. 发动机的外部清洗

发动机是汽车的动力装置,是汽车的心脏部分,保持其清洁和正常工作是十分必要的,正确的保养和清洗可以减少发动机故障的发生,延长其使用寿命。

(1) 发动机外表灰尘及油污的清除洗

发动机外表可用刷子或压缩空气等先进行除尘,然后选用合适的发动机外部清洗剂进行擦洗处理。需要注意的是发动机外表不能用汽油等有机溶剂来代替专用清洁剂进行清洗,以免损坏橡胶、塑料等部件。

(2) 表面锈渍的清除

铸铁、铝合金等金属表面生锈是一个缓慢的氧化过程,开始时表面会出现一些细小的斑点,然后逐渐扩大,颜色变深,形成片状或一层层的锈渍,从而形成严重的锈蚀。对于锈斑,应早发现早处理,在生成小斑点时就进行清除,以免斑点扩大后较难处理。可用除锈剂喷在锈斑处,然后进行擦洗。

(3) 发动机电器电路部分的清洗

发动机电器电路部分包括点火线圈、分电器、点火模块及各种电路线束等,清洗这些部件时必须采用专用的清洗剂进行清洗。如果长期用水和普通的清洗剂清洗,则会加速塑料壳体和线束橡胶的老化,影响汽车起动和正常行驶。

在进行发动机外部清洗时应注意选用碱性小、不腐蚀橡胶塑料件及外涂银粉的清洗剂。用清洗剂擦洗之前,先用刷子或压缩空气掸出灰尘或细砂等。清洗发动机室时,注意不要将清洗剂喷到电气系统的零件上,更加不能用水直接去冲洗,以免造成电器短路、电气元件进水等,使发动机不能起动或不能正常工作。如果不小心将水溅到电气系统上,一定要用干布擦干,或用压缩空气把水吹干再启动发动机。清洗完后可擦上塑料橡胶件保护剂使其色泽重现,同时延缓机件的老化。

3. 发动机燃油系统的清洗

汽车发动机的燃油系统经过长时间的工作,其油箱、油管、喷油嘴等处易生成胶质和沉积物,火花塞、喷油嘴、燃烧室等处易生成的积炭。这些现象会影响燃油的供给,影响混合气的正常燃烧,从而导致发动机怠速不稳、加速不良甚至出现爆燃等情况,使发动机油耗增加、废气排放增加。因而必须对燃油系统进行定期的清洗,以保证发动机具有良好的工作状态。

现代汽车发动机燃油系统的清洗可以使用专业设备及专用清洗剂,在发动机不解体的情况下进行。因此,也称之为发动机的免拆清洗。

(1)用专用清洗机对燃油系统进行免拆清洗

首先配制好清洗剂与燃油的混合液,将清洗机的进回油管接到汽车的燃油系统中,起动清洗机和发动机进行燃烧清洗。在发动机运转的同时,混合物经燃烧将分布在系统中的胶质和积炭溶解剥落,并随废气排出。

(2)用专用清洗剂对燃油系统进行免拆清洗

使用时将汽车燃油系统专用清洗剂按说明书要求直接加入到油箱里,这种专用清洗剂能随燃油流动,自动清除、溶解燃油系统中的胶质、积炭等有害物质。

4. 发动机润滑系统的清洗

发动机在运行过程中,润滑系统的润滑油就处在高温高压的条件下工作,容易产生油泥、胶质等沉积物,这些物质粘附在润滑系统的油路之中,不但影响润滑油的流动,而且加速了润滑油的变质,使运动零件的表面磨损加剧。因此必须对润滑系定期进行清洗,以保证润滑系统的正常工作,延长发动机的使用寿命。

(1)机器清洗

先排出发动机油底壳的润滑油,取下机油滤清器,接好发动机润滑系统清洗机的进出油管,起动开关进行定时清洗,到时间后清洗机会发出报警声,提示已经完成清洗。然后拆下进出油管,装好机油滤清器和放油塞,重新加注润滑油。

(2)专用清洗剂清洗

发动机内部高效清洗剂能有效地清洗润滑系统各部油道及运动部件表面,将油泥、胶质等沉积物溶解。这种清洗剂一般在更换润滑油时进行。清洗时先将清洗剂按说明书的要求加注到曲轴箱中,起动发动机运转15~30分钟后,将脏污的润滑油放掉,更换上新的机油滤清器,按要求加注新的润滑油。

5. 发动机冷却系统的清洗

现代汽车特别是小客车的冷却系统中用冷却液替代水进行冷却,但是冷却液中也不同程度的会含有碳酸钙、硫酸镁等盐类物质。冷却系统长时间工作后,这些物质会从冷却液中析出,一部分形成沉淀物,一部分沉积在冷却系统的内表面形成水垢。

在发动机冷却水套及散热器壁上形成的水垢影响其热交换过程,冷却系统内如沉积过多的水垢,会减少冷却水的容量,影响冷却水的循环。由于水垢层的导热性能很差,发动机容易出现过热的现象,使发动机润滑条件恶化,运动部件表面不能形成良好的润滑油膜,也使燃烧室内积炭增多,容易产生爆燃,造成功率下降、油耗增大。因此,当汽车行使用一段时间后,应及时对冷却系统进行清洗。

(1) 清洗机清洗

利用水箱清洗机来清洗,水箱清洗机是清除水垢的专业设备,它利用气压产生脉冲,在清洗剂的作用下快速清除冷却系统内的水垢。

(2) 专用清洗剂清洗

冷却系统高效清洗剂具有超强的清洗能力和高效溶解性,能在发动机运行中彻底清除冷却系统内的水垢,恢复冷却系各管道的流通能力,确保散热性能。使用时按说明书的要求将适量的清洁剂加入冷却液中,拧好散热器盖,起动发动机运行7～10小时后,排出冷却液,清洗完毕后再重新加注冷却液即可。这种专用清洗剂对水垢的去除率至少在85%以上,且不会对冷却系统造成腐蚀。

六、汽车零件的清洗

在汽车维修过程中,对拆下来的零件进行清洗是极为重要的。因为它们大多沾有油腻、积炭、水垢和铁锈等。零件的清洗方法决定清洗质量和生产效率的高低,最终影响到汽车维修质量的好坏。

1. 汽车零件清洗的目的

(1) 便于对零件进行检验分类,发现零件的缺陷、了解和掌握零件的磨损规律,确定修理方法。

(2) 可以提高装配质量,减少运动副之间摩擦、增加润滑效果、延长零件的使用寿命。

(3) 提高维修效果、展现管理水平。

2. 汽车零件清洗的工艺要求

汽车零件清洗不同于汽车外部清洗,它在清洗方法和清洗材料上呈现出了多样性。为了不致破坏零件的使用性能,提高清洗质量和工效,应注意以下几点。

(1) 清洗程度要有针对性

汽车中不同的零件对清洁度要求的程度是不同的。如配合零件的清洗程度要高于非配合零件;间隙配合零件高于过渡和过盈配合零件;精密配合零件高于一般配合零件;对需要喷、镀、粘接的零件表面,清洗要干净、彻底等。清洗时要根据上述特点,选择清洗方法和清洗剂。

(2) 避免零件的磕碰和划伤

零件在清洗过程中,应遵循轻拿轻放、排列有序的原则,尽量不要叠放。同时注意,在手工清除活塞、喷油嘴、气缸等的积炭时,要用专门工具,运动副之间的配合顺序不可搞乱。

(3) 防止零件腐蚀

轴承孔、光洁表面和轮齿、散热器等受到潮气或清洗过程中受腐蚀性溶剂的作用,会产生斑痕或被腐蚀。清洗时要合理选择清洗剂,对清洗过的零件,应用压缩空气吹干,并采取防腐和防氧化措施。

(4) 安全防护

确保操作安全,防止火灾或毒害、腐蚀人体的事故,避免环境污染。

(5) 合理选择清洗方法和清洗材料

在保证清洗质量和效率的前提下,要兼顾设备造价和材料成本;讲究适用性和经济性。

3. 汽车零件清洗的工艺方法

(1) 手工清洗

在汽车维修过程中,有时要用刮刀、手锯片或刷子等工具,手工清洗活塞、气门、气门导管、缸口、喷油嘴、燃烧室等零部件上的积炭、油漆、结胶、密封材料等。手工清洗过程中,可视需要利用清洗剂在清洗箱或盆中进行。

(2) 高压喷射清洗

利用射流式高压喷射器提供的常温或热的高压清洗溶液,清洗气缸体、气缸盖、变速器壳体等体积较大的零部件。

(3) 冷浸泡清洗

将需要清洗的金属零件放置在网状筐中或用铁丝悬吊住,置于盛有冷浸化学剂的清洗箱中,上下运动几次,即可清洗干净,然后用清水冲洗,并用压缩空气吹干。它适用于化油器类零件的清洗,可有效地清除胶质、油漆、积炭、油泥和其他沉积物。

(4) 热溶液浸泡清洗

最常见的一般是将一定浓度的氢氧化钠溶液置于蒸煮池(俗称火碱锅)中,加热至80~90℃时,将零件放入浸泡。这种方法对清洗零件上的油漆、油泥及水道内表面的铁锈和沉积物等有效而且经济。如果利用旋转式清洗机对零件进行热喷洗,则效果更佳。

(5) 蒸气清洗

将含皂质的水由水泵泵入加热盘管,盘管中的水被火焰喷射器加热至约150℃左右,并经增压后由清洗轮的喷嘴喷射到零件上,在喷射摩擦力的作用下除掉零件上的脏物。

(6) 超声波清洗

超声波是一种交变声压,当它在液体介质中振动传播时,能使液体介质形成疏密状态,产生超声空化效应。当超声振动的频率和强度达到一定程度时,则不断地形成足够数量的空腔,然后不断闭合,在无数个点上形成数百兆帕的爆炸力和冲击波,对油污、积炭产生极大的剥离作用,加上清洗液的热力和化学作用,可获得良好的清洗效果。清洗时,可根据零部件的大小选择不同型号的超声波清洗机,按使用说明书的要求严格操作。

七、汽车空调的清洗

换季后,当您重新开启空调时,难免会有异味产生。这是由于汽车在行驶过程中,会从空调进风口吸入大量灰尘、脏物,吸附在蒸发箱和空调系统内,滋生大量的细菌、霉菌、螨虫,不仅会产生异味,还会危害乘员身体健康。长时间处在这种环境中,人就会感到头晕、恶心,甚至诱发呼吸道疾病。因此,一定要在使用前对空调系统进行一次彻底清洗。

1. 用空调清洗剂免拆清洗汽车空调

正常情况下,车子空调的进风口有花粉滤芯器,功能是阻止车子空调外循环时外部灰尘进入。清洗空调的时候,要把花粉滤芯器摘下,把空调泡沫清洗剂从进风口射进去,同时要关紧空调的出风口,避免泡沫清洗剂从出风口流出来。这两步做好以后,把车发动,打开空调,让泡沫清洗剂在空调系统里进行内循环,这个步骤要持续几分钟,保证泡沫清洗剂循环到空调系统的各个通道。大约5分钟左右,把空调关上,车也熄火,过不了多久污物就会从空调位于底盘的管道系统流出。

清洗完毕后,更换新的空调滤芯,或将原有滤芯处理干净再装回原位。经过清洗后的空调系统,细菌异味不见了,送风更加通畅,空气更加清新,让大家倍感舒适。当汽车空调并不是很脏时,用这种方法洗最经济。

2. 拆解清洗汽车空调

另外一种清洗法是拆洗,拆洗较第一种方法麻烦多了,首先把仪表台拆开,取出空调的蒸发器。长时间没清洗的空调蒸发器上面肯定"长"满了土和小毛毛,得用刷子仔细刷干净了。这一步做好了,把空调重新装上,用免拆清洗法再洗一遍才算洗完。这种方法适合空调系统较脏的汽车,所以汽车的空调要及时清洗,别让它"长毛"了再清洗,这样既费力又费钱。

第三节　汽车内饰的清洗

汽车内饰件大多数由塑料、人造纤维、皮革、橡胶等材料制成。这些饰件在使用过程中难免被脏污和性能退化。如塑料件在风吹日晒的情况下会氧化而失去光泽,皮革件用久后易出现老化、褪色等。所有这些都会影响汽车的舒适性和美观,缩短其使用寿命。而汽车美容时往往只注重了汽车的外表清洗护理,而忽视了车饰的清洗护理。

汽车的内部是驾乘人员接触最多的地方,最容易受到水渍、沙土、烟尘、汗渍等因素的影响,使得丝绒座椅、地毡、顶棚发霉,真皮老化,产生难闻异味,甚至产生大量的细菌,影响驾乘人员的身心健康。因此,每隔一定时间必须做一次全套的专业清洗护理。

一、汽车内饰清洗的工艺方法

1. 整理杂物

将车内杂物如停车证、光盘、座垫、脚垫等取出。其中包括前仪表板、烟灰缸、前窗台、后窗台、车门杂物箱、座椅、地毯、行李箱等。

2. 除尘

用掸子、吸尘器按由上而下的顺序对内饰进行除尘操作,将车内底部、座位、布质旁侧板、车尾箱托板架等各处的砂、尘、碎屑等污物清除干净。

清除的方法是首先用毛刷配合小垃圾铲将小石子、砂粒扫除,然后使用强力吸尘器将车内底部、座位、布质旁侧板、车尾箱托板架等各处的砂、尘、碎屑吸除干净,角落里若有小砂粒、碎屑聚积,轻敲吸尘器的吸入口可使之顺利吸除。

3. 清洗

(1) 机器清洗

机器清洗最大的特点就是使用内饰蒸气清洗机。配合多功能强力清洁剂,蒸气清洗机可以清除内饰部件上很难清洗的污渍,利用温度极高的热蒸气软化污渍。可用于丝绒、化纤、塑料、皮革等几乎所有内饰部件的清洗。

机器清洗操作起来比较方便省事,主要是要能正确使用清洗机。操作时应根据不同材料的部件选择不同的温度及不同的清洗剂,以免损伤部件,并用半湿性毛巾包裹适合内饰结构的蒸气喷头。

(2) 手工清洗

手工清洗要求配制合适的清洗剂配合软布、毛刷等工具进行清洗。一般来说,清洗剂应使用负离子纯净水作为溶媒,采用pH值平衡配方。高效的去污配方主要由非离子性活剂、油脂性溶解剂、泡沫稳定剂和香料等组成,能迅速去除内饰表面的尘垢和各种污渍。现在的汽车美容用品店里可以买到适用于不同材料的专用清洗剂,使用起来很方便。

4. 保养护理

为了延长汽车内饰件的使用寿命,保持其光泽,一般在清洗结束后,还需要进行上光护理作业。传统护理产品只有单一的上光功能,如皮革上光剂,它只能保持光亮,而没有太阳过滤网,因此更起不到保护作用。新一代的上光剂除了具有增光的作用外,同时还有清洗功能,具有防止龟裂、硬化及脱色的作用,内含表面活化剂和软化剂,用后能迅速滋润表面,恢复弹性和光滑状态,是汽车内外饰部件常用的护理用品。上光护理产品有保护剂和上光剂两类。

(1) 保护剂

采用硅聚合物乳化剂,集清洁、上光、保护于一体,内含高分子氟化粒,使用后会在表面形成无粘附性的高透明保护层,无毒无害,环保性好。可用于真皮、人造革、塑料、橡胶等制品。

操作时,为避免将保护剂喷到难以触及的地方,首先应将上光剂在车外喷洒于小块海绵

上,然后有规则地来回擦拭已经清洁过的工作面,上光时尽量不要中间停顿,以免涂抹不均匀,影响施工效果。

(2) 上光剂

集保护、修复于一体,有较强的清洁作用。它含有防腐剂,可修复轻微磨损,并且效果持久,不含磷酸盐,环保性好。是皮革、人造革、塑料、橡胶等理想的护理产品。

操作时,将少许上光剂倒在小块海绵上,均匀涂抹于工作面,然后用干净的无纺棉布进行抛光,可视部件的脏污程度重复使用,直至将工作面清洗干净为止。

二、不同材质内饰的清洗方法

汽车内部的顶棚、侧壁、座椅套及地毯等部位主要由化纤、皮革、塑料及橡胶等材料制成,清洗时应根据不同材料选择不同的专用清洗剂和清洗方法。

1. 化纤制品的清洗

如内饰材料是化纤制品,应先将其表面上的灰尘用洗尘器吸净,然后将化纤专用清洗剂喷在需要清洁的化纤制品表面,润湿 5 分钟,待污物充分溶解、软化,再用无纺软布擦拭即可。

2. 皮革制品的清洗

车内座椅、仪表台、方向盘、车门内饰等很多地方都是由皮革制成。清洁这些皮革制品时,可先用一块湿布擦去皮革上的污物。如果污物较重,可用一块蘸有稀释清洁剂的海绵擦拭,注意化学清洗剂是不能随便喷上去的,应选用碱性的清洗剂。但擦拭时不可将皮革弄得太湿,以免使水顺着缝合处渗入机件。

用清洁剂擦洗后,再用一块干燥的软布或毛巾将其擦干,然后再打开车门,让空气流通,彻底晾干皮革上的水分。必要时,可使用皮革保护剂,对即将晾干的皮革上光护理。仪表台在清洗后,可涂上一层液体水蜡,防止阳光照射发生龟裂。

3. 塑料制品的清洗

对仪表板、顶棚支架、座椅护围等处的塑料制品,在清洗时首先将专用清洗剂喷洒于塑料表面。然后用毛刷稍沾清水刷洗表面,直至细纹中的污垢完全被清除,再用半湿性毛巾擦净刷掉的污垢。如果去污力不够强劲,可视油污轻重而定清洗剂的稀释比例,加大力度,反复清洗。但仍然应该由轻到重,以免出现失光白化现象。

4. 橡胶制品的清洗

首先将专用清洗剂喷洒于半湿性毛巾,然后直接擦洗橡胶部件,切勿使用毛刷,以免使橡胶件失去亮度,再用干净的半湿性毛巾擦净表面的清洗剂。

进行上述物品清洗时,应注意不能用碱性较强的洗衣粉或洗洁精清洗,更不能使用汽油、机油、玻璃清洗剂或漂白粉。以免造成部件的变形、变色、失光等缺陷。

5. 车内特殊材质的清洗

现代汽车内部为了更美观、舒适,大量运用了多种复杂的材料,其中较多的有乙烯塑料纤维等。对它们而言,直接喷洒清洗剂在它们上面,然后用抹布擦干净即可。最后不要忘记喷涂一层乙烯塑料式橡胶保护剂,可防止其过早老化变脆变硬。

三、不同部位内饰的清洗方法

汽车内饰的清洗应遵循自上而下的原则进行,即从顶棚到仪表板、座椅、车门内饰板,最后是地毯。

1. 车内顶棚的清洗

车内顶棚由于其位置的特殊性,基本上不会被其他脏物污染。但由于车内顶棚所用的材料一般都有较强的吸附性,因此上面的污垢主要是吸附的烟雾浮尘及人体的头部油脂。清洗时可以视其污染情况,采用专用吸尘器配合人工操作用专用清洗剂进行。通常先用大功率吸尘管和刷子在大面积上清洁干净,然后用中性的洗涤液着重清洗污垢,再全面均匀清洗,但必须注意的是汽车顶棚内填充物是隔热吸音的材质,吸收水分的能力较强,清洗时抹布一定要干一些,否则湿乎乎的抹布使洗涤剂浸湿车顶材料后是很难干燥的,容易造成装饰布和填充物分离,造成不必要的麻烦。

待车内顶棚全部清洗处理干净后,用另一块干净的绒布(抹布)顺着车顶的布纹绒毛方向抹平,使其恢复原有的装饰效果。

2. 车窗内侧玻璃的清洗

车窗内侧日久天长会被蒙上一层雾状污垢,影响到能见度,如果在车内吸烟,情况会更严重。清洗时可用专用的玻璃清洗剂和软硬适中的抹布来除污。注意,擦拭时用力不要过猛,以防损伤藏在玻璃内的电热丝。注意后风挡玻璃的除雾热线,一定要沿着线的方向左右擦试,不可垂直擦拭,以免造成断线。前、后风挡玻璃的下端是用手不太容易擦得到的地方,可用木直尺等工具在前端包上纸巾或棉布后擦拭。

3. 车内仪表板的清洗

仪表控制台多为塑胶制品,存在许多细条沟纹,其上表面沾染污物的成分简单,多为灰尘粘附,容易清除,直接使用塑胶清洁润光剂处理,只需轻轻擦拭,即可得到一个干净洁亮的表面。

方向盘上方的仪表盘,是监控车辆运行的关键部位,使用清洁剂面擦拭时,动作应轻柔,避免刮花、损伤,影响透明度。而仪表控制台的前面板控制按钮、空调出风口等各种格栅较多、边边角角多、凹凸不平结构复杂,用抹布和海绵能够直接清洗的部位很少,清洗起来比较困难。清洗时要在擦上清洁剂后用非常柔软的尼龙刷子刷出污垢,也可以一边用刷子刷出污垢,一边用吸尘器来吸。

对凹槽等难以清洁处,可在清洁之前根据各部位的不同特点,自制一些不同厚度的术片,将其头部分别削成三角形、矩形及形等,然后把它包在干净的毛巾里,用于清洗沟沟坎坎之处,不仅清洁效果好,而且不会损伤表面。如用较为宽口的木片或尺子,裹上抹布来清扫空调送风口的百叶部分,就很顺手而且效果理想。各部分清洗、打扫干净后,用专用的仪表蜡喷到干净的抹布上,把清洗过的仪表板轻轻的擦拭一遍,使其光洁如新。为了防止光的漫射,要使用不会发亮耀眼的增亮剂。最好再涂一层清洁保护水蜡,以减少外界如阳光紫外线和空气臭氧对它的损伤。

清洁作业中,还必须取下烟灰缸,用水冲洗,必要时用硬毛刷子将烟油焦刷掉,用空气清洁枪吹干水分后再装回原位置。

4. 方向盘、排档杆、驻车制动器手把等部位的清洗

转向盘、排档杆、驻车制动器是驾驶员经常用手触摸的地方,容易沾上人体的油脂和汗渍,很容易弄脏。对于他们的清洁,可针对其不同材质进行不同的处理。其外表材料有塑胶、人造革、真皮、桃木等。

对于塑胶材质的,可用干净的抹布蘸上中性的清洁剂进行擦洗,然后用塑胶护理上光剂轻轻擦拭即可。

对于人造革、真皮材质的,可用真皮清洁柔顺剂进行擦洗,然后用真皮保护上光剂轻轻擦拭即可。

对于有桃木饰条的,可用中性的清洁剂进行擦洗,然后用塑件橡胶润光剂轻轻擦拭即可。清洁方式只要用干净的抹布湿水后拧干,以此湿抹布擦拭就可以了。如果确实很脏,在清洁用水中加入几滴洗洁剂以增强去污效果,最后还要用清水漂洗过的抹布再擦洗一遍。

注意:这些部位不要使用蜡质的增亮保护剂,因为这种仪表喷蜡会很滑,反而影响使用的安全。

5. 地毯脚垫的清洗

地毯脚垫取出车外后另行清洁。先用敲击法弹掉附在地毯内的砂粒、碎屑,然后用空气清洁枪吹净灰尘。很脏时,去掉灰尘后用高压水枪喷洗干净,用空气清洁枪吹净积水后,在太阳下晒干或用专用的甩干机甩干。此外,还可用专用地毯清洗机配合专用地毯清洁剂来清洁地毯,效果很好。

6. 座椅的清洗

(1)绒布座椅的清洗

绒布座椅的清洗时应注意三个问题:清洁、保色及恢复绒毛即纤维材料本身的柔顺性。所以,绒布座椅必须使用专用的内饰清洁剂进行清洁维护。清洗分为机洗和手工操作两种。

机洗是将内饰清洁剂装入喷吸式地毯清洗机中,这种机器可以循环使用清洁剂,直至其吸收污物油脂达到饱和再弃换。

使用机器清洗存在清洁死角,对机器难以触及、清洗的地方,解决的办法就是采取手工清洗的方法。操作时,将专用清洁剂装入小喷雾罐中或直接使用带有喷雾头的专用产品,喷洒到污处稍停留片刻,然后将干净抹布压在污处,挤出浴有油污、脏物的液体,再从四周向中间仔细擦拭,直到除去污渍。对于特别严重的污染,可重复上述过程。有的座椅材质会起毛球,这种时候,可使用衣物去毛球器进行整理。

（2）皮革座椅的清洁护理

人造革和真皮座椅的共同特点就是其表面都有许多细纹，这些细纹条内则容易吸附许多脏物污垢，一般方法很难去除干净。而且，人造革和真皮亦不可用水清洗，否则不但影响其美观，而且会因水洗变硬产生裂缝而影响使用寿命。因此，清洁这类座椅必需使用专门的皮革清洁护理剂。这些专门产品中有皮革清洁美容养护功能，不但能迅速清洁上光更具有效除静电、增强保护功能。

对于较脏的皮革座椅，建议首先使用内饰清洁剂进行处理，因为有些污垢可能形成硬结粘附在皮革表面，使用内饰清洁剂能有效润湿和分解油污，使下一步的清洗工作更加彻底，方法是将内饰清洁剂喷洒到座椅表面，稍停片刻，如同处理绒布座椅一样，用软布仔细擦拭，从四周向污块中心逐渐进行。然后再使用真皮清洁柔顺剂，用软布结合软毛刷，彻底清除细纹中的污垢，最后再用真皮上光保护剂进行上光处理。如果皮革座椅不太脏时，可以直接用真皮上光保护剂进行清洁上光即可。

7. 车门、门柱、门框边缘及车门内衬板的清洗

车门、门柱、门框边缘都是喷漆表面且位于驾乘人员上下汽车处，经常受到手的触摸，所以一般上面的油污较多。可使用防静电清洁除油剂清除表面附着的油污，然后再上蜡抛光处理。车门内衬板和拉扶手，因其材质的不同，按情形分别使用绒布清洁剂或真皮清洁护理剂进行清洁。车门锁、铰链部位，先喷上清洁除锈剂进行清洁，然后用抹布擦干净上面的污垢、油污，最后涂上润滑油脂，以确保运动良好。

注意：清洗车门时还应检查车门内侧底部的排水孔是否畅通，以避免集水、生锈。

8. 踏板的清洗

踏板包括制动踏板、离合器踏板和油门踏板，其中制动踏板尤为重要，若表面胶垫的凹槽内塞满砂石、泥土，下雨天时很容易打滑、防碍行车安全。清洁时，踏板胶槽内附着的泥土，应使用硬刷子刷掉或用尖细铲刀剔除。最后用抹布蘸上清洁剂水溶液进行擦抹。驾驶座下地板及其周围的脏污也一并擦拭干净。

9. 安全带的清洗

安全带是在危险关头保护乘客生命安全不可或缺的装置，它的功效在所有安全试验中已被证明。清洁汽车内室时，也应顺便对安全带进行一下检验。先用手慢慢地将安全带匀速拉出，检查其拉出时是否顺畅；然后，用手拉出一小段后突然加速抖出，检查其安全锁止功能是否完好。此外，安全带的一部分出现裂纹，或一部分产生脱出现象等都是危险信号，不要误以为还可以使用，有不妥感觉时，应向车主报告并建议更换。

清洗时用中性的清洗剂进行清洗。先将清洗剂喷洒在干净的抹布上，然后对安全带进行擦拭即可。注意：不可选用染色剂或漂白剂清洗安全带，以免影响安全带的使用强度。

10. 行李箱的清洗

行李箱是车辆放置大件物品的地方，由于车主的需要，装载的物品复杂，容易产生垃圾，也容易脏污，而汽车的备用轮胎及随车工具大多也都放在行李箱中。

(1) 整理清洁

行李箱中通常有泥沙、油污、小杂物等垃圾,清理不够方便,不能用水直接冲洗。行李箱中铺设的材料有胶垫,有丝绒地毯,要针对不同材质进行清洁处理。可先清理出行李箱中如纸屑、沙粒等垃圾,再用吸尘器进行吸尘处理。对于铺设胶垫的行李箱,可用抹布沾上清洁液进行擦洗;对于铺设丝绒地毯的行李箱可按地毯的清洗方法进行。

(2) 备胎的检查清洁

一般汽车的备胎及随车工具等都放置在行李箱中,在对其清洗时应注意检查随车工具、备胎气压及清洁备胎上花纹槽等。

四、汽车内饰清洗的注意事项

1. 合理选用清洗剂

进行车饰清洁时,要根据不同材质使用专用的清洗剂或最相近的清洗剂,例如,用水性真皮清洁柔顺剂清洗真皮座椅,用化纤清洗剂清洗丝绒纤维制成的座椅、地毯等,用玻璃清洗液清洗车窗内侧的玻璃等。

2. 不要随意混合或加温使用车饰清洗用品

不同的车饰清洗用品混合后,有可能产生一些有害物质,例如有些化学成分混合后可能会释放出有毒气体。若将清洗剂加温,如放入蒸气清洗机内使用,也容易产生有害气体。因此,除非产品包装上注明特别的混合比例或配合机械的使用方法,否则切勿随意混合或加温使用车饰清洁用品,以免发生化学反应,产生有害物质。

3. 对不熟悉的产品应先测试使用

对于首次使用的清洗剂,应先找到相同材质的部件进行清洗测试,或可在待清洗部件的不显眼处进行测试。如使用真皮清洁剂清洗车内座椅皮革时,可先在座椅底部或背面等不显眼的地方小面积使用,观察清洗效果如何,以防褪色或有其他损害。

4. 不要用水清洗车身内部

车身内部不要用水直接清洗,因为驾驶室内地板胶垫的下面也是凹凸不平的,结构上的需要使得凹槽、各种通孔较多。用水冲洗后,容易沉积在凹槽内不易干燥,或从通孔处流到变速器等部件上产生锈蚀。特别是密封性能较好的轿车更不能用水直接冲洗车身内部。

5. 其他注意事项

(1) 车内饰件上有特殊污渍时,如焦油、油漆、机油等时,不可用力擦洗,应选用专用清洁剂进行清洗。

(2) 清洁作业时,喷上清洁剂稍停片刻后才进行擦拭。擦拭方向要求后期只能单向运动,以便保持光线漫射面一致。

(3) 如有需要,可对清洗过的较难干燥的饰件进行烘干处理,有利于防止发霉。

(4) 为防止儿童在行车中拉开车门而发生意外,在汽车两后门的门锁附近,都有一个可来回拨动的扳机,大部分驾驶员在车辆使用中,这一机关都是处于不作用(关闭)状态,但在车门的清洁美容作业中有可能被抹布拉动到"开启"位置,美容作业完毕必须恢复原位置。

(5) 车门周围镶嵌的防水胶条及门框边胶条,很容易偏斜、松脱,作业中应注意观察。用高压水冲洗时是否发生渗漏,开裂时用专用粘接剂重新粘接。

(6) 踏板的支点处必要时应喷涂清洁除锈剂进行清洁,擦抹干净后再涂上润滑油脂。这些部位长期不维护使用时会发出异响,听起来很不舒服。

(7) 清洁汽车内室时大多应打开车门作业,这时必须注意防止车上存放的票据和文件等丢失。

(8) 清洁汽车内室时必须将车内照明灯开关关闭,否则可能因长时间作业导致电池掉电而不能起动。

(9) 为防止车钥匙被反锁在车内,进行美容作业时,最好将车钥匙统一存放在专用的保管箱内,确有需要时,请将驾驶室车门玻璃降下一部分。因为有部分车辆自备和车用防盗器具有自动锁定功能。

(10) 清洁仪表盘时,仪表指示灯亮度调节旋钮可能会意外地被旋转到最暗位置,故需在室内美容作业完毕后,打开汽车小灯,检查仪表指示灯的亮度是否合适。

(11) 切忌将仪表喷蜡喷涂到皮革座椅及靠背上,以免乘坐人员的毛料或化纤衣裤因摩擦而起"镜面"。

第四节 汽车驾乘空间的消毒处理

汽车驾乘空间有许多装饰件,这些内饰件散发出的有机化合物,运行时空调、人体等散发出的有害物质等,都会造成车内的污染。有些病极易形成交叉传染,特别是皮肤病等。长期置于此环境中,会使人出现头痛、乏力、精神恍惚、烦躁等症状,严重的还会出现听力丧失、肺部出血、降低人体的免疫能力,甚至致癌,影响驾乘人员的身体健康及行车安全。

特别是新车出厂后,车内有害气体浓度很高、异味很大,挥发时间可持续 6 个月以上,尤其是档次低的车更为严重。据有关的随机抽检结果显示,使用不足半年的新车,有 70% 的汽车车内有害气体的浓度超过国家室内空气质量标准,最高者竟超过标准 10 倍以上。对 2000 辆汽车车内空气质量进行检测后,发现有 92.5% 的车辆存在车内空气质量问题。可见,车内有害物质的污染,是车辆使用过程中普遍存在的一个问题。

一、车内污染的类型及形成因素

1. 污染类型

(1) 物理污染

主要由光照、电磁辐射、振动、噪声和温度、湿度等物理因素引起的不适。

(2) 化学污染

主要包括碳氢化合物、有机卤化物、有机硫化物、有机酸和有机过氧化物等有机挥发物。其中游离甲醛、苯、甲苯、二甲苯、TDI(甲苯二异氰酸酯)、胺、烟气烟碱等对人的危害最大。

(3) 生物污染

主要是微生物,包括各种致病霉菌、细菌及病菌等。

车辆的用途不同,内部污染物的种类也有所不同。常见几种用途车辆的主要污染物及车内空气质量,如表4-1所示。

表4-1 不同用途车辆内部的污染物及空气质量评估

车辆类型	车内主要污染物	空气质量评估
私家车	苯、甲醛、烟碱、各类细菌、二氧化碳	良好
出租车	烟碱、灰尘、各类细菌、一氧化碳	一般
公共汽车	一氧化碳、二氧化碳、各类细菌、病菌、可吸入颗粒物	差

2. 污染形成的因素

(1) 汽车零件和饰材的影响

汽车零部件和车内装饰材料中所含有害物质,包括汽车使用的塑料和橡胶部件、织物、油漆涂料、保温材料、黏合剂等材料中含有的有机溶剂、助剂、添加剂等挥发性成分,在汽车使用过程中释放到车内环境,造成车内空气污染。据调查20世纪90年代时,我国汽车平均塑料用量只有14～28公斤/辆,而同期发达国家为100～130公斤/辆。此后随着材料技术的进步及为满足降低车重的要求,汽车塑料用量不断增加。目前塑料用量已接近80公斤/辆,黏合剂的用量也达到5～27公斤/辆。另外,车内材料释放的物质还是车内难闻异味的主要来源。

(2) 外界污染的影响

车外的污染物进入车内,造成车内空气污染。污染物主要有碳氢化合物、一氧化碳、二氧化硫、氮氧化物、颗粒物等。

(3) 汽车自身排放的影响

车辆自身排放的污染物进入车内环境,包括通过排气管、曲轴箱、燃油蒸发等途径排放的污染物,或汽车空调长期使用后风道内积累的污物等。污染物主要有碳氢化合物、一氧化碳、氮氧化物、微生物、苯、烯烃、芳香烃等。

二、汽车驾乘空间的消毒方法

1. 蒸气消毒

蒸气消毒是比较传统的汽车空气清洁方法,做法是:先用普通清洁剂对车辆进行清洁,并用保护剂或干洗护理擦拭,清洁车室、地毯、脚垫、座套,然后再向车内喷清洁剂、杀菌剂,最后用高温蒸气进行消毒。杀菌剂内部含有能产生分解臭源的酶,从而能清除异味和细菌的滋生。

缺点：由于操作复杂，消毒时间过长，车内污染严重时使用效果不太理想，以及由于蒸气能够进入车内仪表及其他忌水部件上，容易引起车内零件锈蚀、零部件失灵。对于电器部分，由于蒸气的进入容易产生电解导电的可能，从而引发事故等危害。同时，高温可能导致某些由高分子化合物组成的车内饰物等加速老化和氧化。因此目前用得不多。

2. 化学消毒

这种方法主要是利用一些消毒剂对汽车部件进行喷洒和擦拭，通过化学作用达到去除病菌的目的。这种杀菌方法操作简单易行，病菌杀灭比较彻底。目前市场上常见的化学消毒液主要有过氧乙酸和84消毒液。该方法消毒较彻底，但是消毒后车舱内会留有气味，需要开窗通风一段时间。

缺点：容易留下化学残留物，形成二次污染，造成潜在的危害，同时对汽车部件也有一定程度的损害。化学消毒液一般都具有腐蚀性和漂白性，使用时需要小心汽车内饰和金属部件。

3. 臭氧消毒

臭氧分子极不稳定，能分解产生氧化能力极强的单原子氧(O)和羟基(OH)，是独有的溶菌型制剂，可迅速溶入细胞壁，破坏细菌、病毒等微生物的内部结构，对各种致病微生物有极强的杀灭作用。臭氧水比臭氧气体具有更强的氧化能力，对细菌、孢囊、芽孢菌、病毒等有更强的杀灭能力，杀菌速度比氯快200～3000倍，甚至几秒钟内就可以致死细菌。对单细胞的藻类植物杀灭更快。

臭氧消毒操作起来很简单，一般专业汽车美容店都具备大型的专用臭氧消毒机，如图4-1所示。对车辆消毒时，将一根接着汽车专用消毒机的胶管伸入车舱内密封，打开汽车空调，利用空调的空气循环将高浓度臭氧送到车内的每个角落，如此几分钟就可以了，如图4-2所示。虽然消毒时间很短，但消灭病菌很彻底。臭氧杀菌消毒后很快就分解成氧气，没有任何残留物质，因而不会对汽车造成二次污染。

图4-1 专业臭氧消毒机图

图4-2 用臭氧消毒机对车辆消毒

缺点：如果长时间使用臭氧消毒会使车内橡胶老化。而且汽车装饰美容店的臭氧机质量良莠不齐，每次消毒的价格也高低不等。

便携式汽车臭氧消毒产品的使用方法比较简单，使用时把臭氧消毒器插头正确插入汽车点烟器插座内，电源指示灯亮后按下启动键即可，如图4-3所示。一般运行一段时间以后会自

图4-3 便携式车载臭氧消毒器

动停止工作。使用完毕后,及时拔掉电源插头。

4. 负氧离子消毒

这种消毒方式主要是通过车载氧吧释放负氧离子达到车内空气清新的目的,它只是一种清新和净化空气的方式。汽车氧吧的功能就是增加空气中的负氧离子含量。负氧离子有"空气维生素"之称,有抑制细菌、病毒生长、清除空气异味、净化空气的作用。目前市面上可以看到做成各种艺术造型的汽车用负氧离子发生器,即汽车氧吧,如图4-4所示。此法使用简单,增加空气中的负氧离子,有助于驾乘人员的身体健康,使司机保持清醒的头脑。

图4-4 不同造型的负氧离子发生器

缺点:不能消除空气中原有的污染物质,空气净化过程缓慢,杀菌不彻底等。

5. 光触媒消毒

光触媒(Photocatalyst)是光(Photo=Light)+触媒(催化剂)(Catalyst)的合成词,是一类以二氧化钛(TiO_2)为代表的具有光催化功能的半导体材料的总称,主要成分是本身无毒无害的二氧化钛。简而言之,光触媒即是光催化剂。所谓催化剂就是用于降低化学反应所需的能量,促使化学反应速度加快,但其本身却不因化学反应而产生变化的物质。

(1)光触媒消毒机理

二氧化钛见光后可以产生正负电子,其中正电子与空气中的水分子结合产生具有氧化分解能力的氢氧自由基,而负电子则与空气中的氧结合成活性氧。氢氧自由基和活性氧均具有强有效杀菌能力,对于车内常见的甲醛、氨和苯等化合物具有分解作用,同时还可以清除车内的漂浮细菌,以达到净化空气、杀菌和防臭的功用,如图4-5所示。光触媒在微弱的光线下也能起反应,若在紫外线的照射下,则光触媒的活性会加强。

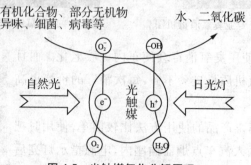

图4-5 光触媒氧化分解原理

光触媒则是将光触媒喷洒在顶棚、非接触操作台面、车门周围,将微小物质如病菌、螨虫、臭味等分解成二氧化碳和水,从而达到杀菌、除臭的目的。

(2) 使用与施工方法

首先用风枪或抹布简单去除物体表面的灰尘,再用喷枪或喷雾器将溶液喷洒在需治理的内饰表面,如地毯、顶棚、车门内衬板等处。光触媒用品及施工方法,如图4-6所示。

图4-6 光触媒用品及施工方法

建议高压喷涂使用量:$50\sim80~m^2/L$,自助喷涂使用量$20\sim25~m^2/L$。对于新购汽车,建议持续使用一个月,每7天喷洒一次。

(3) 存放与使用注意事项

使用前应摇匀,以达到良好的消毒效果。一般产品的保质期为两年。注意:此用品不可用作食品的防腐杀菌剂,保存时应存放于幼儿与儿童不能触及的位置。

二氧化钛可以被一种特殊的树脂固定在车内,所以消毒效果持久,一般进行一次可以保持功效2年左右,费用较低。

缺点:二氧化钛只有在紫外线的照射下才能产生作用,而紫外线对人体有一定的伤害。有些车贴的太阳膜会阻隔掉紫外线,因此会影响光触媒消毒的效果。

6. 竹炭消毒

竹炭是用5~10年以上的深山老毛竹为原料,采用千度高温裂解技术历时30多天精炼而成。

(1) 竹炭的特点

竹炭的分子呈六角形、质地致密、比重比一般的木炭大,孔隙多。其吸附能力是木炭的10倍以上,纯天然、无毒、无味、无副作用。敲击时有清脆的金属声,具有较好的导电性。

(2) 竹炭的功效

真正的竹炭有较强的吸附及分解作用,可除味、除烟、自动调节湿度等。另外具有远红外及负离子功能,供给人体有用的矿物质,能有效地隔阻电磁波对人体的有害辐射。

因此,竹炭消毒对车主来说是目前最有效、最安全也是最容易实现的办法。由于竹炭固有的特性,对甲醛等有害物质具有很强的吸附作用,颗粒越小吸附效果越好。使用竹炭消毒属于物理方法,不会产生二次污染,可以放心使用,竹炭用品如图4-7所示。

图4-7 各种竹炭用品

缺点：由于它是被动杀毒方式，依靠竹炭的吸附能力，因此它杀毒可能比较慢，也不是很彻底。

三、减少车内污染的方法

1. 不要随意对车内进行装饰

在满足使用的同时，尽量减少对车内进行过多的装饰，更不要为了得到经销商购车送装饰的优惠，就把劣质内饰等污染源带进车内。即使要进行车内装饰，应特别注意装饰材料的环保性能，防止把含有有害物质的地胶、座套垫装饰放到车内。新购买的车内座套等纺织品，最好先用清水漂洗以后再使用，更不要使用阻燃剂、黏合剂和防腐剂等有害物质。

慎用香水，目前许多香水是化学合成品，本身就具有一定的污染，在选择购买时应更谨慎，注意选择天然材料制作的。

2. 新车注意通风去味

购买新车后，尽可能做到车内外空气交换，以便尽早让车内有害气体挥发释放干净。特别注意不要用车载香水或空气清新剂来掩盖车内气味。如果异味非常严重，可以通过物理方法降解，如在车内放置竹炭用品、经常开窗换气。新车在前6个月内，切勿在行驶时紧闭车窗，而应让车内保持良好的通风条件，以防影响身体健康和发生意外交通事故。

注意：新车通常会有一些塑料包装，车主在开始用车后应尽早去除这些多余的包装，以免原本可以解决的污染闷在车内"发酵"，从而造成车内空气污染。

3. 养成良好的车辆使用习惯

进入汽车后，应打开车窗或开启外循环通风设施，让新鲜空气进入，不要在关闭车窗、车门的状况下长时间行车，更不要在封闭的车内睡眠或长时间休息。开启空调后，应把空调换气模式开关调到内外空气交流模式，尽量避免长时间使用车内自循环模式。

当遇到严重堵车，或跟随尾气排放可能超标的车辆时，应关闭车窗，把空调、暖风开关调到车内自循环模式。

如果车主驾驶新车发现有体征反应，比如感觉熏眼睛、呼吸受刺激，甚至头晕等症状，建议及时到相关的环保部门，进行相关内容的车内空气质量检测，以尽快发现和清除车内污染源，对自己的车辆做到心中有数。

第五章　汽车漆面美容护理

人们常说"三分长相,七分打扮",这句话也同样适用于汽车。靓丽的漆面充分展现了汽车豪华的外表,使人看上去有一种典雅大气、耳目一新的感觉。但汽车在使用过程中,由于自然侵蚀和人为因素的影响,漆面难免会出现这样那样的损伤,导致漆面出现变色、老化、微浅划痕等现象。

汽车漆面的美容护理就是通过打蜡、研磨、抛光等美容护理作业来预防上述变异现象的发生,同时也可对变异后的漆面采取必要补救措施。

一辆汽车特别是轿车若钣金及漆面不好,即使发动机状况再好,也无法保证车辆的使用寿命,使汽车的使用价值大打折扣。因此,汽车漆面的美容护理对于汽车使用来说就显得尤为重要。

第一节　汽车漆面美容护理概述

汽车日常使用过程中大多数时间是处于露天环境中,不可避免地遭受风吹雨淋、日晒及酸雨等具有氧化性物质的侵蚀,使漆面逐渐粗糙失光,甚至开裂等缺陷。另外,由于许多人为因素,如行车当中不注意与其他物体或车辆刮擦,或停放在路边或生活区的车辆被人恶意划伤,造成漆面严重伤害等。所有这些损伤,通过专业汽车美容师的修复完全可以使汽车漆面面目一新。因此,了解漆面美容的主要内容、作业项目及操作工艺是非常必要的。

专业意义上的漆面美容是指:通过系统的、规范及专业化的汽车漆面美容作业,使车辆亮丽增辉,恢复往日的风采,提高车辆防护外界有害物质的侵蚀能力,延长车辆使用寿命。

一、汽车漆面美容的目的

1. 汽车使用保养的需要

当汽车漆面出现失光、划痕及破损时,由于这些缺陷有的已经超出了涂层范围,伤及金

属基材,如果不及时进行漆面处理产会使基材金属产生腐蚀,漆面破损恶化,影响汽车钣金的使用寿命。因此,要根据汽车的使用情况及环境状况,及时地对汽车漆面进行美容护理。

2. 车辆美学的需要

随着汽车技术的发展及人们对汽车使用要求的提高,现代汽车特别是高中级轿车不仅要有良好的使用性能,还要追求线条流畅的车身、豪华亮丽的外表及装饰。越来越多的人将拥有自己的轿车。当爱车在使用中出现失光、不同程度的划伤及破损时,会使汽车原有的亮丽车身受到影响,使汽车原有的漂亮外观失去应有的风采。经常对汽车漆面进行美容护理,就会使车身保持和恢复其应有的美观。

3. 环境美学的需要

人们已越来越多地关注自己的生存环境,例如污染、噪声等。随着社会进步,在国内许多城市已着手环境美化工程,汽车作为城市形象移动广告,无疑是环境的重要支撑,保持良好的车表形象,可以使城市多一道亮丽的风景线,创造美好的生存环境。

二、汽车漆面美容的主要内容与分类

1. 汽车漆面美容护理的主要内容

(1) 漆面失光处理

汽车在使用过程中,由于风沙尘土的吹打、日晒、雨淋、透镜效应、空气中有害物质的侵蚀及人为因素等,致使漆面逐渐失去原有光泽,影响汽车的美观。在汽车美容作业中通过采用特殊处理工艺与方法,配合专门的护理用品,可以有效地去除失光,再现漆面亮丽风采。

(2) 漆面浅划痕处理

汽车在使用过程中,车身与外界各种物质的经常摩擦及日常保养护理不当,久而久之在漆面上出现轻微划痕,这种划痕并未露出底漆,特别在阳光下划痕显得尤为明显。对漆面上出现的浅划痕,一般采用抛光研磨的方法去除。

(3) 漆面深划痕处理

所谓的深划痕是指划痕深至底漆层的划痕,当用手拭摸划痕表面时,会有明显的刮手感觉。汽车漆面深划痕多为硬性划伤所致,若不及时处理不但会影响汽车的美观,更重要的是容易使漆面产生腐蚀,缩短车身钣金的使用寿命。目前在汽车美容行业中,在对深划痕的处理上,基本上是采用喷涂修复的方法来完成。

(4) 局部或整车喷涂修复

喷涂修复是对汽车局部或整车进行的漆面喷涂作业。主要用在汽车车身损伤较重、采用一般的美容手段已经无法恢复时。漆面的喷涂作业对厂房、设备及技术的要求最为严格,因此,当汽车漆面出现严重划伤、破损及腐蚀失光等现象时,均可采用喷漆工艺来恢复汽车车身的装饰及保护功能。

2. 汽车漆面美容的分类

在汽车美容作业中,根据对漆面美容护理的深度不同,可以将漆面美容分为修复美容、护理美容及翻新美容。

(1) 漆面修复美容

汽车漆面修复美容指的是对喷涂后车身漆面出现流挂、尘埃、桔皮和干喷等缺陷进行处理。造成喷涂缺陷的原因一般为没有专用喷烤设备、喷漆房的通风净化不洁净、空气湿度太大、过滤系统失效、喷漆房内的空气压差不稳、用于喷漆的压缩空气压力或大或小等,出现这些喷涂缺陷后,一般情况下可以用漆面美容的手段对新喷涂过的漆面进行修复性施工,以得到高质量的漆面喷涂效果。

(2) 漆面护理美容

护理美容是指对在用的汽车漆面所进行的日常保养护理,保护漆膜而使漆面光泽持久,避免粗糙失去弹性和光泽。

(3) 漆面翻新美容

漆面翻新美容是指受污染的漆面造成粗糙失光,不需重新喷漆,经过翻新美容后就能达到原来的漆面效果。

三、汽车车身漆面的类型及鉴别方法

了解和掌握汽车车身漆面的类型和鉴别方法,对于从事汽车车身漆面美容工作是十分必要的。

1. 汽车车身漆面的类型

(1) 原厂漆面

新车漆膜经过120℃高温下烘烤,在涂膜干燥过程中经过熔融和二次流平,漆膜干固后具有镜面光泽,并且膜质坚硬。此外,由于新车在全自动化生产线上完成涂装,环境洁净无粉尘污染,亦保证了新车漆面洁净无瑕疵。

(2) 修补漆面

汽车原厂漆面因意外碰撞受损坏后,为了恢复其外貌和装饰效果,采用压缩空气喷涂方法进行修补。因修补部位、修补面积、修补涂料修补设备的选用以及技工操作技术水平的不同,修补漆面的质量存在诸多变数,漆面质量或多或少存在缺陷,只要认真观察,就可以发现修补漆面纹理不均一、有压缩空气喷涂时漆雾落点留下的痕迹(严重者呈桔纹状),以及局部漆面可能存在尘粒等,而且烘烤温度最高不能超过60℃。

(3) 新车漆面

新车下线之前必须进行漆面保护,即在车身漆面上易受磨损部位贴上塑料薄膜,然后全车涂上一层较厚、粘性大的保护蜡。所以目前汽车销售商在将汽车卖出、交给客户之前,要进行"新车整备"。"新车整备"的最主要工作之一,是进行"开蜡",即将原来涂在新车漆面上粘乎乎的保护蜡,用专用开蜡水去除,然后再打抛光方法进行处理。通常来说,新车漆面一经"开蜡"处理投入使用,就必须按期进行汽车美容专业护理,而不规范、非专业的洗车和打蜡不但省不了钱,反而会加速车身漆面的老化或者造成漆面意外伤害。

(4) 轻微损伤漆面

只要汽车在使用、在行走,就免不了受到外界各种环境的伤害,在漆面表层形成氧化层或失光、老化。这些轻微损伤包括紫外线对汽车漆面的伤害、有害气体对汽车漆面的伤害、酸雨及盐碱气候对漆面的伤害、制动盘与蹄片磨损产生的粉尘以及马路粉尘对汽车漆面的伤害等。这些有害因素对汽车漆面的早期损伤是轻微的,通过专业的美容护理,可以有效去除失光、氧化层和交通膜,恢复汽车漆面亮丽如新的效果。

(5) 擦伤的漆面

一般这种损伤仅仅伤及漆面的外观,而车身钣金并未变形,漆面也无划刮造成的花痕。被擦伤的漆面经修饰研磨或用砂蜡研磨后,可进行抛光处理来恢复原貌。

(6) 划花的漆面

指漆面不但被外物擦伤,而且刮划的花痕深入漆膜。划花的漆面可采用点修补或笔修补的方法先修补,然后再抛光。划痕深且长,或大面积的划痕,则应采用喷涂修补的方法进行修补处理。

(7) 劣质老化的漆面

指漆面因材质等原因,经日晒雨淋而严重老化、发白、褪色或龟裂。有这种损伤的漆面必须先清除原有的损伤漆面,然后再进行重新喷涂处理。

(8) 单膜漆面

新车涂装和修补涂装的涂膜构成相似,由里及外分为底涂、中涂和面漆三部分。单膜漆面是指面漆由一种材质的涂料,按工艺规范分 2～3 次涂布,然后进行干燥处理而获得的涂膜。通常素色(又称实色),即黑、白、红、黄、奶白、浅黄等不掺合闪光材料(如铝粉、云母等)的各色涂料,多采用单膜喷涂技法。

(9) 双膜或三膜漆面

金属底色面漆及珍珠幻彩面漆涂装成膜后,涂膜表面没有洁亮的光泽感,其表面还必须另外涂装透明清漆罩光,才能显出其幻彩的着色效果。而有的珍珠底色漆由于其遮盖力差,在喷涂之前,还必须先喷涂材质相同、颜色相称、但遮盖力好的素色漆,故称"三膜"。这类漆面的最外层是透明层,有如彩色相片烫压了一层透明塑料薄膜,既能保持色彩鲜艳持久,又能耐磨不变花,即保色保光亮性能明显优于单膜漆面,其美容作业的操作性和效果较佳。

(10) 局部修补的驳口处漆面

车身漆面进行局部修补时,为了减小新旧涂膜的颜色差异,均需采用驳口渐淡喷涂技法。因此,驳口区域修补喷涂获得的新涂膜渐变稀薄地过渡到旧涂膜区域,在进行美容护理时应特别仔细辨认格外小心护理,以免意外造成漆面破损。

2. 汽车漆面鉴别

由于使用材质不同,导致不同的汽车漆面性能各异。新车采用高温烘烤,其漆膜光亮、坚硬,性能最佳。其次是双组份低温烤漆,最差的要数挥发性单组份涂料,其漆面短则一周,长则不过一个月就要抛光一次才有光泽显现。不同性质的汽车漆面对其日常接触的物质,如汽油、有机溶剂、硅油、机油等敏感程度亦有所不同。

总之,漆面性能影响到车身抛光效果,涉及抛光用材的取舍。因此,要想做好汽车美容操作必须掌握鉴别漆面的方法。

在进行修补涂装时,首先要知道旧漆膜所用的涂料是什么类型、其劣化的程度如何等,这是进行漆面喷涂美容作业的一个重要环节。只有对旧漆膜进行正确的区分鉴别,才能挑选适当的涂料,以及正确安排作业计划来进行汽车美容喷涂作业,以避免在漆面喷涂美容作业中施工不顺利或交车后客户投诉事件的发生。旧漆膜的辨别方法,如表 5-1 所示。

表 5-1 旧漆膜的鉴别方法

辨别法 旧漆膜	外观法	溶剂法	加热法	漆膜硬度法	硝化棉 检定液法
氨基醇酸漆	桔皮面	不溶	无变化	H~2H	无变化
聚丙烯酸酯漆	桔皮面	不溶	变化	H~2H	无变化
喷漆系	抛光后的表面状态	溶	稍微软化	F~H	变青紫色
NC 变性丙烯酸酯漆	抛光后的表面状态	溶	稍微软化	F~H	变青紫色
CAB 变性丙烯酸酯漆	抛光后的表面状态	溶	软化	F~H	无变化
双组份丙烯酸酯漆	抛光后的表面状态	难溶	无变化	H~2H	稍微变青紫色
丙烯酸氨基甲酸酯漆	桔皮面	不溶	无变化	H~2H	无变化

(1) 溶剂法

取白碎布蘸满喷漆用的稀释剂后,擦拭漆膜,检视布团是否沾上溶解后的颜色来判断。如果漆膜溶解,并在布上留下印记时,则是自干漆。如果没有溶解则可能是烤漆或双组份漆。

注意:有时外观上辨别出是烤漆或双组份漆涂膜,但由于烘干不良也会出现漆膜溶解的现象,这时最好用其他方法再认真确认一下。

(2) 加热法

用 1000~1500 号砂纸沾水打磨旧漆膜,去除漆面光泽,然后加热到 80℃以上观察漆膜的变化,如果钝化的表面重新出现光泽,则说明是丙烯酸喷漆。

(3) 漆膜硬度法

各种油漆干燥后的漆膜硬度是不一样的。一般来说,双组份漆和烤漆的硬度比自干漆高。比较漆膜硬度时可用不同硬度的铅笔削好后用铅心对漆膜进行推压,如漆膜出现损伤时,涂膜硬度应降一级。

(4) 硝化棉检定液法

用 JIS 规格之硝化棉检定液(二苯胺 1 克+浓硫酸 100mL)滴 1 滴在旧漆膜上,观察是否会变色。由于检定液中含有硫酸,具有一定的危险性,市面上没有销售,自行配制时应特别小心。

3. 旧漆膜与修补用涂料的适应性

旧漆膜与修补用涂料的适应性如表 5-2 所示。

表 5-2　旧漆膜与修补用涂料的适应表

面漆涂料 旧漆膜	硝基喷漆	NC 变性丙烯酸酯喷漆系	CAB 变性丙烯酸酯喷漆系	双组份丙烯酸酯漆	丙烯酸氨基甲酸酯漆	烤漆
硝基纤维喷漆	●	●	▲	▲	▲	×
NC 变性丙烯酸酯漆	●	●	▲	▲	▲	×
CAB 变性丙烯酸酯漆	●	●	●	▲	▲	×
双组份丙烯酸酯漆	●	●	●	●	●	×
丙烯酸氨基甲酸酯漆	●	●	●	●	●	●
烤漆	●	●	●	●	●	●

说明：1. "●"表示适应；"▲"表示是使用中涂时尚可；"×"表示不适应。
　　　2. "双组份"是指漆料须加固化剂才能干燥，也可在 60℃ 以下低温烘烤。

由旧漆膜的辨别法可以看出，修补用涂料的性质有所不同，对旧漆膜如果选错修补用涂料时有可能产生收缩及破损等漆膜缺陷，因此在操作时要根据要求合理地选择修补用涂料。

第二节　汽车漆面的研磨与抛光分析

汽车车身表面清洗完后，可视漆面的具体情况来决定是否对漆面进行研磨抛光。车身表面研磨与打蜡抛光的目的是使车身的旧漆面重现深度光泽，恢复其本来面目。

汽车漆面打蜡就是给清洗后的车身表面涂上一层保护蜡后，再将蜡抛出光泽，其目的主要是为了保持车身漆面亮丽整洁，保护车漆。因汽车在行驶过程中，空气中的尘埃与车身金属表面相互摩擦产生静电，车蜡可隔断尘埃与车表金属摩擦。通过打蜡，不仅可有效地防止车身表面静电的产生，还可大大降低带电尘埃在车表面的附着。

一、研磨与抛光的区别

1. 目的不同

研磨是去掉车表原有的缺陷及无法洗掉的污渍，使车表平滑、细腻，但漆层会变薄，属于粗加工。可见,研磨是抛光的前期准备。

抛光是消除研磨遗留下的痕迹及细微的划痕,使漆面达到光洁如镜的程度,属于细加工。

2. 用品不同

研磨用品含的摩擦材料颗粒较大,研磨盘硬度较大、切割能力强。

抛光用品含的摩擦材料颗粒较小,抛光盘硬度较小、质地软。

二、研磨与抛光的设备

设备相同,即研磨抛光机,转速在 600~3000 r/min 范围内可调。

研磨抛光盘有三种材质的,即纯毛、混纺、海绵。直径 180~260 mm,厚度 25~32 mm。

三、选择用品应考虑的因素

1. 注意漆面种类不同

纯色漆与金属漆、实色漆与罩光漆、风干漆与烤漆等。

2. 注意漆面颜色不同

浅色漆用了深色用品,会使漆膜颜色变深出现花脸的现象;反之,漆膜颜色变淡出现雾影。

3. 研磨与抛光用品分清

研磨剂用做抛光,达不到应有的效果;抛光剂用做研磨,造成用品的浪费。

4. 机工与手工用品分清

机工用品用做手工,费时费工、效果差;手工用品用做机工,造成用品浪费严重。

四、抛光的机理

当对车漆进行抛光时,抛光剂与车漆摩擦产生静电、摩擦生热使漆膜变软毛孔增大,静电将毛孔内的赃物吸出。另外,抛光盘可以磨掉漆面微观的氧化层并将细微的划痕拉平、填满。同时抛光剂里的化学成分溶入漆膜发生还原反应,二者的物理化学作用使车表恢复应有的光泽。

五、研磨抛光的施工方法

1. 判断抛光的方法

小面积或拐弯抹角用抛光机难以作业的部位,应使用手工抛光。对于大面积部位宜选用机械抛光,以提高作业效率。

2. 手工研磨抛光方法

首先,以柔软洁净的棉布或棉纱折叠成厚的盘状,然后再卷成球形。蘸少量研磨抛光膏,以中程度稍微强些的压力前后运动研磨,至被抛光漆面出现光泽时即减小研磨的力量,布团脏污时翻转另一面使用,继续研磨至修饰研磨的砂纸痕或桔纹、粗糙消失,最后以轻压、快擦动作来获得涂膜的光滑。完成后,以另一块干净柔软的布抹拭干净。

下一步是使用精细抛光剂或镜面蜡,必须使用另外一块布团,抛光方法与上述研磨抛光剂的使用方法相同。切记,使用手工抛光得到光亮如镜面效果的技巧是:抛光到最后步骤时必须使用"轻压快擦"法,并且最好使用法兰绒,轻快地连续擦拭几次。

手工研磨抛光的方向应与汽车行驶方向相同,这样上蜡,可以逐渐修补车身的损伤,使光的散射消失,看起来更加漂亮,而且水滴也能顺利滴落,并可防止脏污附着。

3. 机械研磨抛光方法

机械研磨抛光使用的圆盘式抛光机,分为电动和气动两种。前者转速较大且转速可调,抛光机输出扭力亦较大,研磨抛光效率较高,但在汽车美容作业略嫌潮湿的环境下使用应特别注意防触电。后者转速较低,且研磨抛光的磨削力亦稍差,研磨抛光作业的效率相对较低。

目前抛光机使用的抛光盘不外乎三种:羊毛盘、粗质海绵盘和柔软海绵盘。羊毛盘和粗质海绵盘使用于研磨抛光场合,而柔软海绵盘的抛光面大都做成凹凸有序的波浪形,有利于精细抛光,形成光洁如镜的抛光漆面。抛光作业时切记区分使用。

不论是哪一种抛光盘,在使用之前,都必须在清水中浸泡、湿润,并且用手把抛光盘吸附的水分挤掉,然后再启动抛光机将抛光盘上的水分甩掉。做完这些步骤后,接下来才能进行机械抛光。研磨抛光机的转速与漆面的状况及色彩有关,选择调整抛光机的转速时应综合考虑,二者的关系如表5-3所示。

表5-3 汽车漆面状况及色彩深浅与抛光机的转速关系

漆色类型	抛光机转速
罩光清漆	2000~3000 r/min
较浅实色漆面	1000~2000 r/min
较深实色漆面	2000 r/min 以下或用手工操作

选择好抛光机的转速后,用干净的海绵块或毛刷将研磨抛光剂(粗蜡)薄薄地涂敷在被抛光面上,即可进行研磨抛光作业。使用抛光机进行抛光时,抛光盘平面与被抛光的漆面应始终保持成一小角度(一般为5°~10°),如图5-1所示。其原因有以下几方面。

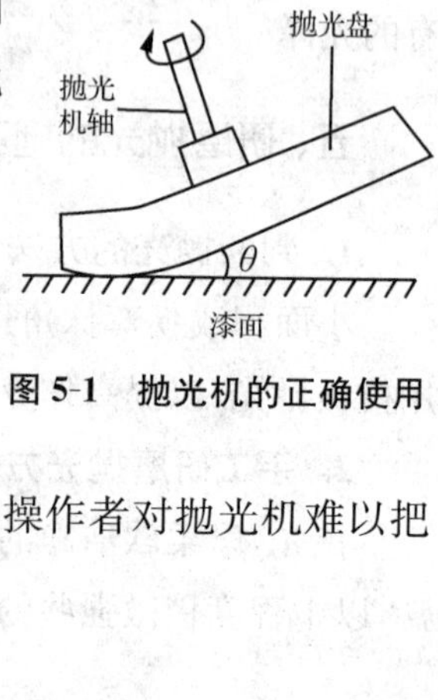

(1)抛光盘的中心通常都存在固定用的螺母垫圈,即使其中心凹陷,在作业时亦有可能意外地刮伤漆膜。

图5-1 抛光机的正确使用

(2)即使是海绵抛光盘这种靠胶粘贴而无需螺母垫圈的情形,倘若抛光作业时将抛光碟平压在被抛光面上,亦会造成剧烈的颤动,操作者对抛光机难以把握,长时间进行这种不规范的操作亦会造成两手关节发麻、劳损。

（3）众所周知，不论抛光机旋转速度多快，而抛光盘的中心始终是相对不动的，换而言之，在抛光作业中，真正发挥功效的是抛光盘外圆半径一半以外的边缘部分，而且越是往外缘的点处，其线速度亦越大，研磨抛光的效果也就越好。

（4）在机械抛光作业中，操作者双手把握住抛光机上的两个手柄，将抛光盘压像被抛光表面，形成一个小角度，并且保持抛光盘半径一半以外的盘面与漆面接触，利用抛光盘自身的弹力来保证抛光盘始终贴住漆面进行研磨抛光，另一方面亦可以借助这一弹力来减轻操作者提握抛光机的力量，有效地减轻劳动负荷，这就是为什么用旧了的海绵抛光盘都呈半球形的原因。

研磨抛光作业完毕后，必须彻底清洁抛光研磨渣，然后才进行下一步精细抛光。

对于大面积的部分，如全车抛光等场合，因研磨抛光剂会干燥，不宜一次性地全面涂布，而应分次涂布分别研磨抛光。在作业中应经常检视抛光盘，以免硬化的研磨抛光漆渣形成结焦，造成漆膜擦伤。可使用钢丝刷清洁抛光盘上的漆渣，必要时可更换或拆下清洗。

使用抛光机进行研磨抛光时，加力不可太大，并且保持连续不断地移动抛光机，不可停留在一个地点，否则会导致研磨过度，不仅把面漆磨去，亦可能把底漆亦磨穿，或者因过热把漆膜烧焦。对于角、边、突起部分以及漆膜有被磨穿可能的部位，应事先以防涂胶带（皱纹胶纸带）贴好、遮蔽，待机械抛光完毕，取去胶纸带，再用手工进行局部抛光。

此外，在抛光作业之前，应将抛光区域内以及抛光作业中可能触及的车身装饰胶条、门把手、雨刮喷水嘴、门及窗的装饰电镀边和胶饰条等物件进行遮蔽，最好贴上双层防涂皱纹胶纸带。

在存放抛光机时，不少工人师傅习惯将清洗干净的抛光盘重新装在抛光机上，让抛光机空转以便甩干抛光盘上的水分，然后以盘上机下的倒置方式存放在工具箱内。这样做，使用时间不长，抛光机却要报废了。原因很简单，那就是抛光盘内的积水因未能彻底甩干流进抛光机内造成生锈所致。所以，切记在甩干抛光盘的水分后，应将抛光盘拆卸下来，与抛光机分开存放。

使用研磨抛光剂进行打蜡抛光，必须遵循先粗后细、最后进行镜面处理的先后顺序，每完成一道研磨抛光工序后，必须彻底清除研磨渣和残蜡，并用空气清洁枪喷净边缝部位，更换另一种抛光盘，再进行下一步抛光作业。

六、研磨时机的确定方法及注意事项

车表并不是每次打蜡都需要进行研磨，应视漆面的具体情况来决定。判断车身漆面是否需要研磨处理可以用观察法和触摸法进行鉴别。

1. 研磨时机的确定方法

（1）观察法

从车身的不同角度来观察车身漆面的亮度，通过眼睛感觉光线的柔和度、反射景物的清晰度等来判断。

(2) 触摸法

在手上套一层塑料薄膜纸来触摸漆面,如果手指感到发涩或有凹凸不平的感觉时,就必须进行研磨处理。

2. 研磨的注意事项

研磨可视为打蜡前的打底工作,其目的是磨去老化的漆面,增加表面的光洁度,为打蜡做好准备工作;抛光是研磨后的精加工,重现漆面应有的装饰效果。

(1) 研磨剂最好使用同一品牌的产品。

(2) 正确选择抛光机的转速。

可在局部先进行一下试验,即先用手工研磨一下,如布上有漆的颜色,说明漆面较软,转速应低一些,反之转速应高一些。

(3) 研磨剂不可涂在研磨盘上,且在车身上的涂抹面积要适当。要既便于研磨操作,又可避免出现研磨剂干燥现象,一般以 30～40 cm 见方为宜。

(4) 手工研磨时,不可胡乱擦抹或做环形运动,应以车身纵向平行线为准往复运动。

(5) 掌握好研磨时的力度大小,不可磨透面漆。

(6) 检查盘面上有无异物,盘面要与被抛表面保持平行。

(7) 操作时要把风窗玻璃遮盖好,防止受到污染。

(8) 要做好面部的防护及防止电线卷入机器。

第三节 汽车漆面的打蜡

一、汽车打蜡的基本程序

为了保证汽车良好的打蜡效果,选择正确的打蜡程序是非常必要的,其具体操作步骤如下所述。

1. 汽车清洗

汽车打蜡前,必须对车辆进行彻底清洗。注意不能盲目使用洗洁精和肥皂水,如无专用的液车液,可用清水清洗车辆,将车体擦干后再上蜡。如果车身表面的油漆已经褪色或氧化,必须在清除掉旧的和氧化了的油漆后,才能打蜡。

2. 研磨

研磨也称打底,就是将老化的烤漆磨去。不磨不亮,打蜡成败取决于事前的打底工作。因为烤漆表面若凹凸不平,不容易上蜡,蜡也无法形成均匀的膜,要磨亮也很困难。使用含有研磨剂的复合蜡打底处理时,在烤漆膜较薄的部分,最好用遮蔽用胶带贴起来保护较好。磨光时以 30～40 cm 见方为单位来磨,或将车身分成一片一片仔细来磨,如果磨的面积太太，会造成涂抹不匀。

3. 上蜡

上蜡可分手工上蜡和机械上蜡两种，手工上蜡简单易行，机械上蜡效率高。无论是手工上蜡还是机械上蜡，都要保证漆面均匀布涂。不要涂太多的蜡，太多的蜡只能增加抛光工作量，而且还容易粘上灰尘，摩擦时产生刮痕。

（1）手工上蜡

首先将适量的车蜡涂在海绵上（专用打蜡海绵，最好不用附赠海绵），然后按一定顺序往复直线或环形均匀涂布。涂布也要分段、分块进行，涂布时手感力度一定要掌握好，不必使劲擦。每道涂布应与上道涂布区域有 1/5～1/4 的重叠，防止漏涂及保证均匀涂布。

（2）机械上蜡

将车蜡涂在打蜡机海绵上，具体涂布过程与手工相似，值得注意的是在边、角、棱处的涂布应避免超出漆面，而在这方面手工涂布更容易把握。

上蜡到底上几层较为合适，其实这要视车漆状况决定，并不是愈多愈好，太多的蜡反而会使抛光产生困难，而上得太薄，又无法填补车身的缝隙。通常新车需要上蜡一至二层，旧车可上三至四层。

4. 抛光

根据使用说明，一般上蜡后 5～10 分钟即可进行抛光。抛光时遵循先上蜡再抛光的原则，然后用手工抛光或用抛光机将其打亮。手工抛光时应先用手背感觉车蜡的干燥程度，以刚刚干燥而不粘手为度。手工抛光作业通常使用无纺棉布按一定的顺序做往复直线运动，适当用力挤压，以清除剩余车蜡。

使用抛光机进行抛光处理时，应等车蜡完全干燥后才能进行，抛光机转速应设置较低，一般控制在 1000r/min 以下，抛光时要注意用力均匀以及抛光方向的一致性，以保证抛光后光线漫射面的一致，体现深度的光泽。

5. 检查整理

抛光后要检查整个车身的护理质量，特别是车身较显眼的地方，如果发现蜡上得不均匀，产生无序的反光现象，可用干净的无纺棉布轻轻地擦，也可以用抛光机重新进行抛光，直到光线反射面的一致。此外，要仔细检查清除厂牌、车标内空隙及油箱盖周围、纤细的边缘或转角部分，车门车窗密封橡胶的边条缝、车牌、车灯、门边等处残存的车蜡。不要认为这些地方不显眼而有所忽视，这会影响整车的护理效果。打蜡结束后，设备及用品要作适当清洁处理，妥善保存。

如果想使车蜡保留的时间长些，可以在打完蜡的车身上喷抹一层护车素，既可保护车蜡，又可提高车身表面的光泽度，还可以起到一定的防晒、防酸雨的作用。

二、汽车打蜡的注意事项

汽车打蜡的质量好坏，不但同车蜡的品质有关，而且同打蜡作业方法关系密切，要做到

正确打蜡,在汽车打蜡时应注意以下几点。

1. 要掌握好上蜡的频率

由于汽车行驶的环境与停放场所不同,各种车蜡的保持时间也不同,因而打蜡的间隔时间也应有所区别。一般可以通过目视感觉漆面发乌、光泽性差或用手触摸车身漆面,若感觉发涩无光滑感,就应该进行再次打蜡。正常时2~4个月打一次即可。

2. 要注意打蜡的环境

打蜡作业应在室内进行,周围环境要清洁,要有良好的通风,以免沙尘附着在车身,影响打蜡质量,甚至产生划痕。

打蜡应选择天气晴朗的日子,雨天一般不应进行。打蜡应避免车表温度高时进行,否则车蜡附着能力下降,影响打蜡效果。

3. 要注意打蜡的方法

在上蜡作业时,要穿好工作服,摘下手表、戒指之类的装饰品,以防漆面划伤。上蜡时尽量采用质地柔软的海绵或柔质的干净棉布进行均匀涂抹,应遵循先上后下的原则,即先涂抹车顶、前后盖板、车身侧面等,一次作业要连续完成,不可涂涂停停。打蜡时手工海绵及打蜡机海绵运行路线应该按一定的顺序进行,防止出现光线漫射不一致的现象。

上蜡时要注意涂抹的地方,小心不要将蜡涂到车窗和风窗玻璃上,否则玻璃上形成的油膜很难擦干净。

4. 要掌握好抛光机的力度和转速

上完蜡采用机械抛光时,应控制抛光的力度和转速,避免力度过大转速过高,从而抛到车漆。若海绵上出现与车漆相同的颜色,可能是漆面已经破损,应立即停止抛光,先进行修复处理。

5. 要注意检查整理

抛光结束后,要仔细检查,清除厂牌、车标内空隙及油箱盖钥匙孔周围、纤细的边缘或转角部分,车门车窗密封橡胶的边条缝、车牌、车灯、门边等处残存的车蜡,防止产生腐蚀。打蜡结束后,设备及用品要作适当清洁处理,妥善保存。

第四节 新车漆面美容护理

新车下线时,为了避免在露天停放或运输中风吹雨淋、烈日曝晒、烟雾及酸雨的侵蚀,必须进行喷蜡(封漆蜡,也称下线保护蜡)覆盖保护,以防漆面受蚀老化、生锈。但在新车交付正常使用运行后,这层下线时的保护蜡必须除去,即必须对新车进行开蜡和美容养护处理。因此,当购买新车后,为使车辆焕发出应有的亮丽风采及保持其长久的寿命,首先要做好新车的美容护理工作。

一、新车的开蜡

1. 新车开蜡的目的

(1) 呈现汽车漆面原有的光泽

下线保护蜡一般属于低档蜡,其透明度低,加之覆盖层较厚,原车的光泽有80%左右被遮盖。因此,这种状况的汽车无法正常使用,必须进行开蜡作业。

(2) 减少车身污染

下线保护蜡若不除去,当汽车运行时,尘埃极易附着车身表面,且不易清洗。这是因为下线保护蜡含油脂成分较多,容易黏附灰尘的缘故。

(3) 便于车身的清洁

使用未经开蜡的新车时,会给日常清洗作业带来麻烦。由于下线保护和黏附作用,车表的尘埃及污物不易清除。

2. 新车开蜡的操作方法

(1) 选择开蜡水

开蜡水是开蜡作业最重要用品,亦称去蜡水。开蜡水对车蜡具有极强的溶解能力及油污分解能力。一般短在3~5分钟,长在7~8分钟内,就可以将车表蜡层完全溶解,而且对漆面及塑料、橡胶件无腐蚀。常用的开蜡水有英特使H.D.D强力开蜡水及冈底斯汽车除蜡护理液。前者可用于新车开蜡和旧车美容前除蜡。因其具有很强的油污分解及除蜡功能,除蜡彻底,对硅蜡去除特别有效,也可用于清除车表的沥青、昆虫及其他顽固污渍、污垢。本品还可用于发动机表面清洁。后者专用清除车漆表面各种蜡质、油渍等,不伤漆面。适宜车漆开蜡或旧蜡清除。

(2) 施工前的准备

在环境温度20℃以上时,准备好高压清洗机、喷雾器等,选择阴凉无风地段,远离草木植被。将开蜡用品(水)按说明书中的比例进行混合,然后装入手动或电动喷雾器中待用。

(3) 车身清洗

使用高压清洗机对车身进行高压冲洗,彻底去除车身表面尘埃及其他附着物。

(4) 施工

首先用喷雾器按自上而下的顺序将开蜡用品(水)喷于车身表面,确保每个部位都被溶液覆盖,保持湿润4~5分钟,使开蜡用品完全渗透于蜡层;然后用毛巾或无纺布仔细地擦拭车表;最后用高压水枪冲洗,注意缝隙处不留残液,并用棕毛刷刷洗缝口、裙边及轮胎等处。

(5) 施工后的检查

检查车辆表面是否残留有未洗净蜡迹,若存在,应将其洗净,最后将车擦干。

3. 新车开蜡的注意事项

(1) 进行高压冲洗时,压力不要高于0.7 MPa。

(2) 高压冲洗只需冲掉车表的灰尘及泥沙等可能影响除蜡效果的杂质,因此在开蜡前冲洗时可以不使用洗车液，以免造成无谓浪费。

（3）开蜡水喷施一定要均匀，边角缝隙处千万不可忽视。

（4）喷施开蜡水后，要待开蜡水完全渗透蜡层并使其开始溶解后，才能用毛巾擦拭。

（5）最后的清洁及擦干，要按洗车作业规程实施。因为经开蜡水清洗开蜡后，仍会有部分蜡质及杂质留在车表。

（6）有些用户为了图省事，用棉纱沾汽油、煤油开蜡，此种方法虽然能除掉封漆蜡，但汽车漆膜也同时受到损害。一是棉纱虽然柔软，但其中很容易混入铁屑、砂粒及其他坚硬的细小颗粒，且很难发现，极易造成漆膜表面划痕；二是汽油或煤油也会伤害漆膜。因此，建议用户新车开蜡最好到正规的汽车美容场所，选用开蜡用品进行新车开蜡。

（7）冬季开蜡比较困难，因气温低开蜡液不能与车身上的封漆蜡很快地发生化学反应，从而导致开蜡失效。所以开蜡工作最好选择气温在20℃以上的环境下进行。

二、新车的上蜡

一旦汽车表面的封漆保护蜡被除去后，就要立即涂抹新车上光蜡，以保证汽车正常使用后漆膜得到有效的保护。新车上光蜡主要有两种：一种叫"新车保护蜡"，另一种叫"新车蜡"。

新车保护蜡含有大量高分子聚合物成分，常见的是"特氟隆"，它有很强的抗氧化、抗腐蚀功能，这种蜡在正常洗车情况下是不会被洗掉的，涂抹一次一般能保持一年之久。国内目前普遍使用的是一种叫"隐形车衣"的新车保护蜡。它是美国龟牌蜡公司引用"特氟隆"高分子聚合物配制而成，很受国内用户的欢迎。国内的许多购物中心的汽车用品部及汽车养护品网点都可买到。

新车蜡是一种柔和性的蜡，汽车蜡生产厂家认为，新车漆车身是完整无缺的。因此，它使用的上光蜡中也没有必要加入任何含有研磨功能的抛光剂，这种不含抛光剂的、柔和的蜡就是新车蜡，该蜡一般保持不了12个月。

可见，新车保护蜡和新车蜡是两种完全不同的蜡，新车除去封漆蜡后首次要使用的是新车保护蜡，在日常洗车后可使用新车蜡。新车上蜡的方法及注意事项如前所述。

第五节 汽车漆面常见缺陷处理

汽车使用中，由于日晒、雨淋及受到各种酸、碱、化学物品的腐蚀，车身的漆膜会逐渐老化，出现开裂、锈蚀、变色等现象。另外，因车辆事故等原因漆膜也会出现局部损坏。当车身漆膜已失去原有的保护和装饰作用时，应进行车身漆膜修复。

当强氧化性物质与车漆相互作用时，在漆表面形成氧化层，就造成漆面失光。这种现象可采用特殊处理工艺,配合专门的护理用品予以清除;涉及清漆和部分色漆层的浅划痕,一般采用研磨抛光来消除;伤及到底漆甚至钢板的深划痕,当用手拭摸划痕表面时会有明显的刮手感觉,可采用喷涂施工来完成。

但是当漆面出现划伤、破损及严重腐蚀失光等缺陷,采用一般的美容护理手段难以修复时,就必须采用喷漆工艺来恢复汽车的昔日风采。

一、喷涂后车身漆面的缺陷处理

由于受汽车修理、美容企业的条件限制,一般对于新喷涂后的汽车漆面总是存在着这样那样的缺陷。因此,新喷涂后的汽车漆面必须要经过美容护理,才能达到高质量的漆面效果。其施工工艺如下所述。

1. 漆面磨平

对新喷的漆面进行打磨时,必须在完全干燥后进行。所以施工时一定要遵循涂料的有关干燥时间、干燥温度及涂层可抛光的时间。

(1) 大面积磨平

大面积的磨平处理可用电动偏心振动圆形细磨机或气动圆形细磨机两种磨平机。细磨机的偏心振动直径均为 3 cm,并带有平滑起动、无级调速功能,运转平稳。配以 1500 号的专用美容打磨砂纸,打磨时适当加少许水,细磨机用中档速度均匀打磨时,要尽量使磨垫底盘平放于打磨部位。这样可获得更好的平稳性,并减少损坏涂料表面的机会,避免因高速打磨产生的热量,使磨削的粉尘粘在砂纸表面后造成漆面新的划痕。

(2) 小面积磨平

小面积或点状颗粒的尘埃,可用手动小打磨头,配以自粘式 2500 号专用水砂纸平稳打磨。在打磨时应保持打磨头垂直于物体表面,磨头保持尽可能小的圆圈移动,并在砂纸表面涂一些肥皂,以减少砂纸的粘塞,使打磨的效果更好。

2. 抛光

将有缺陷的漆面打磨平滑后需进行抛光。抛光时将水溶性抛光蜡均匀涂在已处理好的表面,用中号抛光机配合抛光用软毛垫进行抛光。在抛光过程中使用喷雾瓶向工件表面及抛光毛毡喷水,以防发热后抛光剂和漆面粘着。

操作时先将抛光机转速调整为 900~1600 r/min 进行扩散抛光,把磨过的砂纸痕磨平,然后再将转速调整为 1900~2500 r/min 进行高光洁度抛光。

3. 上光护理

经过抛光后的漆面还要打一层上光蜡保护。打蜡时用中号抛光机加细海绵球先将水溶性漆膜保护蜡用中低转速涂匀后封闭保护 10 分钟,使蜡中的高分子聚合物覆盖并渗透于漆膜表面,再用中号抛光机配以洁净的羊毛球进行保护性抛光处理,达到最佳的漆面美容效果。

二、汽车漆面失光的处理

1. 漆面失光的原因

（1）自然因素

风沙尘土的吹打；雨雪季泥水的冲击；沥青路面飞溅起的沥青；树胶、虫屎、鸟粪和油污；大气中的各种工业排放物；酸和碱以及阳光中的紫外线等。

（2）人为因素

新车开蜡用品选择不当或操作方式不当；洗车时选用了碱性的清洗剂；冲洗车辆时水枪压力过大，清洗程序或手法不正确；表面附有尘埃时，用抹布或毛巾擦拭，使车漆面出现微小划痕；不注意日常打蜡保护，使漆面出现紫外线、酸雨等不应有的侵蚀；汽车所用的涂装材料的质量不符合要求等。但再好的涂料都有一定的使用寿命，随着使用时间的增长，漆膜受氧化腐蚀难以避免，从而使漆膜逐步老化，褪色和失光只是漆膜老化的其中一种外在表现，做好漆膜护理工作可以大大延缓漆面的老化速度。

（3）透镜效应

所谓透镜效应是指当车表漆面上存有小水滴时，由于水滴呈扁平凸透镜状，在阳光的照射下，对日光有聚焦作用，焦点处的温度高达 800～1000℃，从而导致漆面被灼蚀，出现用肉眼看不见的小孔洞，有些深达金属基材。若灼伤范围较大，分布密度较高，漆面就会出现严重程度的失光。

（4）交通膜的影响

交通膜是汽车在运行时车身漆面与空气摩擦在其表面形成的静电层。由于静电层极易吸附灰尘和有害气体等腐蚀性物质，从而导致车身漆面褪色、失光。

2. 漆膜褪色、失光的种类

（1）有害物质导致的褪色、失光

用放大镜观察车身漆膜，当漆膜表面有大小不规则的孔洞，这类褪色、失光原因大多是有害物质所致。

由于漆膜在没有任何保护措施的情况下长时间暴露在外，致使各种有害物质附着于漆膜表面，并逐渐渗透，便形成了我们肉眼看不到而又大小不规则的孔洞，这些孔洞极易藏污纳垢，势必会影响到漆面的通透性。犹如在透明的玻璃上刷上一层薄薄油漆，便使漆面出现了失光的现象，随之底色漆层的颜色也被这层氧化物遮盖，失去了原有鲜艳的色泽。

（2）氧化导致的褪色、失光

用放大镜观察车身漆膜，漆膜表面无明显划痕，斑点较少，这类褪色、失光原因大多是氧化还原反应所致。

（3）划痕导致失光

漆膜上分布有较多的微细划痕，而未伤及底漆层，特别是在强光照射下更明显，这类失光为浅划痕所致。

(4) 透镜效应导致的褪色、失光

用放大镜仔细观察清洁后的漆膜时,漆膜上出现较多的斑点,这些斑点实际上是灼蚀的小孔洞,这种褪色、失光为透镜效应所致。

3. 漆膜褪色、失光的防治

对漆膜进行及时、科学的维护是延缓漆膜褪色、失光速度的重要措施。

(1) 采用优质清洗剂和正确的清洗方法对汽车进行清洗,从而及时清除漆膜表面的有害物质。

(2) 雨、雾天过后,要及时擦净漆膜表面的水滴,防止透镜效应的产生。

(3) 采用优质车蜡,及时对漆膜表面上光打蜡,从而在漆膜表面形成上层保护层,隔绝漆膜与空气接触,防止氧化腐蚀。

(4) 改善汽车停放环境,防止自然侵蚀。

(5) 加装汽车防静电装置,防止交通膜的产生。

4. 漆面失光的处理方法

(1) 打磨、抛光

对于轻度自然老化及浅划痕导致的褪色、失光、漆面无明显划痕,用放大镜观察漆面斑点较小。由于上述原因导致的漆面失光,可先清洗打磨,消除表层的褪色、失光;然后上蜡抛光,即可恢复漆膜光泽。

(2) 上有色蜡

有色蜡又称之为彩蜡。这类蜡品主要作用是增色,属于单种聚合蜡,内含少量的彩釉,可使同色系车漆的车辆更加艳丽,由于彩蜡具有增色、添补及遮盖等功能,所以可使褪色、失光漆膜表面还原。

(3) 漆膜翻修

对于严重自然老化及透镜效应引起的褪色、失光,如用放大镜仔细观察漆面,若发现漆面有较多的斑点,则说明漆面受侵蚀严重。由于上述原因导致的漆面失光,要求对漆膜进行重新涂装翻新施工。

三、汽车漆面划痕的处理

1. 汽车漆面划痕产生的原因

(1) 擦洗不当

汽车在擦洗中,若清洗剂、水或擦洗工具(海绵、毛巾等)中有硬质颗粒,都会使漆面产生划痕。

(2) 护理方法不当

在给漆面抛光时,若选择的打磨盘粒度较大、打磨用力较重或打磨失手,都会在漆膜表面上留下不同程度的划痕。还有在打蜡时,如蜡的品种选择错误,误把砂蜡用在新车上,会打出一圈圈的划痕。

(3) 意外刮擦

汽车在行驶中与其他汽车产生刮擦,与路边树枝产生刮擦,以及暴风、砂尘天气与大气中的尘土、砂石等产生刮擦都会造成漆面划痕。

2. 汽车漆面深浅划痕的鉴别

现代轿车普遍采用色漆与清漆结合的面漆系统,汽车表面深的或浅的划痕总是相伴产生的,划痕深浅的区分鉴别是根据划伤部位是否露出底漆而分的,如图5-2所示。

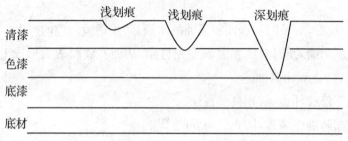

图5-2 汽车漆面结构及深浅划痕示意图

浅划痕指表层面漆轻微刮伤,划痕穿过清漆层已伤及色漆层,但色漆层未刮透不涉及底漆;深划痕指面漆层已刮透,可见车身的中涂层甚至划痕深至底材表面。

3. 漆面浅划痕的处理工艺

对表层漆面轻微刮伤的车身,经检查未刮透面漆层。可采用下列修补工艺进行修复:

(1) 洗车

洗车的目的是清除汽车车身表面的污染物、泥土等,避免造成意外的伤害。

(2) 开蜡

开蜡的目的是为了保证抛光效果。开蜡作业要求使用专用开蜡水,去除漆面原有的蜡质层,在对蜡质层进行彻底分解的同时,又不损伤漆面及塑料部件。具体要经过车身高压冲洗、喷施开蜡水、擦拭、清洁、擦干四个步骤。

(3) 漆面研磨抛光

在漆面研磨抛光作业前,要根据漆面的状况及质量,如厚度、硬度、耐磨性等,选择合适的抛光剂。对于色漆遭受部分划伤的浅痕,其研磨抛光过程可分以下四个步骤进行。

① 研磨

a. 深切研磨

深切研磨的目的是去除漆面较深的划痕,提高作业效率,保证抛光质量。深切研磨剂粒度的选择应以能保证抛去漆面95%左右的划痕为宜,其粒度一般应在320目~400目。具体操作时,首先用小块毛巾将研磨剂均匀涂抹在待抛漆面上,涂抹面积以操作人员无需移动脚步且能自如抛光为宜。将海绵抛光轮安装在抛光机上,蘸满水,保持抛光轮平面与待抛漆面基本平行(局部抛光除外),起动抛光机,设置其转速在1500~1800 r/min。抛光时为保持海绵抛光盘湿润,应边抛光边喷洒洁净清水,以降低摩擦表面温度,避免由于摩擦升温过高使抛光轮焦化和损坏面漆。研磨抛光作业在清除95%左右划痕时即可停止,然后用洁净清水冲洗抛光表面，擦去残余物，检查抛光效果。

　　b. 中切研磨

目的是清除深切留下的砂痕。中切研磨剂的粒度应在400目～600目为宜。具体操作方法与深切相同，要注意的是使用一定时间后要更换中切抛光轮。

　　c. 微切研磨

微切的主要目的是清除中切留下的细微砂痕，进行表面磨光处理，以进一步提高漆面光泽度。微切所用研磨剂的粒度一般在600目以上。具体操作方法与前述相同，使用一定时间后仍需更换微切用抛光轮。

②抛光

抛光的作用是清除研磨留下的细微划痕。具体操作方法与研磨施工基本相同。

③漆面还原增艳

抛光作业结束后，漆面浅划痕已基本消除，对于抛光作业中残留的一些发丝划痕、旋印等可通过漆面还原进行处理。漆面还原时，用小块无纺布将还原剂均匀涂抹于漆表，然后用无纺布或毛巾抛光即可。经还原处理后的漆面亮丽如新，恢复车身原有的风采。

④漆面保护

漆面保护通过对漆面上保护剂来实现，漆面保护剂有蜡质和釉质两大类。

4. 漆面深划痕的处理工艺

所谓深划痕即划痕深至底漆层甚至露出钣金的划痕。这种划痕若不进行及时处理，不但对汽车美观影响大，更重要的是极易对漆面产生腐蚀，缩短钣金使用寿命，为此，要予以及时修补处理。

深度划痕包括创伤划痕，是汽车因碰撞、刮擦等原因造成车身局部损坏、板面变形、破裂等创伤，涂层严重损坏。对深度划痕首先应清除损伤板面的旧漆层，用钣金或焊装等方法，修复好已损伤车身的板面，达到与原来的形状尺寸轮廓相等要求。然后进行修补涂装，其工艺方法如下所述。

（1）整形后的表面处理

用铲刀、钢丝刷等清除表面涂层、铁锈、焊渣，焊口较大处用砂轮打磨平整，再用砂布打磨，清除底层表面锈蚀物和杂物；用溶剂将划痕处洗净，晾干后涂上一层薄薄的底漆；最后在底漆膜上再涂一层防锈漆。

（2）刮涂腻子

将速干原子灰覆盖在金属层上；待原子灰干燥后，用400号干砂纸将原子灰打平后用脱蜡清洗剂将划痕处擦净。

（3）喷涂中涂层

先将不喷漆的地方用专用胶纸遮盖；再用喷枪轻轻地喷上两道底漆，然后再喷第二层较厚的底漆，并使其干燥；最后用600号砂纸将底漆磨平。注意，如果划痕处仍低于漆面，可再喷涂3～5层底漆，并重复清洁步骤。检查没问题后再用1500～2000号砂纸将周围部分打平并用溶剂擦净,为面漆的喷涂做好准备。

（4）喷涂面漆

选用与原车色漆配套的面漆,按原车颜色调配,并调至符合施工要求的黏度,经过滤后再进行喷涂施工。每喷涂一遍之后,应有涂膜需要的流平时间,然后再一遍一遍地进行喷涂。使第一次面漆涂层达到 $30\sim4\mu m$ 厚度。涂料在涂覆后应有足够的流平和晾干的时间,常温干燥一般 2 小时以上。对干燥后的面漆用 280~320 号水磨砂纸进行湿磨,在喷涂四层的涂膜基础上将涂膜打磨平整光滑。用抹布、压缩空气边吹边擦洁净,并使之表面干燥,可加热干燥,也可自然晾干。但自然晾干时,时间较长,应注意防止粉尘污染涂膜表面。

最后要在处理好的面漆基础上,进行面漆的罩光施工。即在原有面漆内,加清漆 20% 以下,再适当加入稀释剂混合使用,以增加光洁度。其黏度以 15s/25℃为宜,经过滤后再喷涂,喷后流平性要好,以便第二天易于抛光打蜡。最后总的漆膜厚度应为 $80\sim110\mu m$。

（5）抛光上蜡

将喷涂完并干燥后的车身,拆除遮盖物,用 400~500 号水磨砂纸带水将车身表面满磨至涂膜表面光滑平整为止,打磨长度来回在 100 mm 以内。抛光之后再用上光蜡抛出光泽,使其表面光亮如新。

现在还可以用漆笔对刚刚划透面漆的深划痕进行快速修补,使用时选择与车身颜色相近的漆笔均匀地将颜色涂在划伤处。此法简单易行,但修复处的色漆附着力差,易剥落、美观性差,可作为临时性的修复使用。

5. 漆面划痕处理时应注意的问题

（1）在进行漆面浅划痕处理施工前,待处理表面必须要进行清洁和开蜡。

（2）抛光剂不可涂在抛光轮上,应用小块毛巾均匀涂抹于漆面待处理部位。

（3）抛光剂涂抹面积要适当,既要便于抛光操作,又要避免未及时抛光出现干燥现象。

（4）抛光时要掌握好轻重缓急,漆面瑕疵多的地方要重,要缓慢,用力要去时重、回时轻,棱角边处抛光要轻,来回抛光速度要快。

（5）抛光时及时喷洒清水,最好以雾状喷洒,防止因水流过大,冲去抛光剂。

（6）欧美汽车的面漆涂层一般较厚,而日本、韩国及国产车辆面漆涂层一般较薄。在抛光时要注意把握好分寸,千万别抛露面漆。

（7）抛光作业可以手工完成,在手工抛光时应注意抛光运动路线不可胡乱刮擦、环形运动。应该以车身纵向平行线为准往复运动。

总之,抛光作业是面漆划痕处理的核心技术,抛光剂的选择、抛光剂的用量、抛光机的正确使用以及抛光程度的鉴定等事宜要在操作实践中不断探索,不断总结经验,以提高自身的技术水平。

四、汽车面漆的镜面处理

如果说洗车是车体护理的基础,研磨是漆面翻新的关键,那么抛光则是漆面护理的艺术创作。用砂纸与"粗蜡"的方式来抛光漆面,是难以使车漆达到镜面效果的。所以在对汽车漆面进行镜面处理时,必须使用汽车漆护理材料。目前一般采用的是原子灰或抛光剂,最佳的镜面效果的材料是抛光剂。

其实,抛光剂也是良好的研磨剂,是一种含颗粒更细的摩擦材料的研磨剂。抛光剂按摩擦材料颗粒或功效的大小分为微抛、中抛和深抛三种。微抛是用于去除极轻微的漆损伤,一般指刚刚发生的环境污染及酸性侵蚀(鸟粪、落叶等),但这类的轻微损伤目前可使用含抛光剂的蜡来取代微抛;中抛和深抛主要是用来处理不同程度的发丝划痕。另外,中抛对透明漆的效果更好些,而深抛则对普通漆较为合适。

一般来说,就所含的摩擦材料来看,抛光剂与还原剂是同一类别的材料。两者的主要区别是,还原剂含上光材料(上光剂或蜡),而抛光剂不含上光材料。含不含上光材料,对汽车漆面产生"镜面效果"是很重要的。

为提高汽车漆面的光泽度,以期达到"镜面效果"而进行抛光的途径主要有以下三种:

(1) 靠研磨和摩擦材料的力量,硬性地把细微划痕去掉。
(2) 靠蜡的功效,即抛光到一定程度后靠蜡的光泽来弥补抛光的缺陷。
(3) 靠化学反应,即靠抛光机转速的调整而使抛光剂产生的化学反应。

前两种方法一般人使用得较多。主要原因是一般人对抛光机的转速、抛光头的材料、漆的结构及抛光剂的功效之间的关系了解不够,经验不足,因此对抛光的要求也不高。因为即使不太光也没有关系,涂上蜡后就非常光亮,但这种光是虚光。它达不到最终的镜面效果,光泽也没有深度。而且它的保持时间很短,因为它的光泽不是来自漆,而是蜡。再好的蜡,其光泽充其量也只有两三个月的时间,蜡的光泽没了,汽车漆的光泽也就没有了。

所以,真正能产生良好"镜面效果"的方法应是第三种,即用抛光机转速带来的热量使汽车漆与抛光剂之间产生一种能量、一种化学反应,来消除细微划痕,让汽车漆显示出它的自身的光泽,然后再施以上光蜡让汽车锦上添花。汽车漆越亮,蜡的光泽也就保持得越长。但在运用此种方法时,其难度和技巧是,要摸索出何种漆、用何种抛光剂、配何种抛光头、使用何种速度、给予多大压力、机器应来回走几遍等。

五、汽车旧漆面"皮肤病"的处理方案

汽车的漆面也像其他部件一样,随着使用时间的增加漆面会逐渐变旧老化。旧车漆常出现的"皮肤病"主要有氧化、龟裂、褪色、水痕(纹)、蚀痕、斑点等。汽车漆膜出现以上这些缺陷时,不仅影响到汽车的美观,而且还会腐蚀漆膜逐渐向深层渗透,甚至伤及钣金,因此,当发现汽车漆面出现问题时应及时清除。

1. 氧化的处理

阳光的常年照射是缩短车漆寿命的主要原因,这个过程叫"氧化"。用肉眼观察到的是车漆发乌、发白、无光泽现象。如果看不出任何异样,在洗车时可向专业人员要些"还原剂"涂一块在车上;涂过的地方看上去像新漆,而未涂的地方就逊色多了。

常用专业不脱蜡洗车液来洗车可减缓车漆的氧化,但不能阻止它氧化。轻微氧化时,可用蜡来除去,一旦严重则必须研磨、抛光。

2. 龟裂的处理

金属漆可能会产生一种非常细微的裂纹,它会不断地渗透车漆,直至"击穿"整个色漆层,这种现象叫做"龟裂"。龟裂的初期肉眼很难发现,当肉眼能觉察到时已经比较严重。由于裂缝中存有车蜡,所以会发现车身有条纹状的龟裂现象。重喷的金属漆有时也可能产生龟裂,这是由于喷漆的质量问题,车漆中的树脂会因"萎缩"而产生龟裂。这时只能用重新喷漆的方法来治愈。

经常打蜡可减少龟裂,当龟裂还在"萌芽"期时,用专用的车蜡可将其除掉。

3. 褪色的处理

大气中的油烟和污染物是造成车漆褪色、变色的主要原因,褪色与氧化不同,发生褪色时,车漆出现不均匀的色差。

勤洗车和勤打蜡可预防和减轻褪色。轻微褪色可通过抛光打蜡来处理,中度褪色可用研磨治理,严重时必须重新喷漆。

4. 水痕的处理

水痕纹呈环状,是水滴蒸发后留下的痕迹。氧化的车、常用洗涤灵的车、有龟裂的车更容易染上水痕病。这些车漆本身很脆弱,一般的水滴蒸发也会造成水痕。

水痕比较轻微时,用抛光打蜡即可进行处理,严重时只好进行研磨或重新喷漆。

5. 蚀痕的处理

蚀痕是"面状磨蚀",鸟粪、昆虫、树叶、焦油沥青都有可能引起蚀痕。

很轻微的蚀痕可用研磨抛光打蜡的方法解决。但蚀痕一般对漆面的损伤都比较严重,因此蚀痕通常都是通过喷漆来处理,常用高级蜡对漆面进行抛光护理有助于防止蚀痕的出现。

6. 斑点的处理

汽车漆膜斑点主要有污斑、雨斑、霉斑、锈斑等种类。这些斑点大部分是在汽车使用过程中产生的,但产生的原因与漆膜涂装密切相关。例如,涂装中选用涂料不当,违反涂装操作规程等都会导致漆面产生斑点。

漆面出现雨斑或污斑,如没有向深层渗透,清除比较容易。如斑点已渗透到深层或出现斑点及锈斑,则清除难度较大。根据斑点的种类及渗透深度的不同,其清除方法也有所不同。

(1) 轻微斑点的去除

当漆膜出现很浅的雨斑或污斑印迹,漆已变色,但斑点尚未向深层渗透,这种斑点的去除比较简单,其方法是先用水进行清洗,然后再用除蜡溶剂进行清洗;再用碳酸氢钠溶液进行中和处理,然后彻底漂净;最后擦干车表用车蜡上光。

(2) 表层斑点的去除

当漆膜斑点呈环状,环的中心已呈暗色,表明斑点已进入表层。此时的去除方法是先按前面所述进行清洗及中和处理;然后用手工抛光斑点部位,如果需要再用抛光机抛光,抛光中要经常检查,以使磨掉的面漆尽可能少些;最后清洁干净后打蜡上光。

注意:若斑点较深,可用1500号或2000号砂纸湿磨,如果斑点仍可见,则用1200号砂纸打磨。

（3）深层斑点的去除

若斑点已渗透到涂膜深层,或出现严重的霉斑及锈斑时,只好采取重新喷涂的方法对汽车的漆面进行修复。

第六节　汽车漆面损坏的修复

根据漆面的老化、破损程度,漆面的修复大致可分为局部喷涂修复、区间喷涂修复、全车翻新喷涂修复、彩色漆笔修复等。

在实际操作时应根据修复部位及缺陷状况,分别使用最简单、最容易的修复方法。在众多的修复方法中,除漆笔修复最简单之外,要数全车翻新喷涂较易操作,因为不存在对面漆进行调色时有对色差异的问题。

下面就以汽车车身损坏为例介绍汽车漆面损坏的一般修复的工艺流程。一般情况下汽车漆面损坏的一般修复流程为:车身清洗、鉴定损坏程度、表面处理(旧漆清除、钣金修复)、喷底漆、中涂层施工、喷色漆、喷罩光漆、涂层干燥、抛光整理、清洗美容交车。

一、汽车车身清洗

涂装操作可能是车身的某一块板件或板件的某一部分,但仍需要彻底清洗整车上的泥土、污垢和其他异物,尤其注意门边框、行李箱、发动机罩缝隙和轮罩处的污垢等。如果不清除干净,新油漆的漆膜上就可能会沾上很多点。

二、评估车身损坏程度

对车身的损坏程度进行正确的评估,是确定维修成本、保证涂装质量的关键因素之一。

1. 目测评估法

根据光照射钣金件的反射情况,以评估损坏的程度及受影响面积的大小。稍微改变人的眼睛相对于钣金件的位置,即可看到微小的变形。

2. 触摸评估法

戴上手套(最好为棉质薄手套),从各个方向触摸受损的区域,从而来判断车身的损伤情况,如图5-3所示。注意:触摸时不要用任何压力,手顺着车身的纵向滑动容易感觉损坏部位。

3. 直尺评估法

将一把直尺放在车身另一边没有被损坏的区域上,检查车身和直尺间的间隙;然后将直尺放在被损坏的车身钣金件上,评估被损坏的和未被损坏的车身钣金件之间的间隙相差多少,如图 5-4 所示。注意:如果在用直尺评估时,损坏件有凸出部分,将影响评估操作,此时可用冲子或鸭嘴锤,将凸起的区域敲平或稍低于正常表面。

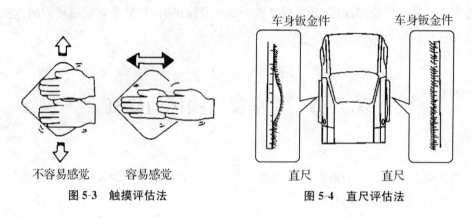

图 5-3　触摸评估法　　　　图 5-4　直尺评估法

三、原车旧漆层的清除

1. 机械清除

机械清除旧漆,就是采用专用电动或气动打磨机来清除旧漆的方法。降低了工人的劳动强度,提高了除漆效率,同时旧涂膜清除彻底,锈蚀也同时被清除掉,能一步达到除旧涂膜、除锈的目的。

注意:电动打磨机在剥离涂膜作业时,如果使用的是硬的打磨头时,要保持与涂膜表面相平行,否则会在金属表面留下划痕;如果是柔性打磨头,与涂膜表面的接触方式应有一定的仰角,并且保持打磨盘半径一半以外的盘面与漆面接触,利用打磨盘自身的弹力来保证打磨盘始终贴住漆面进行研磨抛光,另一方面亦可以借助这一弹力来减轻操作者提握抛光机的力量,有效地减轻劳动负荷。

2. 手工清除

对于凹槽、凸棱、拐角等形状复杂的表面,使用机械方法清除旧涂膜效果较差,这时可采用手工方法进行清除。手工清除旧涂膜使用的工具有铲刀、锤凿、砂布及钢丝刷等,靠敲、铲、刮、磨等手段把旧涂膜清除掉。当旧涂膜完全清除后,应把被清表面打磨干净,使其达到无旧涂膜、无锈迹,并有涂底漆所需的粗糙度,再用压缩空气吹净浮尘,并用溶剂对物面进行脱脂后,即可涂底漆。

用手工方法清除旧涂膜不需要任何设备,施工操作简单方便,但工作效率低、劳动量大,适用于小面积局部旧涂膜的清除。

3. 火焰方法清除

这种方法是利用火焰的高温,清除车身表面的旧漆层。它比手工方法速度快,特别对一些腻子层较厚,清除旧涂膜较多的表面,是一种行之有效的方法。该方法所使用的设备主要是喷灯或气焊枪,利用其喷发的火焰把旧涂膜烧软,随后用铲刀把旧涂膜铲除。经火焰处理后留下的碳化物及疏松的部分旧底漆、腻子应清除干净,以防新涂膜产生起泡、脱落。

火焰方法清除旧涂膜设备简单,经济实用,能在任何状态下工作,对金属结构和机械强度无影响。但对一些汽车大平面的表面,由于加热的原因会引起变形,因此在用喷灯加热大平面旧漆膜时,加热的温度要适当控制,不要为了追求清除速度和方便而过分的加热,以免造成壳体变形。

4. 化学方法

化学方法清除旧涂膜具有工艺简单、工作效率高、旧涂膜清除彻底等优点,但也存在有毒、易燃、易挥发等不足之处。常用的化学清除旧涂膜的方法主要有以下几种:

(1) 用碱性溶液清除旧涂膜

碱性脱漆法成本低、生产安全,对人体伤害不大。所需设备主要有脱漆槽、清洗槽和蒸气加热装置等。若不用脱漆槽和清洗槽,也可将碱溶液涂于旧涂层表面,等溶液被旧涂膜吸收,表面稍干燥时再涂一遍碱溶液,一般要涂刷多次,经数十分钟后,旧漆膜就会膨胀软化,这时再用铲刀铲除。若一次不能铲净,可再涂刷碱溶液进行第二次铲除。直至铲净,然后用热水彻底清洗,直至被涂表面的剩余碱质全部冲洗干净为止,最后进行干燥处理。

注意:使用此法脱漆时,对于塑料、皮革、有机玻璃、铝合金等材料制成的表面,不要使用强碱性溶液,防止损伤被洗表面。脱漆后的表面一定要冲洗干净,缝隙、凹孔处要特别注意,必要时应用压力水冲洗,缝隙易积水处在喷底漆前要用压缩空气吹干。另外,对于有窄缝隙及小孔的表面,考虑到碱液难以清洗干净,不宜使用碱液脱漆。施工中尽量避免碱溶液与皮肤接触,若皮肤上沾上碱液,应立即用清水冲洗干净,以免烧伤皮肤。

(2) 用碱性脱漆膏清除旧涂膜

这种方法也属于碱性脱漆范畴。由于车身表面比较平整,采用这种方法比较合适。用脱漆膏清除旧漆时,一般是将其涂于旧漆表面2~5层,用量为$1.5\sim1.6\ kg/m^2$,经过2~5小时后旧漆层即可被破坏,然后用铲刀铲除旧漆,再用水冲洗干净即可。对厚漆层,可先用铲刀刮破后再浸入碱液中,使碱液浸入内层。如果旧漆脱除不彻底,可再涂1~2层脱漆膏,直至全部除掉为止。

为了保证脱漆效果,使脱漆膏温度上升和保持湿度,在涂完脱漆膏后,应用潮湿物件覆盖其表面,待涂层破坏后用高压水冲洗干净。值得注意的是,使用这种方法脱漆时一定要避开阳光,以防止水分蒸发影响脱漆效果。

(3) 有机溶剂清除旧涂膜

这种方法的特点是对金属腐蚀性小、施工简单、效率高,但有机溶剂挥发的气体对人体有害,且易燃烧,另外成本较高。

有机溶剂脱漆在使用时,将脱漆剂涂抹在旧漆上,一般涂抹2~3层,静置5~15分钟,使其渗透到旧漆层,待脱漆剂充分渗透使旧漆膜完全膨胀、软化后,可用铲刀将旧漆膜铲除。

若旧漆膜较厚或有腻子层,一次不能清除干净,则可再涂抹脱漆剂,重复上述办法,再进行操作,直至旧漆膜、腻子层完全铲除干净。当旧漆膜铲除后,再把表面上留下残余、零星的旧涂膜打磨干净,使表面呈银白色,最后要用汽油类的溶剂把被清表面彻底擦洗干净。

注意:使用此法脱漆时,脱漆剂涂于旧漆膜后,一定要待其膨胀、软化后才能铲除,否则不能发挥其脱漆作用。脱漆后,应将表面上的脱漆剂擦洗干净,特别是缝隙及形状复杂的物面,以防脱漆剂中蜡质留于物面,使涂于物面的底漆或面漆产生不干或回粘。作业中要注意劳动保护,工作中要尽量避免脱漆剂与皮肤接触,以免溶剂刺激皮肤。

四、金属表面的除锈

车身表面涂膜损坏处极易产生锈蚀,涂膜清除后应仔细检查车身金属表面,发现有锈蚀应清除干净,避免重新涂装后产生涂膜缺陷,提高表面抗腐蚀能力,增强涂膜在表面上的附着力,延长涂膜使用寿命。

金属表面除锈方法大致可分为手工除锈法、机械除锈法、化学除锈法 3 种。施工时,应根据被涂物的材质、形状、厚度、大小、表面形状、涂料品种、施工条件以及质量要求等因素,确定采用何种方法。

1. 手工除锈法

手工除锈是一种最简单的方法,主要使用锤、凿、铲刀、钢丝刷以及砂布、砂轮等工具,进行手工敲、铲、刮、刷等操作,从而除去锈垢。手工除锈劳动强度大、生产效率低、质量差,但该方法对被涂物的形状、施工条件限制较小,能适应任何结构和施工条件,且简便易行,因此目前仍在广泛使用。

2. 机械除锈法

机械除锈是利用机械工具产生的冲击、摩擦作用对车身表面除锈的一种方法。这种方法具有效率高、质量好、可减轻劳动强度等特点,故应用较广。

(1) 风动刷、电动刷除锈

这两种工具工作原理是一样的,都是利用特制圆形的钢丝刷的转动,靠冲击与摩擦把铁锈或氧化皮清除干净。所不同的是风动刷是以空气压缩机的压缩空气为动力,而电动刷是以电机为动力。

(2) 电动砂轮除锈

这种工具一般都较小,可以拿在手中随意移动,形象地说,就是把砂轮机改进成手提式砂轮机,它以电机为动力,使小砂轮高速转动摩擦除去锈迹。其工作效率高、施工质量也较好,使用方便、设备简单,是一种较为理想的除锈工具。

3. 化学除锈法

化学除锈法又称酸洗法,就是用酸性溶液与金属氧化物(铁锈、氧化皮)发生化学反应,使铁锈、氧化皮被酸性溶液溶解,从而达到清除金属表面氧化物的目的。

酸洗中所使用的酸有两种,即无机酸(硫酸、盐酸、硝酸、磷酸等)和有机酸(醋酸、柠檬酸等)。在实际使用中,由于无机酸作用力强,除锈速度快,原料来源广,价格便宜,故应用较广。

为防止除锈过程中发生酸洗烧损(酸与金属作用产生大量氢气使金属表面充氢而导致金属变脆)现象,在酸液中加入少量缓蚀剂,以减缓酸对金属基体的溶解和氢气的生成扩散。使用无机酸除锈后的物面一定要清洗干净,并要进行钝化处理,或用碱性中和,否则其残酸腐蚀性很强,涂漆后腐蚀仍在涂层下发展,从而破坏涂膜,失去涂膜的保护作用,在无机酸中,磷酸能与金属表面产生一层不溶于水的磷酸盐保护层,可防止锈蚀的作用。

五、汽车钣金修复常用的手工工具

1. 锤子

锤子是汽车钣金维修中的基本工具,它的形状很多,作用也不一样。

(1) 扁头锤:主要用于敲击平面,也可以敲击较深的凹陷和边缘拐角。

(2) 捅锤:主要用于直捅敲击弧形构件,也可以横击,还可以当撬具和垫铁使用。

(3) 拱锤:主要用于圆弧形工件的整形和制作,如整修或配制小型车的轴端盖等。

(4) 中间锤:为了使工件避免直接捶击而使用中间锤。

(5) 平头整形锤:主要用于修整箱形角等部位。

(6) 鹤嘴锤:主要用于消除工件表面的小凹坑。

(7) 其他形式:根据锤击需要,锤头可以做成各种形状,如橡胶锤、木锤、铜锤等。

注意:锤子在使用前应擦净锤面及手柄上的油污,以免滑脱伤人;检查手柄是否松动,以免锤头脱出造成事故。锤子的正确使用方法如图5-5所示。

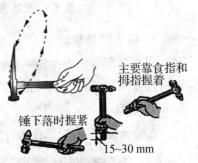

图5-5 钣金锤的正确使用

2. 顶铁

顶铁是一种手持的铁砧,也称为垫铁或衬铁,如图5-6所示。顶铁常做成各种不同的形状与钣金锤配合使用进行钣金修理作业。

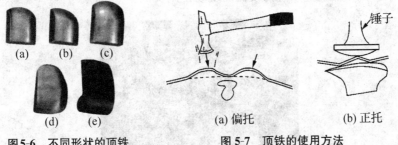

图5-6 不同形状的顶铁   图5-7 顶铁的使用方法

顶铁法修整可分为"正托"和"偏托"两种方式,如图5-7所示。"偏托"法是直接用顶铁抵住最大凹陷处,使用木锤或尼龙锤敲击凹陷周围产生的隆起变形,即"深入浅出"地由最大凹凸变形处开始敲平。当局部凹凸变形被修平至一定程度时,应改用"正托"法进一步敲平。

3. 匙形铁

匙形铁是车身修理的特殊工具,主要用于修光金属表面,所以也叫修平刀,如图 5-8 所示。不同的匙形铁可与不同的面板形状匹配使用。

4. 钣金凹坑拉拔器

对于密封型车身面板的凹陷,无法利用现成的孔洞撬起时,可采用钣金凹坑拉拔器进行修理,此时需在表面皱褶处钻孔,拉拔器的顶端呈螺纹尖端形式,或呈钩状形式,如图 5-9 所示。

图 5-8 匙形铁

图 5-9 钣金凹坑拉拔器

5. 钣金凹坑吸盘

当汽车车身出现比较平缓的凹坑而漆面又没有发生破损时,可以使用钣金凹坑吸盘可即时修复凹坑,而不用损伤漆面,如图 5-10 所示。

6. 撬具

在钣金修理中,对部件进行整形时经常要用到各种撬具,其形状如图 5-11 所示。

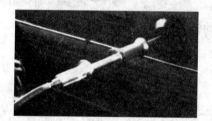

图 5-10 钣金凹坑吸盘的使用

图 5-11 钣金修理用各种撬具

如图 5-12 所示,是钣金凹坑拉拔器的现场使用实例。

图 5-12 钣金凹坑拉拔器的现场使用

六、底漆的喷涂操作

1. 遮盖

在准备喷涂过程中,对不需要喷涂的部位,应用遮盖纸和胶带遮盖封闭。遮盖是面漆喷涂前准备工作中很重要的一步,它的作用是防止漆雾喷到不该喷到的地方。

常规的基本遮盖材料是遮盖纸和胶带。遮盖纸的宽度从 7～90 cm 不等,其耐热、耐湿强度好,可在烘房中安全使用,并可防止溶剂渗透。

遮盖纸和胶带可按需要铺贴在不需要喷涂的部位,贴胶带时要用力压,让它在汽车表面上粘牢,否则油漆会流进胶带。特别是使用双色漆时,如果颜色分界线不在装饰嵌条下,那么必须把胶带的边缘压紧、贴牢。

不好贴胶带的部位如车轮,可用遮盖罩罩上(遮盖罩有塑料轮胎罩、车身罩、底盘罩、前后车灯罩等)。纸边上的胶带要与嵌条上的胶带相重叠,上面的那张纸要与下面那张纸重叠,如果需要,把纸上有褶的地方折起来并贴上胶带,以防灰尘和飞漆渗入。

喷涂水平表面(如发动机罩、行李箱)时,要用两层遮盖纸,以防渗色或溶剂使面漆倒光。防止渗色的另一个方法是反贴,即把胶带贴在遮盖纸的反面,并吹入少许空气,使遮盖纸稍稍离开汽车表面。

2. 喷枪的调整

喷枪的检查与调整,在喷涂底漆和面漆之前都要进行。

(1) 外观检查

检查喷杯上的气孔,有无污垢堵塞;喷杯上密封圈有无渗漏等。

(2) 喷枪压力调整

严格按照油漆产品说明书所提供的施工参数调整喷枪的压力。对任何油漆系统而言,最适当的空气压力只有一个,就是能使涂料获得最好雾化的最低空气压力。压力调整实际就是用喷枪上的雾形控制阀,来控制调整喷出雾形的大小。把控制阀全拧进去可得到最小的圆形喷束,把旋钮全拧出来得到的雾形最大,如图 5-13 所示。

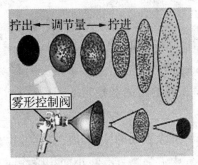

图 5-13 喷枪压力调整

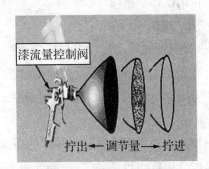

图 5-14 喷枪漆流量调整

注意:最佳喷雾压力是指能获得理想的雾化程度、流速和喷束宽度的最小压力。选择正确的喷涂气压与多种因素有关,如涂料的种类、稀释剂的种类、稀释后的黏度等。在喷涂操作时尽量使液体物料雾化,同时又要求液体物料中所含溶剂尽可能少的蒸发。一般调节气压 0.35～0.5MPa,或进行试喷而定。合适的喷涂气压能获得适当的喷雾、散发率和喷幅的最低需要。压力过低可能会雾化不好,油漆像雨淋一样喷涂到物件的表面,容易产生"流痕"、"针孔"、"起泡"等现象,而压力过高可能会过度蒸发,严重时形成所谓干喷现象。

(3) 漆流量的调整

用漆流控制阀,按选定雾形调整漆流量,将控制阀拧出时漆流量增大,控制阀拧进时漆流量减少,如图 5-14 所示。

注意:在操作时应结合自身的经验,按具体要求进行调整。

(4) 喷涂雾形涂料分布的测试调整

要掌握好雾形。喷涂前必须在遮盖纸上测量雾形,这一点很重要,是对喷枪的距离、气压的综合性的测定。试验时喷嘴与墙面相距约 10 cm 左右,把扳机扳到底再立刻放开,喷出的漆会在试纸上留下细长形状的印迹。然后测试雾形内油漆分布的均匀性,即放松气帽卡环,拧动气帽,使气帽角处在垂直上下的位置,这时气帽产生的雾形是水平方向的。再次喷涂,这次一直扳住扳机,直到漆液开始往下流,然后检查各段流挂的长度,如果各项调整正确,各段流挂的长度近似相等。如果喷束太宽或气压太低,流挂呈分开的形状,可把雾形控制阀拧紧半圈,或把气压适当提高,交替进行这两项调试,直到流挂长度均匀。如果流挂中间长两边短,则喷出的漆太多,应把控漆阀拧紧,直到流挂长度均匀,如图 5-15 所示。

合适的喷涂雾形　　　两边过重的雾形　　　中间过重的雾形

图 5-15　喷涂雾形的测试调整

3. 喷枪的操作要领

(1) 喷枪与被喷表面的角度

要掌握好喷枪在移动过程中与被喷表面的角度。喷涂时,操作人员应以一字步或丁字步站立,在喷枪移动过程中,不论是横形的喷雾还是纵形的喷雾,在上下或左右移动时,均要保持喷枪与工作表面呈 90°直角,并以与被喷表面相同的距离和稳定的速度移动,否则漆膜可能不均匀,如图 5-16 所示。

注意:绝不可由手腕或手肘作弧形的摆动,否则被涂表面的漆多,厚薄不匀,厚处可能出现"流挂",薄处可能出现"露底",一部分漆多在空气中流失。只有在小面积喷涂时才允许喷枪作扇形摆动,因为这时要求漆膜中间厚两边薄。

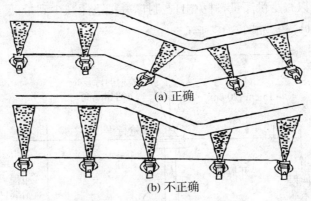

(a) 正确

(b) 不正确

图 5-16 喷枪与被喷涂表面的角度

(2) 喷枪与被喷表面之间的距离

喷涂过程中一定要掌握好喷枪与被喷表面之间的距离。如果距离太近,会因漆流直射的速度太高而使涂层出现"桔皮纹"或"流挂"等现象;如果距离太远,稀释剂挥发太多,会使涂层形成砂状表面或发干,并影响喷涂后的漆面颜色效果。另外,还会使飞漆增多,如图 5-17 所示。正常的喷涂距离应与喷枪的气压、喷枪的扇面调整大小以及涂料的种类相配合,一般喷涂距离为 20 cm 左右。

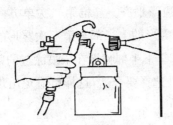
距离过短涂料堆积

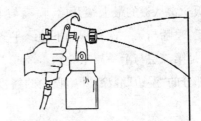
距离过长涂料落到被喷表面时已经无力

图 5-17 喷枪与被喷涂表面之间的距离调整

(3) 喷枪移动的速度

喷枪移动的速度与涂料干燥速度、环境温度、涂料的黏度有关,一般约为 0.3 m/s。移动速度过快,会使漆膜粗糙无光,漆膜流平性差;移动过慢,会使漆膜过厚发生流泪现象。所以速度必须一致,否则漆膜厚薄不匀。喷涂过程中绝对不能让喷枪停住不走,否则会产生流挂。使用干燥较慢的涂料,可适当提高移动速度至 0.4~0.8 m/s。

(4) 掌握好喷涂方法、路线

喷涂方法有纵行重叠法、横行重叠法和纵横交替喷涂法。喷涂路线应按从高到低、从左到右、从上到下、先里后外顺序进行。一般喷涂前应根据被喷表面的大小、形状等定好走枪方案,一旦开始喷涂就应按计划好的行程稳定地移动喷枪。

(5) 喷枪扳机的控制

喷枪扳机扣得越紧,液体流速越大。传统走枪时,扳机总是扣死,而不是半扣。为了避免每次走枪行将结束时所喷出的涂料堆积,有经验的漆工在抵达单方向行程的终点时,都要略略放松一点扳机,以减少供漆量,避免出现流挂,并把飞漆减少到最低。然后再扳扳机,开始相反方向仍按原线喷涂,如图5-18所示。

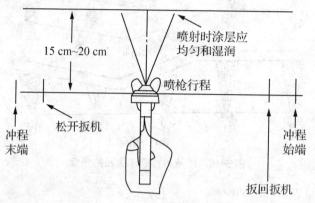

图 5-18　喷枪的扳机控制方法

(6) 特殊部位的喷涂

车身上特殊的难喷部位有很多,在具体施工过程中要认真对待、仔细操作。如拐角或边缘要先喷,要正对被喷涂部位,这样拐角或边缘的两边各得到一半喷漆。喷枪距离要比正常距离近2.5~5.0 cm,所有边缘和拐角都喷好后再喷水平表面。

对竖直面板通常从板的最上端开始,喷嘴与上边缘平齐。喷枪第二次单方向移动的行程与第一次相反,喷嘴与第一次行程的下边缘平齐,雾形的上半部与第一次雾形的下半部重叠,重叠幅度应是第二层与上一层重叠约1/3或1/2。下半部喷涂在未喷涂过的区域。应一直与前次喷涂部分的"湿边"混涂,开始喷涂的搭接处选择要合适,这样可避免出现双涂层和流挂。

4. 第一道底漆的喷涂

底漆的作用主要是填平金属或基材表面缺陷,防止金属表面生锈与腐蚀,同时增强腻子和面漆间的附着力。根据使用先后,底漆有头道底漆、二道底漆及封闭底漆。底漆涂膜的强度和附着力除与其主要成膜物质有关外,与施工方法是否正确也有相当大的关系,如涂膜的厚薄、均匀度、干燥程度、漏余、流痕、稀释剂的正确使用与否及涂料的黏度、施工环境(温度、相对湿度)、涂装前处理等,都能影响底漆涂装后的质量。

(1) 检查待涂金属表面质量,应达到无锈、无尘、无水、无油及其他污物,并具有一定的粗糙度。

(2) 稀释底漆,可按照底漆产品说明书的要求进行调整。

(3) 按前述的方法在金属表面上均匀喷涂一层薄薄的头道底漆。

注意:因为头道底漆很薄,一般不能打磨,如果底漆上确有疵点需要处理,只能用400号或更细的砂纸轻轻地砂光即可。另外,底漆喷涂后,不要用手、抹布之类物品接触新喷的底漆表面。待第一道底漆干燥后再进行第二道底漆喷涂。

5. 第二道底漆的喷涂

(1) 检查头道底漆是否按产品说明书所规定的干燥时间已经干透。使用指定的稀释剂稀释二道底漆。按施工要求检查和调整喷枪。先在平板上进行试喷，观察扇幅形状、大小。做好以上准备工作，就可以进行喷涂了。

(2) 先薄薄地均匀喷涂一层二道底漆，并使其自然干燥。

(3) 接着再喷3～4道，每道涂层的厚度15 μm左右，每道之间都要留出一定的闪干时间。

(4) 待整个底漆层自然干燥后，需要进行打磨。手工打磨时采用400号水砂纸，机械打磨时采用320号、360号砂纸。一般说来，水砂纸打磨比干砂纸打磨好，但是干砂纸打磨快、省时。在打磨边角、脊背、折边等突出部位时务必小心，打磨时用力要适度。如果打磨时不小心将部分二道底漆甚至头道底漆都磨掉了，则必须把上述工艺过程重复一遍，补上被磨掉的底漆。

七、中涂层施工

中涂层的主要作用就是提高被涂物表面的平整度和光滑度，封闭底漆层的缺陷，以提高整车的漆膜质量。

1. 腻子的施工

刮涂腻子主要是为了填补已涂过底漆物体表面的缺陷，如凹坑、裂纹、焊接缝、锈眼等，以取得平整光滑的表面，增强物体外观美。常用的腻子有酯胶、酚醛腻子、醇酸腻子、硝基腻子、环氧腻子、聚酯腻子和原子灰等。其中原子灰是20世纪90年代以来汽车涂装施工中使用较多的一种新型腻子，具有刮涂性好、常温干燥快、干后涂层附着力强、耐腐蚀性好、易打磨、刮涂效率高等特点。腻子一般用刮具涂刮，涂刮次数（层数）视物面状况及施工要求而定，一般刮1～5层，直至达到涂漆的要求。

(1) 第一道腻子的刮涂和打磨

腻子的施工中，第一道腻子的目的是为了填刮较大凹坑，用硬刮具刮涂。当使用自制油性腻子时要调制得较硬些，分若干次将构件表面凹坑填平，施工时只求刮平，不求光滑。操作中不能来回刮涂，以免腻子中孔隙被粘死，造成长期不干。原子灰可用粗灰，是聚酯腻子加固化剂调合而成，刮涂时可以较厚，不会出现不干现象。刮涂时，应使用刮刀与构件表面呈60°角，并略成弧形涂刮。

用手指甲检查腻子软硬程度，自制腻子一般隔夜后才干透，原子灰约1～2小时。如需要提高腻子的干燥速度，必要时可以使用烘干设备。当腻子干透后，再进行打磨及喷涂底漆。注意：打磨太早腻子会继续收缩，打磨太迟则因腻子过硬不易打磨。

(2) 第二道腻子的刮涂和打磨

第二道腻子的刮涂目的，仍是以填平低处为主。自制油性腻子调制时要比第一道腻子油性略大些，刮涂厚度应小于第一道。若是局部补刮，则面积要略大于第一道。平面用硬刮刀,圆弯处可用橡皮刮刀。刮涂时应注意顺着汽车造型水平方向,从右到左,从上到下,为减少涂刮接头,刮涂时尽可能拉长一些。原子灰刮涂施工要求用自制腻子。

第二道腻子的打磨,一般采用湿磨,根据腻子层的厚薄可选用 120～180 号水纸。打磨时用木块或橡胶块衬平水砂纸沾水,对满刮腻子的打磨以汽车流线形方向为主,横向打磨为辅,来回幅度要长些。打磨动作要均匀平稳,并经常用手摸纵横面的平整性,要注意磨平腻子与旧漆交接处的"口子",同时对构件边缘残余腻子用砂纸将其打磨光滑。打磨完后等腻子干燥后再涂底漆,要求同第一道工序涂底漆。

（3）第三、四道腻子的刮涂和打磨

第三、四道腻子主要是补缺,直至表面达到平整光滑无缺陷,符合喷涂前的底层要求。其刮涂方法可参照前两道工序。

刮腻子时常用的刮涂工具有油灰刀、牛角板、钢片刮板与橡胶刮板等。刮涂腻子的层数根据物面情况而定,涂层精度的等级标准要求视操作人员技术水平而定。腻子刮涂技术性很强、要求高,要勤学苦练才能掌握。

具体刮涂腻子时,要右手握刮刀,左手持托板,用刮刀从腻子桶中取出腻子,在托板上调匀,然后用刮刀从托板上刮出少许腻子,刮在表面上,刮刀与表面倾斜角以 50°～60°角进行刮涂。刮腻子时先填坑再普遍刮,先上后下,对孔隙要填满、压实,表面要平整。

刮涂时第一刀的往返次数不宜过多,尽量一下刮成或允许有一个往返。各层腻子的接口应错开,即不要使各层腻子的接口都在同一部位,以免产生缺陷。刮涂完成,待腻子层彻底干燥后,即可进行最后的打磨工作,腻子的打磨一般有手工打磨和机械打磨两种。

手工打磨适用于对小面积腻子的粗磨,包括大面积细磨,以及有些精细工作如对型线、曲面、转角、圆弧、弯曲部位的修整。手工打磨就是用磨块（木块或橡胶块）上包有 2～3 号铁砂布对物体表面进行打磨。这种方法主要用于干磨腻子,并借助木块的平度,将不平整的腻子层打磨平整。用水砂纸包橡胶块,主要用于水磨细腻子。除此以外,对桐油腻子或原子灰,也可用油磨石或水磨石进行打磨。油磨石打磨时,可蘸汽油进行油磨,水磨石可直接在表面上淋水进行水磨。

手工打磨通常需配合灰刀、毛刷、棉纱或棉布等工具。如干磨腻子,可先用灰刀将腻子层表面的毛刺、粗糙刮痕等清理平整,再进行打磨。在打磨过程中,对打磨掉的浮灰,应随时用毛刷清扫干净。每遍打磨合格后,先用毛刷清扫或压缩空气吹光,再用棉纱或破布擦净。

打磨时首先选用与磨块大小相配的砂纸或者把砂纸裁剪好,使之与磨块尺寸相配,然后将砂纸固定在磨块上,把磨块平放在打磨面上,沿磨块的长度方向均匀施加中等程度的压力,不得急于求成而用力过猛,否则,如果腻子磨穿或磨出凹坑都将使其前功尽弃。

打磨时磨块做前后往复的摩擦运动来打磨,打磨行程为较长的直线。不要使磨块做圆周运动,那样会在漆面上留下明显可见的磨痕。要想达到最佳效果,应始终沿车身外形线方向打磨。打磨过程中应充分注意露出的最高点,并以此最高点为准,多次用手摸出平整度加以修整。

对于波浪形平面,可选用长一些的木块作衬块,打磨动作幅度可长些;对于局部补刮的腻子,打磨时要注意腻子层边缘的平整性,即腻子口要磨平,以防产生腻子层痕迹,并为第二道腻子的刮、磨带来方便;打磨型线或圆弧时,则应使用与其形状相近的仿形块打磨。

干磨时,砂纸会补填料的粉末腻住。经常抖动、拍拍砂纸可以去掉一些粉末,也可使用涂有滑石粉的砂纸,这样可减少粉末的堵塞。湿磨时减少砂纸堵塞方法基本同干磨,但还要用水湿润。

常用的机械打磨机有圆盘式打磨机和双作用打磨机,还有轨迹式打磨机和往复式打磨机。把没有粘性的砂纸粘贴在打磨机衬盘上。将其均匀涂开,把砂纸的中心与衬盘中心对正后,将砂纸紧压到衬盘上。如果用的是自粘贴砂纸片,只要将二者中心对正压紧即可,但在压紧前一定要把中心对准。打磨操作完成后立即把砂纸从衬盘上取下来,否则粘结剂凝固后砂纸与衬盘就会粘贴得很牢固。再要取下,需用抹布蘸溶剂将粘结剂溶解,才能取下砂纸。

打磨时用双手把持打磨机手柄,先用粗砂纸打磨。当腻子表面的刮痕基本消除后,应及时更换细砂纸磨至腻子表面与周围高度相近,以留出足够的手工细磨余量。为使机械打磨的腻子表面均匀、平整,应注意打磨机的走向。机械打磨时,如果出现了结球现象就应及时更换砂纸,否则会堆积在一起划伤表面,并降低磨具的打磨效果。

用机械打磨可降低劳动强度,提高工效,节省打磨材料,但对于弯角、边棱及弯曲等部位打磨不适用,往往需配合手工打磨,才能较完整地完成打磨作业。

2. 喷涂二道浆和封闭底漆

腻子表面打磨后,仍会留下细小的划痕或凹凸不平点,还不适合直接喷涂面漆。此时,一般需要喷涂二道浆和封闭底漆。

封闭底漆是涂面涂层前的最后一道中间层涂料。其漆基含量在底漆和面漆之间,涂膜光亮。漆基一般是由底漆所用的树脂配成。

二道浆的喷涂一般是在二道腻子磨光后进行的。喷涂前先将涂料搅拌均匀并调至所需粘度、过滤干净,然后用"湿碰湿"工艺进行喷涂。所谓"湿碰湿"工艺就是先在零件表面薄喷一道涂料,静止10分钟左右,待漆表半干后再喷第二道,前后两道涂料喷涂时要横竖相间,力求均匀。第二道底漆干燥后,使用原子灰或硝基腻子进行表面填刮,半干后进行水磨,直至达到处理要求,随后便可进行封闭底漆喷涂。

(1) 在已喷涂完成的二道底漆的表面,用清洗溶剂进行彻底的清洗。

(2) 按照产品说明书的要求稀释封闭底漆。

(3) 按要求在适当的压力下喷1~2遍封闭底漆,涂层的厚度不要超过产品说明书的指标。

(4) 在喷涂面漆之前应使封闭底漆自然干燥30分钟。

一般对于轿车或豪华客车喷二道底漆时,为了获得较好的填平性,一般每刮一道腻子就应喷涂一次二道底漆,这样,既利于充分填平腻子表面的气孔砂痕,又利于每道腻子的找平。

八、汽车面漆的喷涂操作

喷漆是一项技术性很强的工作,特别是面漆的喷涂更是重中之重。随着汽车档次的越来越豪华,各种金属闪光漆以及珠光漆的迅速增长,甚至过去比较少见的浅色金属闪光漆也越来越多。汽车修补漆的性能不断提高,对喷涂的设备、人员、场地等的要求也就越来越高。例如对喷涂浅色金属漆的施工稳定性、色差等质量控制都存在不同程度的难点,尤其是它的"视角闪色效应"(从正面、侧面观察其明度、色相以及彩度等的不相同)上比深色漆要敏感得多。所以在喷涂浅色金属闪光漆时,更应该按照所采用的汽车修补漆的施工要求,严格地控制涂装条件及工艺。

总之,汽车面漆喷涂时,不仅要认真选择所有的材料、施工工具,而且对施工环境(温度、湿度)的控制、冬夏季节稀释剂的选择以及喷枪的调整等都必须认真对待,如果忽视任何一个环节都可能导致前功尽弃,造成灾难性的后果。

1. 汽车面漆失配的原因

在汽车面漆的喷涂中,往往出现修补面漆的颜色与原汽车面漆的颜色不同,这就意味着喷涂的失败。因此调配汽车修补面漆的油漆工,必须正确地认真识别颜色,辨别出它真正的颜色。特别是要能辨别要处理的色漆,还要能辨别色漆中这种颜色范围内的主色调,包括暗度或亮度级、色彩的明艳或饱和度。

(1) 汽车原面漆是否褪色?如果确实已褪色,可以适当扩大抛光修复部位。

(2) 是否用错颜色?对照检查汽车生产厂的漆码和油漆厂的色漆原料号码,确定是否用错。

(3) 色漆中的颜料或金属光片是否充分均匀混合?如果修补色漆因搅拌不匀,罐底尚残留颜料、金属光片或珠光粉都可能引起颜色失配,所以一定要彻底搅拌均匀。

(4) 稀释剂的用量是否准确?稀释过度会使颜色变浅或降低饱和度。

(5) 在作颜色对比之前一定要清洗、抛光,去除汽车旧面漆上的粉尘和氧化层。

(6) 使用试板时一定要留出充裕的干燥时间。试板一般要喷涂几次,每次喷涂后一定要干透,因为油漆干燥后的颜色要深些。

(7) 要等油漆干燥后再对比颜色。可用加热灯、加热枪或其他干燥方法缩短干燥时间。

(8) 喷涂方法的不同能造成颜色的不同。喷枪靠近试板的油漆颜色,比喷枪离得较远的要深,特别是喷涂金属漆时,差异更为明显。同样降低喷枪速度比增加喷枪速度的要深;各涂层间隔时间短,比间隔时间长的要深。

(9) 在设备上,采用较大的液体喷嘴比较小的液体喷嘴深;减小喷束宽度比加大喷束宽度要深;减小喷束压力比增大喷束压力深;增大流量比减小流量深。

(10) 在车间环境温度方面,车间温度低比温度高的颜色要深。

另外必须注意的是,整板整修中出现颜色失配的情况比小面积整修时要多。这是因为板件(如车门、叶子板等)都有明确的边缘,如前门和后门紧挨着,形成鲜明的对照。而小面积整修时,修理部位却和周围区域掺和在一起,头道涂层只涂在修理部位内,以后的涂层一层比一层涂的范围大,最终混合涂层超出原来涂层的范围。这样,虽然有些颜色失配,新旧面漆之间会有过渡,不会形成强烈的色差。

2. 汽车面漆的调整内容

掌握了汽车面漆失配的原因,那么在面漆的调色过程中,就应该借助不同的调整方法对亮度、色调、色度进行调整,以达到最佳的汽车面漆颜色。

(1) 颜色分析

首先从正面或某一角度观察面漆,看颜色是否太深或太浅。然后检查色调,即仔细观察色漆是否比原面漆更红、更蓝、更绿或更黄。最后检查刚喷过的色漆的色度是否比原面漆高或低。

(2) 亮度调整

影响亮度的主要因素有车间环境、喷涂方法、溶剂的使用、油漆的用量、喷枪压力和混合料中的颜料用量等,在亮度调整时必须综合考虑各种因素才能得到合适的油漆亮度。

(3) 色调调整

在亮度调整好后才能进行色调调整。影响色调发绿或发红的颜色有蓝色、紫色、黄色、米黄色和棕色;影响色调发黄或发蓝的颜色有绿色、黑色、褐红色、灰色或银色、白色;影响色调发黄或发红的颜色有青铜色、红色和桔红色;影响色调发蓝或发绿的颜色有海蓝色和青绿色。调整时可以根据油漆厂提供的资料选定能调出的正确的色调调色剂后,按最低限量计算调色剂用量,经充分搅拌均匀后,喷涂一小块试板,待干燥后与原面漆作颜色对比。

(4) 色度调整

调整好亮度和色调后开始调整色度。如果要想把颜色调得明亮些,那必须重新调整前两项项目;如果要使面漆灰些,就要喷一层湿涂层,再以较远的距离和较低的气压喷一层用少量白色与微量黑色混起来的涂层。

(5) 最后可以从三个角度对调整好的色漆进行视觉上的检查。首先垂直于汽车表面,然后从刚好超过光源反射线角度,最后再以小于45°的角度,观察汽车面漆,检查维修喷涂后的面漆颜色是否与其他部位一致,如不一致则进行校正,直至满意为止。

3. 汽车面漆的调配基本程序

如果是对汽车进行全车的面漆喷涂,面漆的颜色调整相对来说简单一点。一般只需根据原车的漆码或经验进行调整即可。

一般调色的基本目是调节修补色漆与汽车原漆之间的细微差别,使两者相配。另外使修补色漆与褪色的汽车面漆相匹配。在无配方或无漆码的情况下,调配汽车修补色漆。

可见调漆是汽车喷涂修补配色的一个重要环节,如果弄懂了调色理论,了解周围环境对颜色的影响,拟定完整的调色程序,就可以为喷涂施工作出一个完整的工艺方案。

由于科学技术的飞速发展,特别是电子计算机技术的发展,在涂装技术中也得到了一定的应用。使用电脑调漆,把极其复杂的调漆工作,变得更为正规、工作起来极容易而又很准确。

电脑实际上就是一个大型的色漆配方资料库,储存了各种色漆的标准配方。各种色漆均由数码进行标记,不仅多色漆由数码标记,而且单色漆也由数码标记。各类色漆品种数量达数千种规格,因此利用计算机调色系统可直接获得原车面漆的有关资料。这是目前涂装行业中普遍使用的检测方法。因为此方法方便快捷,只需将原车车身的油箱盖拿来,利用仪器就能很快准确无误地判别面漆的类型,以能满足现代汽车制造和轿车维修的需用。

当送修的汽车到修理厂之后,有的汽车车身面漆在一定部位涂有漆的标号,如果修理厂有同样标号的色漆,那就可以直接选用;若没有时,就可将此标号输入电脑。从荧光屏上就可显示出此种标号复色漆组成各单色漆的组份及重量。按其组份和重量进行调配,就可得出所需要标号的色漆了。

计算机调色系统一般由计算机、汽车颜色资料库、电子天平、阅读器和混漆机等五大部分组成。

计算机调色系统储存了调漆程序,只要将所需修补车身油漆的漆码(颜色编号)输入计算机,就可以得到所需配方。

同时,由于计算机软件不断更新,用户可以及时得到世界上各汽车制造厂、油漆厂的最新原料配方。阅读器是用于找出油漆配方的一部仪器,它可以利用探头在待修补车身上读取数据,数据经计算机调色系统处理后就可获得按色浆配漆的精确配方。下面就简单介绍一下电脑调漆的基本操作过程。

(1) 确认所修轿车面漆的漆色品种

对现代高级轿车的面漆有的有漆号标志,找到其漆号标志;有的从维修手册上查到面漆材料的品种规格。若都无记载,最后一种方法,就是用色标卡进行进行人工比较测定。

色标卡,是一种专门印制的涂料颜色卡片。按其颜色的品种和同一品种的不同色度而制定的标准颜色卡片。在卡片上标注其数码编号,每一个色卡编号就是一种色漆的标志。

在色卡上,每一个方块色中间有一个圆孔,如图 5-19 所示。在认定汽车面漆时,首先目测出近似轿车面漆的色卡。然后将色卡平铺在车身表面,从色卡方块的圆孔中露出轿车车身面漆的颜色,从色调、明度和彩度三个方面进行对比挑选出相对接近的颜色。作为优秀调漆人员关键的一步是从不同的角度去对比。需要注意的是在配色前,应该用细蜡进行清洁处理,以免配色标准板(如油箱盖、车身部件)上的污染物对车身造成颜色差异。对比时应用水把板子打湿来比,这样会有光泽。尤其是银粉珍珠色,要记录色卡和车子的差异,做到心中有数。通过对比找出与车身面漆颜色一样的方块,方块所代表的数码就是被测出的面漆颜色。

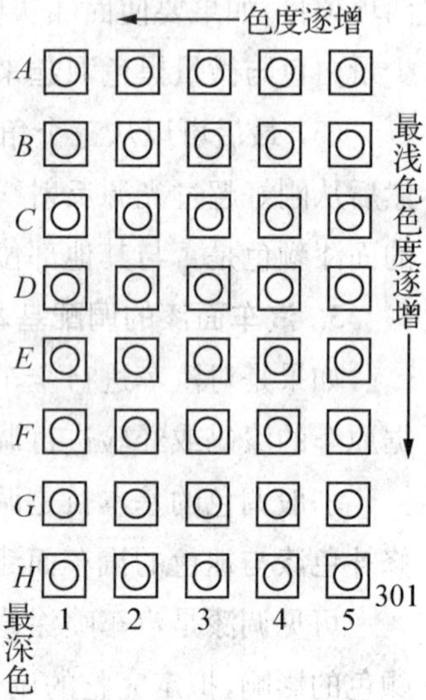

图 5-19 调漆色卡编码

(2) 调配涂料

将得到的色漆编码输入到电脑中,从电脑荧光屏中即可显示出该面漆的配方,根据配方,用电子秤量出各组份的重量,按比例量出所需用量,放入一定的调配容器中。用手工或机械搅拌均匀,按施工要求调到所需浓度,色漆的调配这就已完成了。

(3) 涂料的试色

调配完成后,准备好一块 40 mm×50 mm 的调色试验板,各种试验板大小应一致不能对车漆有吸附作用,以免影响对颜色的判断;使用刮刀把未稀释过的涂料用力涂抹在一个试验板上,待色板完全干燥后,与车身的色调做比较,如发现有色差应进行微调修正;最后将微调好的涂料加相应比例的固化剂、稀释剂,按正确的施工程序进行涂装。

使用电脑调漆,可使对轿车面漆调配工作简便而准确。采购的各种数码的色漆必须严格保证其质量。另外,所用色漆品种规格虽多,但是每种规格的数量较少,因为对汽车漆面的维修护理不同于大批量生产。

4. 汽车调漆的注意事项

(1) 配色时所采用的色漆的基料必须相同,以保证互溶性。如硝基漆只能调硝基漆,不能与醇酸漆、聚氨酯漆混合,否则会产生树脂析出、浮色、沉淀甚至报废等现象。

(2) 使用同一类型品种的涂料,也应注意各生产厂和生产日期以及批次的区别,这些不同也有可能造成颜色差异,要根据实际情况具体分析、比较和调整。

(3) 每次先取少量油漆配制,待配出的色漆完全匹配,再根据需要量按比例扩大,以免造成油漆浪费。

(4) 在容器中先加入在配色中用量大、着色力小的色漆或近似所需色的色漆,然后再加入其他颜色的漆,边加入边搅拌均匀,在颜料调配快接近一样时,应缓慢加入,以防过量。

(5) 在调配颜色时,应在晴天或光线充足的地方进行观察才准确,不能在灯光或阴暗的地方调对,以免产生颜色误差。

(6) 比色时,应将新调涂料喷涂在干样板上,进行干样对照,因为各种涂料的颜色在湿时要比干时浅一些。

(7) 要注意颜料本身的上浮下沉现象,粒度与干燥速度等因素,一般色漆较稠时,浮色较漫,故在样板对比时,应按施工粘度和干燥条件进行。另外,如果配色用的色漆贮存时间过长,颜色沉底、使用时必须先进行充分的搅拌。

(8) 调配色漆若需加快干剂、固化剂等,则应在配色前加入搅拌均匀,以免影响色相。

(9) 色漆调制人员必须具有正常的视觉分辨能力,色盲者不得担任此工作,以防产生视觉误差而导致调配的色漆出问题。

5. 汽车面漆喷涂前的准备

在开始喷涂作业之前,首先要检查车身外表有无覆盖遗漏之处,然后再检查有无打磨和清洁作业没有进行完备之处,最后应检查喷枪和干燥设备有无异常。在进行上述检查完毕之后,用洗手液清洗手上的油污,再用压缩空气吹净车身和工作服上的灰尘。

(1) 涂料的准备

将调好颜色的涂料按所需量取出,视需要加入固化剂,调整好粘度。通常的做法是将主剂和固化剂调配好之后,再加入稀释剂调整粘度。但用习惯之后,也可以先用稀释剂稀释主剂,过滤后注入喷枪的涂料罐中,再加入适量的固化剂搅拌均匀即可。

(2) 涂料的过滤

已经调好颜色的涂料,里面难免混有灰尘和杂质,必须在使用之前用专用的过滤器进行过滤。

(3) 粘度的调整

涂料的粘度不是一个常量,它随温度而发生变化。即同一种涂料,冬季比夏季显得稠。粘度越高的涂料,随温度而变化的特征越明显。因此,即使加入相同量的稀释剂,夏季的粘度为 13~14S,冬季的粘度就为 20S 左右。

(3) 喷枪的选择

用于喷涂面漆的喷枪,其选择方法和喷底漆时是一样的。应根据使用目的和涂料的种类区分使用,主要是参照涂料的使用说明书。

(4) 喷涂温度

喷漆间的环境温度一般以 20~25℃ 最为合适。在寒冷的冬季,由于开动循环风后进入喷漆间内的多为温度很低的冷空气,此时需要加热喷漆间的温度(按动开关,烤漆房均具备自动调整房内气温的功能);夏季房内温度与外界基本相同,此时一般通过选用较慢干的稀释剂、固化剂适当调整涂料的干燥速度来适应。

需要喷涂的车辆如果在喷涂之前放置在寒冷的室外,车身表面需要喷涂的地方温度会很低,直接喷涂会造成溶剂的挥发速度减慢,引起颜色的失调和硬化等方面的问题。所以在喷涂时应首先将其放置在喷漆间内加温烘烤一段时间,以使喷涂表面达到适合的温度。

在冬季施工时,涂料的温度也是非常重要的,需要对调配好的涂料进行保温或用热水加热的方法使涂料达到适合喷涂的温度。

6. 汽车面漆的喷涂手法

汽车面漆的喷涂操作与底漆和二道浆的操作基本相同,只是喷涂的手法要求更加细腻一些,以获得良好的色彩光泽效果。

(1) 干喷

干喷是指喷涂时选择的溶剂要快干、气压较大、漆量较小、温度较高等,喷涂后漆面较干。

(2) 湿喷

湿喷是指喷涂时选择的溶剂要慢干、气压较小、漆量较大、温度较低等,喷涂后漆面较湿。

(3) "湿碰湿"喷

一般来讲,"湿碰湿"同上面讲的湿喷有相似的一面,都是不等上道漆中溶剂挥发就继续喷涂下一道漆。

(4) 虚枪喷涂

在喷涂色漆后,将粘度调整的极低的涂料喷涂在面漆上的操作称为"虚枪"喷涂。在汽"虚枪"喷涂主要用在热塑性丙烯酸面漆上喷"虚枪",用来使新喷的修补漆与原来的旧漆之间润色,使汽车表面经过修补后看不出修补的痕迹。再就是在新喷涂的丙烯酸或醇酸磁漆上喷"虚枪",用来提高其光泽,有时也用来在斑点修补时润色。

(5) 雾化喷涂

雾化喷涂俗称"飞雾法"喷涂,又叫"飞漆法"。一般用于金属漆的施工,金属漆与色漆喷涂的方式、方法大不相同。金属漆由于漆中有金属颗粒,有的由云母、珍珠等物制成。由于其比重大,所以喷金属漆时一般用"飞雾法"以散花状喷涂,同"虚枪"喷涂有些相似。

(6) 带状喷涂

当喷涂某个基材表面的边缘时采用带状喷涂法。此时应将喷枪扇辐调得相对窄一些。一般调整到大约 100 mm 宽左右。此时喷出的雾束比较集中,呈带状覆盖。这样可以达到减少过喷、节约原材料的目的。

7. 车身上不同板件的喷涂

(1) 整车的喷涂顺序

整车修补喷涂是汽车美容修补施工中最有代表性、最为全面的喷涂工艺。它的关键是要保持有湿边,同时应尽量减少水平表面上的飞漆,以防止漆多沉积到已干的部位而造成砂状表面。

在整车的喷涂程序中,面漆喷涂的一般顺序是:车顶→后盖→左侧面→发动机舱盖→右侧面,如图 5-20 所示。这样有利于各板面的喷涂衔接,并可尽量减少水平表面上的飞漆,防止漆雾沉积到已干的部位造成砂状表面。气流从车顶流向车底,雾形有所不同。漆工还可以根据需要喷涂后面涂层,而在层间不会因等待前一层闪干而浪费太多的时间。

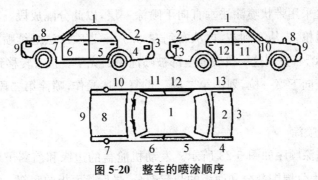

图 5-20 整车的喷涂顺序

(2) 车顶的喷涂

在车顶与风挡玻璃、后窗交界处采用带状喷涂法进行喷涂。首先从靠近漆工的车顶边缘的地方开始喷涂。尽可能保持枪与车顶表面在 150~200 mm 左右等距,从左到右,再从右到左进行喷涂,喷成中等湿度(每层走枪都是从车顶的边缘开始)。由于修补施工时多采用重力式或虹吸式喷枪,受喷枪喷杯的影响,喷枪的俯角受到一定的限制(要尽可能保持垂直,不要把喷枪拿歪)。以每层扇幅重叠覆盖70%~80%的方法从边缘向中心喷涂,一直喷涂到可以看见明显柔和的光泽时为止,如图5-21所示。

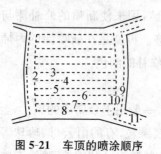

图5-21　车顶的喷涂顺序　　图5-22　发动机舱盖的喷涂顺序

（3）发动机舱盖的喷涂

首先用粘性抹布把表面擦拭干净(注意:不得采用压缩空气来清除表面,以免将发动机舱盖上的灰尘吹到刚刚喷过涂料的车顶上),再采用带状喷涂法喷涂风挡玻璃与发动机舱盖交界处(在发动机舱盖边缘最好不要采用带状喷涂法),扇幅重叠覆盖70%~80%,每层都从边缘到中心进行喷涂。随后在另外一边,从中心开始往边缘移动进行喷涂,每层扇幅的覆盖约100 mm,如图5-22所示。

（4）后备箱盖的喷涂

用粘性抹布擦干净表面,准备好足够的涂料,避免喷涂中涂料用完而造成色差。再采用带状喷涂法,沿后窗玻璃的底边喷涂一遍,两层扇幅之间覆盖约70%~80%。随后换到另一边,从中心开始向边缘移动进行喷涂。在整个喷涂过程中涂层要湿、走枪速度要快,每层扇幅的覆盖约100 mm左右,其喷涂顺序与发动机舱盖基本一致。

（5）侧面的喷涂

用粘性抹布擦拭表面,备足涂料,由于汽车侧面较长,需要采用分段喷涂法。在适合于漆工走枪的距离处采用带状喷涂法垂直向下喷涂一层,以此分隔成段。在这一段内从底部或顶部开始走两道枪,先从左到右,再从右到左,采用一道喷涂法继续喷涂下去。每一道枪之间扇幅覆盖约50%,直到这一段表面全部被喷涂覆盖完毕。接着转移到下一段,也是先采用带状喷涂法垂直向下喷一枪,划出第二段。重复上述操作,喷涂第二段,如此重复直到该侧面全部喷涂完毕。

（6）前翼子板喷涂

前翼子板的喷涂顺序如图5-23所示。发动机舱盖的边缘和前翼子板的翻边应该首先被喷涂,然后是前大灯周围部分和面板的凸起部分,最后是面板的底部。

（7）后翼子板喷涂

后翼子板的喷涂顺序如图5-24所示。首先喷涂边缘,然后喷漆工站在面板的中间,以一个长的连续行程喷涂面板。如果无法一次完成,就把这个区域分成两个部分。使用这种方法时,一定要特别注意中间的重叠,如果重叠的涂料太多,将会产生流挂现象。

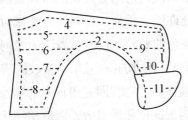
图 5-23　前翼子板的喷涂顺序

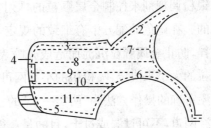
图 5-24　后翼子板的喷涂顺序

8. 多工序面漆的喷涂

单工序素色面漆喷涂完成后，面漆层即具有良好的光泽，一般不用再喷涂罩光清漆，所以称为"单工序"。由两道以上的喷涂工序完成的面漆称为多工序面漆或多涂层面漆。金属面漆中银粉漆的喷涂即为典型的双工序喷涂。

双工序面漆即先喷一层有颜色的面漆，在其上面再喷涂一层无色透明且具有很高光泽的罩光清漆，以增加光泽度和保护底下的有色面漆。因这种面漆的喷涂是由喷色面漆和喷罩光清漆两道工序组成的，所以称为"双工序"。金属面漆中的珍珠漆情况又比较特殊，珍珠漆中所含的云母颗粒通透性很高所以遮盖能力极差。在喷涂时需要先喷一层与底色漆颜色相近或相同的色漆底来提高遮盖能力，然后喷涂珍珠漆，珍珠漆上再喷涂罩光清漆。这种面漆用三道喷涂工序完成。

双工序面漆以金属漆居多，也有纯素色的。颜色漆层一般为单组分型，喷涂后表面光泽度很低或没有光泽，且对大气中的有害物质抵抗能力很差，所以必须喷涂罩光清漆。罩光清漆为双组份型，固化后具有极高的光泽和对外界有害物质的抵抗能力，能够很好地突出底层的颜色和金属效果，对底层色漆还具有极好的保护性。这两种涂膜共同组成的面漆层，具有极好的装饰性和光泽度。

（1）双工序纯色色底的喷涂

底色漆层的喷涂如果是纯色的，在喷涂时只要按照正常的喷涂手法进行喷涂，注意保证颜色和遮盖能力的均匀性即可。根据色漆的遮盖能力决定喷涂的层数，以完全显现出颜色为准。现在常用的高固体成分色漆，一般喷涂两道或三道就可达到要求。

双工序面漆的色底涂料（也包括银粉漆和珍珠漆），一般要加入比较多的稀释剂，通常达到50%。施工粘度很低，容易造成涂膜厚度和颜色的不均匀。所以在喷涂时更要格外注意喷枪口径的选择和出漆量、喷幅宽度的调整。喷涂时每道的间隔时间一般比较短，只要等到涂膜中的溶剂成分挥发到涂膜表面完全失光即可进行下一道的喷涂，不必等到完全干燥。

（2）金属色漆色底的喷涂

喷涂金属漆色底时，因金属漆中含有银粉等金属颗粒，这些金属颗粒在喷涂到施喷表面后的排列状况对颜色的影响非常大。所以在喷涂时需要格外注意颜色的均匀和正、侧光情况下的颜色变化。

在调金属漆时稀释剂的用量时要按照使用说明严格操作，不可随意改变。金属漆通常

需要加入银粉调理剂来控制金属颗粒的排列,银粉调理剂的用量是按照所调金属漆的量按比例添加的。在调色的配方中有细致的规定,不允许随意添加。金属漆在喷涂时必须经过充分的搅拌,防止金属颗粒沉淀而造成施喷表面颜色的差异。过滤金属漆的滤网细度要根据银粉颗粒的大小来决定,喷枪中的小滤网可以拆下不用,防止一旦阻塞造成涂膜缺陷。

金属漆正确的操作方法为"两实一干"的三道喷涂。"两实"即先用正常的喷涂手法对施喷表面喷涂两道,不可过湿或过干,目的是获得均匀的颜色和遮盖力。两道实喷涂膜中的银粉颗粒排列是比较有序的,颜色和金属颗粒的反光效果都比较正常。为进一步提高面漆的金属效果还要对施喷表面进行一次雾喷,即"一干"。"雾喷"就是用较大的喷涂气压和略远的喷涂距离并以较快的喷涂速度进行喷涂,这样可以使涂料中的溶剂成分在到达施喷表面之前就大部分挥发掉,能够喷到施喷表面的是重一些的银粉颗粒和少量的颜料颗粒。这些银粉颗粒均匀地喷洒在施喷表面,由于表面干燥所以排列比较凌乱,可以大大地提高其金属闪光效果。

喷涂双金属色漆底时,每道喷涂所需间隔的时间,也是以涂膜中的溶剂成分挥发达到表面全部失光的程度作为参考。喷涂清漆也同样,等最后一道色漆表面失光即可进行喷涂。但要注意,要等待涂膜自行干燥,不要用吹气枪或喷枪对施喷表面进行吹干的方法加速其干燥。因为自然干燥可以给金属颗粒更多的排列时间,吹干会影响金属颗粒的排列,造成起云现象。

(3) 珍珠型色漆色底的喷涂

珍珠型色漆是金属漆的一个特殊的品种,喷涂方法与喷涂其他金属漆色底基本相同。只是需要先打一层与珍珠色漆颜色相同或相近的色底,色底一般都由双工序的纯色色母来调配。喷涂的方法也与喷涂双工序纯色色底相同,一般喷涂两层或三层即可。在色底喷涂完最后一层且表面失光后即可继续喷涂珍珠层。珍珠层最后一层表面失光后即可喷涂清漆。珍珠层喷涂的道数越多,颜色会越深,喷涂几道需根据涂料的使用说明或颜色配方的规定执行。

(4) 清漆的喷涂

在底色涂层喷涂完毕后,同样的只要等到涂膜表面完全失光即可喷涂清漆,不必等色底涂膜完全干燥。清漆一般喷涂两道,膜厚在 40~60 μm,喷涂手法与单工序面漆相同。清漆中稀释剂的用量要控制在 10% 以内,有时也可以不加稀释剂。因为稀释剂添加过多,容易引起清漆层表面失光,致使整个面漆层的光泽度不够。

喷涂修补完毕后,必须使被修补部位的面漆涂层无论在颜色、光泽度还是在表面流平效果等方面,都要与未修补的部位相同或相似。经过修补的区域必须达到不留修补的痕迹,否则会影响面漆的装饰效果。

可见,面漆的修补喷涂必须根据原涂层选择正确的用料。对所修补的区域要进行准确的调色。根据所修补区域的特点,采用相应的喷涂手法和处理措施等,才能达到无痕修补的目的。

9. 喷涂后的补漆修饰

汽车喷漆后,如发现因喷涂或安装不慎,造成局部漆膜产生流淌、流挂、粗糙无光、咬底起皱、碰擦损坏等质量缺陷,应通过补漆进行修饰。其方法有手工补漆和喷涂补漆两种。

(1) 手工补漆法

当漆膜损坏面积较小时可用手工补漆进行修饰。补漆前,先要选择与整车漆膜颜色一致并且性能相同的面漆,然后将其加适量的配套稀料调至施工粘度,经过滤后待用。然后用干净的毛笔,蘸少许漆液,先轻点涂一次,待漆膜表面干燥后,再轻而细致地补涂一次,使补后的漆膜颜色与整车漆膜颜色一致,并无明显的补痕即可。

如果补后的漆膜颜色与大面漆膜颜色出现色差,应在最后一次补涂时,将该漆加少许该色漆调匀,重新补涂,直至与大面颜色一致为止。如果补后的部位出现明显的补痕时,应用毛笔蘸少许稀料,将补痕轻轻描涂至补痕消失。

注意:对于补后的漆膜产生流淌、流挂时,应及时用干净布蘸稀料擦净;损坏的漆膜部位出现明显的凹坑时,应先用原子灰等腻子补平,干后磨光擦净,再用毛笔蘸该漆补涂平整。

(2) 喷涂补漆法

喷涂补漆对操作技术要求很高,只有具备丰富施工经验和熟练喷涂技巧的专业人员,才能获得理想的喷涂效果。

首先用水砂纸将干燥后有缺陷的漆面反复水磨平整,然后擦净晾干。再刮一道薄薄的原子灰快干腻子,干后再水磨平滑,擦净并彻底晾干。由于腻子的颜色与大面漆膜颜色的色差较大,应先薄喷一道该色面漆,干后再水磨平滑,使基层的漆膜颜色基本能遮盖腻子层后,再精心补喷1~2次该色面漆。

10. 面漆喷涂后的修整

面漆的喷涂结束后,车身喷涂修理工作已经大部分完成。但还需要进行最后的修整工作,涂膜的修整主要包括清除遮盖物、修理小范围内的缺陷和表面抛光等。

(1) 清除遮盖物

喷涂工作完毕后,封闭不喷涂部位的胶带和遮盖纸的作用就已经完成,可以清除掉了。需要注意的是,清除遮盖物的工作不要等到加温烘干以后进行。因为加温后胶带上的胶质会溶解,与被粘贴表面结合得非常牢固,很难清除,而且会在被粘贴物上留下粘性的杂质。如果被遮盖表面是良好的旧漆层,由于胶中溶剂的作用还会留下永久性的痕迹,只有用抛光处理的方法才能去除掉。涂膜完全干燥后,清除胶带还会引起胶带周围涂膜的剥落,造成不必要的修饰工作等。

遮盖物的清除工作应在喷涂完毕后,静置20分钟左右的时间,待涂膜稍稍干燥后进行。同时这样做也有利于涂膜中溶剂的挥发,避免喷涂完毕后直接加温烘烤所造成的涂膜缺陷。

清除工作应从涂层的边缘部位开始,绝不能从胶带中央穿过涂层揭开胶带。揭除动作应仔细缓慢,并且使胶带呈锐角均匀地离开表面。清除时要注意不要碰到刚刚喷涂过的地方,还应防止宽松的衣服蹭伤喷涂表面。

(2) 面漆的修整

喷涂过程中常常会由于种种原因在面漆表面造成一些微小的故障,例如流挂、个别的涂膜颗粒(脏点)、微小划擦痕迹和凹坑等。这将影响面漆的装饰性,所以必须要进行修整。

若流挂的面积很小,涂膜表面颗粒很少,可以用单独修理的方法进行处理,修理必须是在涂膜完全干燥的情况下进行。处理过程是首先平整流挂或颗粒部位;然后用抛光的方法使修理部位与其他部位光泽一致,消除修理痕迹。

首先采用打磨的方法平整流挂和小颗粒,但对于流痕或颗粒比较大的情况下,往往先用刮刀将流痕或大颗粒削平;然后再用较细的砂纸打磨来加快工作的速度。打磨流挂部位一般使用 1200~2000 号水磨砂纸配合硬质打磨垫块来进行。因为较细的砂纸产生的打磨痕迹比较容易抛光,但有时需要打磨的区域比较大,为提高效率可以先用较粗的砂纸打磨一遍,待基本完成后再逐级用细一级的砂纸打磨,直到打磨痕迹可用抛光的方法消除为止。

注意:打磨时为防止磨到周围不需打磨的部位,可以用贴护胶带对不需打磨的区域进行贴护。打磨的手法应使打磨垫块尽量平行于面漆涂膜,手法要轻一些。用水先将水砂纸润湿;然后在打磨区域上洒一些肥皂水,这样可以充分润滑打磨表面,且不至于产生太大的砂纸痕迹。打磨时要非常仔细,经常用胶质刮水片刮除打磨区域的水渍来观察打磨的程度,只要流挂部位消除并与周围涂膜齐平即可。千万不要磨穿或使漆膜过薄,要给抛光留出余量,并保证抛光后仍有足够的膜厚。对于边角等涂膜比较薄且极易磨穿的地方更要特别的小心。

手工抛光的材料一般使用法兰绒,因法兰绒质地较厚,且多为毛质或棉质,非常适合抛光用。抛光时用法兰绒布蘸上少许抛光粗蜡或中粗蜡,用力对打磨区域擦拭以消除打磨痕迹,运动轨迹以无序为好,尽量不要留下磨削的痕迹。待砂纸痕迹基本消除并具有一定的光泽后,将抛光区域和抛光布清理干净,不要留下粗蜡痕迹。然后换用抛光细蜡再次进行细致的抛光。

对于新漆面而言,未抛光的区域即具备耀眼的光泽,经过抛光的部位光泽虽然没有减低,但已经变得比较柔和,像珠光一样悦目。有时会出现两个区域有明显的差异,甚至有色差。所以,用细蜡抛光的面积要大于修整区域 3~5 倍,使修补区域与未修补区域无明显的差异。最后,用上光蜡统一对整个板面进行上光即可。

用抛光机进行局部抛光同上述用手工抛光的基本步骤一样。首先将中粗抛光蜡涂抹于修理区域,选用小型海绵抛光轮以较低的转速对修整区域进行研磨抛光。待修整区域基本消除打磨痕迹并显现出光泽后,逐渐提高转速并扩大抛光区域到修理区域的 3~5 倍。然后换用较大的抛光轮,用细蜡对整个板面进行抛光上光一起操作,以消除光泽和颜色的差异。

(3) 面漆的抛光

溶剂挥发型面漆(硝基面漆)在干燥后涂膜表面会失光,通常需要进行表面抛光处理来恢复其光泽。现在通常使用丙烯酸基或丙烯酸聚胺酯型的双组份面漆。虽然表面具有高度的光泽,但由于喷涂环境的影响,喷涂表面有时也会产生大量的脏点,或是由于局部修补的需要使修补部位与原涂层产生光泽上的差异或色差,往往也需要进行整个板面的抛光处理。

何时进行抛光效果最好,具体的时间要看使用的是何种涂料以及干燥的温度等条件,参考涂料的使用资料可以比较好地进行掌握。一般在涂膜干燥程度为 90% 时,是抛光处理最好的时机,丙烯酸型双组份面漆一般在常温下干燥 2~3 天最适合抛光。如果抛光时涂膜还是比较软的,其中仍有较多的溶剂需要挥发,这样只能获得暂时的光泽。当剩余溶剂挥发时,面漆表面会褪色失光;若等面漆完全干燥后再抛光,由于双组份面漆的硬度很高,会造成打磨和抛光的困难,增加劳动强度,并影响涂膜的光泽和装饰性。

第七节　汽车喷涂中常见的缺陷及防治

汽车在喷涂过程中涂膜常会出现各种各样的缺陷,对车身表面的美观有很大影响。因此应对漆膜缺陷产生的原因认真分析,并采取必要的预防和治理措施,使车身表面保持光洁亮丽。

导致涂膜缺陷的因素是多方面的,为预防和尽量减少涂膜缺陷的发生,除正确合理使用合格的涂料外,还应严格执行正确的喷涂工艺、干燥固化、施工操作方法、选择良好的喷涂施工环境,同时还必须注意使用条件及使用中的维护。当发现涂膜出现缺陷时,必须首先找出产生的原因,并及涂料外,还应严格执行正确的喷涂工艺、干燥固化、施工操作方法、选择良好的喷涂施工环境。同时还必须注意使用条件及使用中的维护。当发现涂膜出现缺陷时,必须首先找出产生的原因,并及时采取相应的措施予以解决。

一、桔皮现象

喷涂后的表面未形成平滑的干漆膜面,出现类似桔皮状凹凸不平的痕迹。

1. 形成的原因

(1) 喷涂施工时,涂料粘度过大或喷涂厚度不足。

(2) 喷枪口径大小不适、压缩空气压力低、出漆量过大,导致雾化不良。

(3) 喷枪离被涂物面的距离过远。

(4) 空气及被涂物面的温度偏高、喷涂室内通风量过大、溶剂挥发过快。

(5) 晾干时间过短。

2. 治理措施

(1) 调整涂料粘度,在涂料中添加挥发速度较慢的溶剂,以延长湿膜的流动时间,改善涂料的流平性。

(2) 选择出漆量和雾化性能良好的喷涂工具,压缩空气压力调整适宜,使涂料达到良好的雾化。

(3) 调整喷涂距离、控制漆膜厚度、一次喷涂到规定厚度（以不流挂为限度）。

(4) 保持被涂物面温度在 50℃以下，喷漆室内气温应维持在 25℃左右。

(5) 适当延长晾干时间，不可过早进入高温烘干。

(6) 出现桔皮现象，待色漆完全干固后，视桔皮的情况，用水砂纸或粗研磨剂磨去桔皮，进行补涂。如果情况严重，用水砂纸整平，并重新喷涂。

二、收缩现象

喷涂后的漆膜不均匀，表面有局部收缩形成露底的麻点、花脸等，漆膜均失去平滑状。

1. 形成的原因

(1) 被涂物面不净，有水、油、灰尘、肥皂、石蜡等异物附着。

(2) 溶剂挥发速度与烘烤温度不相适应，如烘干漆用慢干溶剂。

(3) 粘有不同涂料的喷雾或底漆过于平滑。

(4) 残存遮盖胶带或修补喷涂中旧漆层产生吸漆。

(5) 喷涂环境、喷涂工具、工作服、手套等不干净。

2. 治理措施

(1) 确保被涂物面洁净，严禁裸手、脏手套和脏抹布等接触被涂物面。

(2) 用涂料稀释剂彻底清洁底材表面或用砂纸打磨。

(3) 在旧涂层上喷漆时，应用砂纸充分打磨，并擦干净。

(4) 确保压缩空气清洁、喷涂环境清洁、空气中无尘埃、油雾和漆雾等飘浮。

(5) 出现收缩现象，待干燥后用砂纸打磨，再用溶剂擦净后重新喷涂。

三、缩边现象

在喷涂和干燥过程中漆膜收缩，使被涂物面的边缘、拐角等部位的漆膜变薄。

1. 形成的原因

(1) 涂料的粘度偏低。

(2) 漆基的内聚力大或所用溶剂挥发较慢。

2. 治理措施

(1) 调整涂料粘度。

(2) 添加阻流剂，降低内聚力或选择适当的溶剂。

四、起粒现象

喷涂后漆膜整个表面或局部出现颗粒状凸起物的现象。

1. 形成的原因

(1) 颜料分散不良，色漆所用漆基中有不溶的聚合物软颗粒或析出不溶的金属盐，小块漆皮被分散混合在漆中。

(2) 喷涂施工环境不清洁,调漆室、喷涂室、晾干室和烘干室内有灰尘。

(3) 被涂物表面不洁净。

(4) 施工操作人员工作服、手套及漆前用材料掉纤维。

(5) 易沉淀的涂料未充分搅拌和过滤。

(6) 喷漆室温度过高或溶剂挥发太快。

(7) 漆雾过多(干喷涂),漆的粘度过高或供漆压力太高。

2. 治理措施

(1) 涂料应充分净化,不使用变质或分散不良的涂料,供漆管路上应安装过滤器。

(2) 调漆室、喷涂室、晾干室和烘干室的空气除尘要充分,确保喷涂环境洁净。

(3) 用粘性擦布擦净或用空气吹净被涂物面上静电吸附的尘埃,确保被涂物面清洁。

(4) 操作人员要穿戴不掉纤维的工作服及手套。

(5) 喷漆室温度、风速调整适当。

(6) 涂料粘度、输漆压力调整适当。

(7) 注意喷涂顺序从上到下,从里到外。

(8) 出现严重的起粒现象,应用砂纸打磨后重新喷涂。

五、拉丝现象

涂料在喷涂时雾化不良,喷涂于底材上的漆多呈丝状,使漆膜形成不能流平的丝状膜的现象。

1. 形成的原因

(1) 涂料的粘度高。

(2) 稀释剂的溶解力不足,待漆从喷枪中喷出时大量溶剂挥发。

(3) 易拉丝的树脂含量超过无丝喷涂量含量。

2. 治理措施

(1) 涂料的施工粘度选择适宜,硝基漆为18~20S,烘干涂料为20~30S。

(2) 选用溶解力适当的(或较强的)溶剂。

(3) 调整涂料配方,减少易拉丝树脂的含量。

(4) 出现拉丝现象,应待干燥后进行打磨再重新喷涂。

六、起皱现象

在面漆的干燥过程中,形成局部或全部的皱纹状涂膜的现象。

1. 形成的原因

(1) 含有干性油的油性漆或醇酸漆的干燥剂选用不当。

(2) 面漆的溶剂把底漆漆膜溶解。

(3) 漆膜过厚。

(4)氨基漆晾干过度。

(5)烘干升温过急,表面干燥过快。

2. 治理措施

(1)合理选用催干剂。

(2)选用桐油为成膜物时,应注意漆基的熬炼程度,并控制桐油的使用量。

(3)用溶解力小的面漆涂料。

(4)按规定漆膜厚度涂覆。

(5)采用防起皱剂,如油改性的醇酸树脂漆稍涂厚点。在烘干时易起皱,添加5%以下的氨基树脂作为防起皱剂,一次喷到40 μm以上厚度也不起皱。

(6)氨基面漆在按规定时间晾干后就进行烘干。

(7)严格执行晾干和烘干的工艺规范。

(8)对已起皱的涂层,待漆层干透后用水砂纸打磨平滑重新喷涂。如涂层起皱严重,应将起皱表面铲除后,刮一层腻子,干后打磨重新喷涂。

七、针孔现象

涂膜干燥后,在涂膜表面形成针状小孔的现象,严重时针孔的大小近似于皮革的毛孔。

1. 形成的原因

(1)被涂物面有污物或底层上已经有针孔存在。

(2)喷涂施工时,湿漆膜中溶剂挥发速度过快。

(3)涂料的流动性不良、流平性差、释放气泡性差。

(4)涂料变质或粘度高。

(5)涂料中混入不纯物,如溶剂型涂料中混入水分等。

(6)喷涂后晾干不充分,烘干时升温急,表面干燥过快。

(7)被涂物面的温度过高。

(8)喷涂空气中存在水分、油类等杂质。

2. 治理措施

(1)选用挥发速度较慢的稀释剂,以改善表面流平性。

(2)施工时注意防止水分及其他杂物混入。

(3)严格检查存漆容器、喷涂工具及被涂物表面的清洁程度。

(4)使用双组份涂料时,应在配漆后放置一段时间再用。

(5)选择适宜的涂料粘度。

(6)用清洁的空气喷涂。

(7)出现针孔现象,情况较轻,可采用抛光打蜡予以补救;情况严重时,应填补腻子,重新磨光后喷涂面漆。

八、气泡现象

在喷涂过程中,由于搅拌、泵料输送或施工中混入空气,不易消散,施工后漆膜表面呈泡状鼓起的现象。

1. 形成的原因

(1) 溶剂挥发快,涂料的粘度偏高。

(2) 烘干时加热过急,晾干时间过短。

(3) 底材、底涂层或被涂物面含有(或残留有)溶剂、水分或气体。

(4) 搅拌混入涂料中的气体未释放尽就喷涂,或在刷涂时刷子走动过急而混入空气。

2. 治理措施

(1) 使用指定溶剂。粘度应按喷涂方法选择,不宜偏高。

(2) 涂层烘干时升温不宜过急。

(3) 底材、底涂层或被涂物面应干燥清洁,不含有水分和溶剂。

(4) 在涂料中添加醇类溶剂或消泡剂。

(5) 若喷涂后涂膜出现气泡,视气泡的大小决定是局部修补还是全部返工重新喷涂。

九、遮盖痕迹现象

局部修补喷涂中,非喷涂表面用胶带遮盖。喷涂后,胶带遮盖痕迹残留在表面上,或分色线呈锯齿形的现象。

1. 形成的原因

(1) 胶带的质量差。

(2) 遮盖工序执行不认真。

(3) 漆膜未干就撕下胶带或其他遮盖物。

2. 治理措施

(1) 选用喷涂专用胶带,在烘干场合胶带应耐热。

(2) 按工艺要求认真遮盖。为确保分色线无锯齿,选用边端整齐的胶带。

(3) 漆膜干后才撕下胶带或其他遮盖物。

十、流挂现象

涂料涂于垂直表面,在漆膜形成过程中湿膜受到重力的影响向下流动,使漆膜厚薄不均匀形成流滴或挂幕下垂的现象。

1. 形成的原因

(1) 涂料中使用重质颜料或研磨不均。

(2) 涂料粘度过低。

(3) 所用溶剂挥发过慢或与涂料不配套。

(4) 喷枪的喷嘴直径过大,气压过小。

(5) 喷涂操作不当、喷涂距离和角度不正确、喷枪移动速度过慢、造成一次喷涂重叠,漆膜过厚。

(6) 喷涂环境温度过低及周围空气中溶剂蒸气含量过高。

(7) 在光滑的旧漆膜上喷涂新漆时,也易产生流挂。

2. 治理措施

(1) 调整涂料配方或添加阻流剂。

(2) 正确选择溶剂,注意溶剂的溶解能力和挥发速度。

(3) 涂料的粘度要适中(硝基漆为 18～20S,烘干涂料为 20～30S)。

(4) 喷硝基漆喷枪的喷嘴直径略小一点,气压以 0.4～0.5MPa 为宜。

(5) 提高喷涂操作熟练程度,喷涂均匀。注意正确的行枪距离和角度,一次不宜喷涂太厚(一般控制在 $2\,\mu m$ 左右为宜)。

(6) 加强换气,施工场所的环境温度保持在 15℃以上。

(7) 在旧漆膜上喷涂新漆要预先打磨。

(8) 施工中出现流挂,一般应在涂膜未干前予以修平。若涂膜已干,可用水砂纸轻轻打磨平整,不得磨穿其他部位。

十一、咬起现象

咬起是当喷涂施工第一道面漆涂于底漆表面时,底层涂膜过分变软产生起皱、胀起、起泡等现象。

1. 形成的原因

(1) 色漆中含有较强的溶剂,穿透底层涂膜。

(2) 涂料不配套、底涂层的耐溶剂性差。

(3) 涂层未干透就涂下一道漆。

(4) 涂膜过厚。

2. 治理措施

(1) 改变涂料体系,另选用合适的底漆。

(2) 底涂层干透后再涂面漆。

(3) 在易产生咬起的配套涂层场合,应先在底涂层上薄薄涂一层面漆,等稍干后再喷涂。

十二、露底现象

露底是在色漆施涂时,因漏涂、涂得薄或涂料遮盖力差未盖住底面,而产生显露底材的现象。

1. 形成的原因

(1) 色漆贮存期过长,颜料沉底,使用前未搅拌均匀。

(2) 所用涂料本身颜料量不足,遮盖力差。

(3) 涂料的施工粘度偏低,涂得过薄。

(4) 底漆和面漆的色差过大,如在深色漆面上涂亮度高的浅色漆。

2. 治理措施

(1) 涂料在使用前,先进行遮盖力质量指标的检测,合格后再施工。

(2) 涂料在使用前和喷涂过程中应充分搅拌。

(3) 增加涂层厚度或增加喷涂道数。

(4) 适当提高涂料的施工粘度或选用施工固体成分高的涂料。

(5) 底涂层的颜色尽可能与面漆的颜色相近。

十三、发白现象

漆膜表面呈乳白色,且无光泽的现象。

1. 形成的原因

(1) 空气湿度过高(80%以上)。

(2) 溶剂挥发过快。

(3) 被涂物的温度过低。

(4) 稀释剂或压缩空气有水分。

2. 治理措施

(1) 喷涂场地的相对湿度不高于70%,环境温度最好在15~25℃。

(2) 选用挥发速度较低的有机溶剂,如添加防白剂或防潮剂。

(3) 喷涂前先将被涂物加热,使其比环境温度略高。

(4) 防止通过溶剂和压缩空气带入水分。

(5) 对已发白的涂膜可待涂膜干燥后进行抛光打蜡处理。发白严重时,可在稀料中加入10%~20%的防潮剂,加入少许涂料再喷1~2道。

十四、发花现象

涂膜中的颜色与整个颜色不一致,出现斑印和条纹的现象。

1. 形成的原因

(1) 涂料中的颜料分散性差。

(2) 多种颜料相互混合不均匀。

(3) 涂料粘度不合适。

(4) 溶剂的溶解能力差或涂膜过厚。

2. 治理措施

(1) 更换涂料品种,选用分散性和互溶性良好的涂料。

(2) 选择适当的溶剂,采用符合工艺要求的喷涂粘度及膜厚。

(3) 调配复色漆时应使用同类型的涂料,最好用同一厂家生产的同一类型涂料。

十五、金属光泽不均现象

含有铝粉及珠光颜料的涂料,施喷后出现铝粉或珠光颜料分布不匀,不能形成均匀的定向排列,导致涂膜外观颜色不均匀的现象。

1. 形成的原因

(1) 涂料配方不当。

(2) 涂料粘度过高或过低。

(3) 喷涂压力过低,喷枪的雾化差,喷涂操作不熟练。

(4) 一次漆膜过厚或漆膜厚薄不匀。

(5) 喷涂环境温度低。

2. 治理措施

(1) 选择合理的涂料配方。

(2) 选择合适的喷涂粘度。

(3) 使用专用喷枪,调整喷涂压力,提高喷涂操作的熟练程度。

(4) 调整好喷涂时的环境温度。

十六、渗色现象

面漆把底漆溶解,使底漆的颜色渗透到面漆上来,使面漆颜色不均匀的现象。

1. 形成的原因

(1) 底层涂料中含有有机物。

(2) 底层漆膜中溶剂能溶解的色素渗入表面涂层中。

(3) 底层漆膜未完全干透就涂面漆。

(4) 面漆含有溶解力强的溶剂。

2. 治理措施

(1) 底层涂料含有有机物时,不宜涂异种颜料的面漆(尤其是浅色面漆)。

(2) 为防止渗色,需增涂一层"封闭漆"后再喷涂面漆。

(3) 选用挥发快的面漆,用对底层漆膜溶解力差的溶剂调配面漆。

十七、光泽不良现象

凡有光泽的涂料在施涂后,涂膜光泽未能达到规定的质量指标或喷涂后 2~3 天涂层出现光泽下降、雾状朦胧的现象。

1. 形成的原因

(1) 漆基与颜料配比不当,配方中颜料体积浓度过高。

(2) 颜料湿润分散不佳或颜料产生严重絮凝,所用溶剂不当或其中含有水分、杂物。

(3) 被涂表面对涂料的吸收量大,且不均匀。

(4) 被涂表面粗糙,且不均匀。

(5) 过分烘干或烘干时换气不充分。

(6) 喷涂虚雾附着或由补漆造成。

(7) 涂层未干透就进行抛光作业。

(8) 喷涂的环境温度及湿度调节不适宜。

2. 治理措施

(1) 严格控制涂料的内存质量,选择油漆厂指定的溶剂。

(2) 喷涂相应的封底涂料,以消除被涂面对面漆的吸收或不均匀的吸收。

(3) 应细心打磨(注意打磨方向和砂纸牌号的选择),消除被涂物面的粗糙度。

(4) 严格遵守规定的烘干条件,烘干室换气要适当。

(5) 注意喷涂程序,确保厚度均匀,减少喷涂虚雾的附着。

(6) 抛光作业要在涂层彻底干透后进行。

(7) 控制喷涂的环境温度和湿度。

十八、色差现象

修补部位漆膜的色相、纯度、明度与原漆色有差异的现象。

1. 形成的原因

(1) 不同批次的涂料存在较大的色差。

(2) 在换色喷涂时,输漆管路及设备清洗不净。

(3) 烘干时间及温度控制不规范,局部过烘。

2. 治理措施

(1) 不同批次的涂料应加强检验。

(2) 换色时输漆管路及设备一定要清洗干净。

(3) 烘干时间、温度应严格控制在工艺规定的范围内。

十九、砂纸纹现象

面漆涂装和干燥后仍能清楚地见到砂纸打磨纹的现象。

1. 形成的原因

(1) 砂纸选用不当,打磨砂纸太粗或质量差。

(2) 打磨时机不当,涂层未干透(或未冷却)就打磨。

(3) 被涂物表面状态不良,有极深的锉刀纹或打磨纹。

(4) 涂膜厚度不足。

2. 治理措施

(1) 正确选用打磨砂纸。

(2) 打磨工序应在涂层干透和冷却后进行。

(3) 对装饰性要求较高的部位，以湿打磨取代干打磨。

(4) 被涂物表面状态不良，应刮腻子填平。

(5) 提高涂层的厚度。

二十、干燥不良现象

漆膜按产品规定的技术指标及工艺干燥后，出现涂膜表面干燥而里面不干燥、实际干燥时间延长，造成涂膜硬度降低的现象。

1. 形成的原因

(1) 涂料中的催干剂或固化剂配比不当。

(2) 自干型涂料所含干燥剂失效或烘干型干燥剂用量过多。

(3) 涂料中含有抗干的颜料。

(4) 自干或烘干的温度和时间未达到工艺规范。

(5) 自干场所换气不良，温度高或温度偏低。

(6) 一次喷涂太厚。

(7) 不同热容量的工件同时在一个烘干室中烘干。

(8) 被涂物表面残存有石蜡、硅油、油水等。

2. 治理措施

(1) 在实验室标准条件下严格检查涂料。

(2) 在涂料中加入抗结皮助剂时，要注意用量正确，防止超量而影响涂膜干燥性。

(3) 严格执行干燥工艺规范。

(4) 自干场所和烘干室的技术状态要达到工艺要求。

(5) 氧化固化型涂料一次不宜涂得太厚，如厚度超过 $2\mu m$ 时，则应分几次涂装。

(6) 添加干燥剂或调整烘干型干燥剂的用量。

(7) 热容量不同的工件应有不同的烘干规范，烘干室的装载量应控制在一定范围内。

(8) 严防被涂物和压缩空气中的油污、蜡、水等带入涂层中。

二十一、腻子残痕现象

在刮腻子的部位喷涂后，涂膜表面出现腻子痕的现象。

1. 形成的原因

(1) 腻子刮涂后，打磨不充分。

(2) 对刮涂腻子部位未涂封底漆，腻子层的吸漆量大或颜色与底漆层不同。

(3) 所用腻子的收缩性大,固化后变形。

2. 治理措施

(1) 对刮腻子部位充分打磨。

(2) 在刮腻子部位喷涂封底漆。

(3) 选用收缩性小的腻子。

二十二、打磨痕迹现象

打磨痕迹是指基底打磨痕迹较重,上层面漆盖不住而出现的涂膜缺陷的现象。

1. 形成的原因

(1) 打磨操作不规范、不认真。

(2) 打磨工具技术状况不良。

(3) 砂纸质量差,有掉砂现象。

(4) 在打磨平面时未采用磨块,局部用力过猛等。

2. 治理措施

(1) 按操作规范认真打磨。

(2) 确保打磨工具的技术状态良好。

(3) 选用优质砂纸。在用新砂纸之前,应将砂纸互相对磨一下,以消除掉砂现象。

(4) 在打磨平面时应采用磨块,并注意打磨方向。

二十三、过烘干现象

过烘干是指因过度烘干(烘干温度过高或时间过长),导致涂层出现失光、变色、变脆、开裂和剥落等现象。

1. 形成的原因

(1) 烘干规范选择不当。

(2) 烘干温度调得过高或烘干设备温度失控。

(3) 烘干时间过长,如被涂物在烘干室内烘干后没有及时取出,导致烘干时间过长。

2. 治理措施

(1) 烘干操作应符合工艺规定,面漆层的烘干温度应高于底涂层的烘干温度。

(2) 确保烘干设备的技术状态良好,防止烘干温度失控。

(3) 烘干时间不得过长,如被涂物因故在烘干室中滞留时间过长,应设法紧急降温,在高温烘干场合,涂物不宜放在烘干室内过夜。

二十四、修补斑痕现象

修补斑痕是指修补喷涂过的部位与原涂面的光泽、色相有差别的现象。

1. 形成的原因

(1) 修补涂料与原涂料差异较大,如光泽和颜色不同,耐老化性差等。

(2) 修补操作不规范,如被修补部位打磨不良而产生光泽不均等。

2. 治理措施

(1) 正确选用修补涂料,尽可能使修补的颜色、光泽和耐老化性与原涂料接近,最好仍采用原工艺和原涂料。

(2) 对被修补部位应进行仔细打磨。

(3) 修补面应扩大到明显的几何分界线。

二十五、龟裂现象

龟裂是指漆膜表面失去光泽,用低倍放大镜观察时可发现大量细微裂纹的现象,像干池塘中的泥土裂开一样。

1. 形成的原因

(1) 涂料混合不均匀,稀释剂不足或所使用的稀释剂型号不对。

(2) 漆膜太厚,或在未完全固化或过厚的底层漆上喷涂色漆。

(3) 被涂物面太热或太冷。

(4) 漆层互不匹配。

(5) 需要添加固化剂的涂料使用时没有加固化剂。

2. 预防措施

(1) 将涂料混合均匀,按规定的比例和型号使用稀释剂。

(2) 使用正确的喷涂方法,每层漆膜要薄而湿,要保证各层之间的流平时间。

(3) 按照涂料使用说明,添加规定的添加剂。

(4) 出现龟裂时,要打磨产生裂纹区域的漆膜直至露出完整、平滑的表面,甚至直到金属层,然后重新喷涂。

二十六、剥落现象

剥落是指漆膜表面出现鳞片状脱落的现象。这些脱落的漆片易碎,其边缘呈上卷状脱离基材表面。

1. 形成的原因

(1) 下层表面处理不好,受到蜡、油脂、水、铁锈等的污染。

(2) 在钢或铝材表面未使用金属表面处理剂,或使用的处理剂型号不对。

(3) 喷漆时,基材表面温度太高或太低。

(4) 喷涂底漆的方法不当,底漆未充分干燥。

(5) 涂料的粘度不当、使用的稀释剂型号不对或质量差。

(6) 压缩空气的压力太高。

(7) 涂料没有混合均匀。

(8) 底漆选用不对。

(9) 漆膜过厚。

(10) 干喷。

(11) 揭去遮盖纸的胶带时漆膜太干燥或贴纸技术不良。

(12) 打磨不良。

2. 预防措施

(1) 彻底处理好准备喷涂的基材表面。

(2) 在钢或铝材表面一定要用正确的金属表面处理剂,处理好后,应在30分钟内开始喷涂,以防基材表面生锈。

(3) 喷涂和干燥时,要保证在推荐的温度范围内。

(4) 使用正确的工艺喷涂底漆,保证底漆充分固化后再喷涂面漆。

(5) 使用推荐的稀释剂将涂料稀释到要求的粘度范围。

(6) 每次喷涂的涂层要薄而湿。

(7) 使用同一涂料生产商生产的配套产品。

(8) 正确调整喷涂压力。

(9) 喷涂封底漆。

(10) 充分打磨。

(11) 将剥落的漆膜清除,按要求的喷涂方法重新喷漆。

第六章 汽车防护

> 随着汽车技术及社会经济的不断发展，汽车作为一种现代化的交通工具，在人们生活中所占的比例越来越大。人们对汽车安全性的要求也越来越高，这就促使汽车防护技术不断的发展成熟、日趋完善。同样在汽车后市场的美容装饰业中，汽车防护技术服务项目所占的比例也越来越大，在众多汽车美容企业中已广泛开展。
>
> 所谓汽车防护就是在汽车上安装必要的防护及示警装置，这些装置能最大限度地为汽车以及驾驶员和乘客提供预防式保护。

第一节 汽车防护的意义

一、为驾乘人员提供有效的保护

如汽车玻璃贴膜可以有效地阻隔紫外线及阳光的直接照射，使驾乘人员免受紫外线的辐射及强热的困扰，在改善汽车乘座舒适性的同时，为乘员提供了良好的预防性保护。另外，在汽车运行中，意外的交通事故时有发生，即使现代汽车玻璃是由特种材料及特种工艺制成的，车辆相撞时也极易造成汽车玻璃破碎，对驾乘人员造成伤害。汽车防曝膜能有效地改善汽车玻璃的抗冲击强度，防止其崩碎伤人，提高了乘车的安全性。

语音报警系统可以及时向驾驶员和乘客提供汽车运行信息，保障了汽车行驶的顺畅及驾驶员和乘客的安全。同时还可以减少意外的交通事故和麻烦，为出行带来极大的方便，如倒车信息可以提醒行人及时回避。

另外，如汽车自动泊车系统、夜视系统、停车起步系统、车辆信息交流系统等新技术的广泛使用，更进一步提高了现代汽车的使用安全性。

二、为车辆安全管理提供保障

汽车被盗现象时有发生,这不但会带来财产损失,也会给工作和生活带来诸多不便。汽车防盗器(系统)可以通过控制发动机、方向盘、变速器、刹车系统等来达到汽车防盗的目的,以保护车辆的安全。另外,如 GPS 定位系统等可以有效地提供车辆的安全信息、运行信息等,为出租车及公务车的安全管理提供了保障。

三、为驾乘人员提供便捷的服务

车用防盗器在具有防盗示警的主功能同时,还具有行车时控、寻车以及求救等服务功能。可以使汽车自动做到点火后自动落锁、熄火后自动开锁、停车场内寻车及发生意外报警求救等。另外,安全报警系统还可提供车辆运行时的各种数据信息,如车速、限速提醒、倒车可视、故障提醒等。

第二节　汽车防爆太阳膜

汽车防爆太阳膜也称之为太阳膜、防爆膜、隔热膜等,自从进入我国汽车美容市场以来,由于其卓越的功能及良好的装饰效果,一直受到了爱车一族及业内人士的青睐。特别是在现在的汽车美容市场中,汽车防爆太阳膜所占的比重已经相当大了。毕竟在炎热的夏日里需要防晒隔热,需要防止紫外线的辐射对人体造成的伤害,还可以有效防爆以最低限度的减少交通事故的二次危害。

随着私车家的增加,汽车贴膜已成为广大车主的必然需求。虽然现在一些高档车在原厂设计时,已经配备了抗紫外线的暗色玻璃,可不必再贴隔热纸。但如果想要多一点隐密性,追求汽车装饰中的个性化,仍可加贴一层时尚的太阳膜。

另外,据研究测试,目前一些国产车虽然配备了抗紫外线的玻璃,但紫外线隔断率仅为85%,而要真正达到让乘客防晒的效果,其紫外线隔断率应该达到95%才合格。因此为了达到良好的防爆隔热效果,对加装有抗紫外线玻璃的汽车,最好还是再加贴一层防爆太阳膜。

一、防爆太阳膜的功用

1. 创造最佳美感

五颜六色的防曝太阳膜可以改变车窗玻璃全部是白色的单一色调,使汽车的风窗玻璃显现出艳丽悦目的颜色,给汽车增添视觉的美感。当您羡慕高档进口轿车玻璃漂亮的颜色时,防曝太阳膜能让这种美在您的爱车成为现实。

2. 提高玻璃的防爆性能

汽车防爆太阳膜可以提升意外发生时汽车的安全性能,使汽车玻璃破碎的可能性降到最低,最大限度地避免意外事故对乘员的伤害。

3. 提高空调效能

汽车防爆太阳膜的隔热率可达50%～95%,能有效阻断阳光热量进入车内,有效地减少了汽车空调运行时间,节省燃油,提高空调效率。具有关部门验证,加贴了防爆太阳膜的车辆,能源平均节省3%。

4. 抵御有害紫外线

紫外线辐射具有杀菌作用,但对人的肌肤也具有侵害力,对于乘员来说,长时间乘车时,人体基本上处于静止状态,此时更易受到紫外线的伤害。容易引起白内障、皮肤癌等疾病,并造成皮肤的晒伤、老化。防晒太阳膜可有效阻挡紫外线,保护驾乘人员的肌肤。

另外,强烈的紫外线照射极易使汽车内饰,如仪表台、皮椅等过早的老化、变质。

5. 保证乘车隐秘性

防曝太阳膜具有单向透视性,可以遮挡来自车外的视线,增强隐蔽性。如果您是一个重视隐私权的人,防晒太阳膜的这种单向透视性可为您阻绝来自车外的偷窥,保证乘车的隐秘性。

6. 有效隔离眩光

普通的汽车玻璃遇到强光时会产生眩光,影响司机对周围环境的判断,容易引发交通事故。汽车膜的防眩光性能,能够大幅度降低可见光的强度、吸收和阻止各种干扰驾驶员的强光,使驾驭员的眼睛更舒服,清晰的视野不受眩光干扰,保证行车的安全、舒适,降低驾驶员的疲劳感,提高行车安全。

7. 营造舒适的驾乘空间

有关机构测试表明,汽车加贴了防爆太阳膜后,车内的平均温度能够下降5℃,仪表盘温度下降10℃,车内降温时间缩短19%。当车内温度过高时,驾驶者高温下犯错误的机率将提高50%。因此,良好的隔热措施再配合车内空调,能够营造更加舒适的驾驶环境,有效地增加驾驶者的应变反应能力,防止意外事故的发生。

二、防爆太阳膜的性能指标

1. 清晰性及透光度

这是汽车太阳膜最重要的性能,因为清晰性能直接关系到人身安全。不论太阳膜的颜色多深,在夜间倒车时,应当视野清晰而绝不模糊,从后视镜和后风窗能看到60米以外的物体。而劣质膜拿起来看时,会有雾蒙蒙的感觉。当太阳膜满足防爆要求时,太阳膜越薄越好。膜片越薄,清晰度越高。汽车前风挡玻璃应选用反光率低、色系较浅的专用汽车防爆隔热膜,透光率要求达到90%以上,最好使用高档透明的白膜。

过去大量使用的太阳纸(俗称茶色纸),大多颜色很深,透光度很低(在20%以下,甚至只有6%),贴上防爆太阳膜后整个窗黑黑的一片,必须在侧窗上挖一个孔来看外后视镜。在阳光很强时两侧窗还略能看到外面的景物,遇到光线较暗的阴雨天或夜晚,两侧窗则变成一片盲区,什么也看不见了,这对行车安全是相当的危险的,因此,建议消费者尽量不要选取透光度太低的膜。优质膜其透光度可高达90%(完全透明),而且不论颜色深浅,清晰度都是非常高的,不会有雾朦朦的现象。车窗膜尤其是前排侧窗的膜,应选择光度在85%以上较为适宜,此时侧窗膜无需挖孔也不影响视线。夜间行车时能把后面来车大灯射在倒后镜的强烈眩光反射减弱,使眼睛感觉舒服。特别在雨夜行车、倒车、调头时照样视线良好,提高行车的安全性和舒适性。

2. **隔热率**

隔热率是体现隔热性能的重要指标。目前优质的防爆膜隔热率在50%以上(更高的可达70%以上),高透光,可提高舒适性,降低空调负荷,节省燃油。

考虑到南方地区夏季长和气温高,以及日照强的气候因素,建议南方地区用户使用的防爆太阳膜,隔热率一般要在50%以上(更高的可达70%以上),高透光、高隔热,可提高舒适性,大幅降低空调负荷而节省燃油。很多人可能都有这样的体会,在夏日即使用了太阳纸或窗帘,车在阳光下露天停放一阵子,车内就非常酷热,有时热得像蒸笼似的。这就是因为太阳纸和窗帘的隔热性能不良,太深颜色的太阳纸或窗帘以及车身金属,把大量的太阳辐射热量吸收后,在车内积聚不散的结果。深颜色的车尤其明显。而由于优质的防爆太阳膜对红外辐射有很高的反射率,大量的热量被反射掉,所以车内温度自然就低很多,照进车内的阳光也不会令人有烧灼感。但市场上很多膜仅有透光度,而没有隔热率,甚至有些干脆什么样指标都没有标示,即使有标示也不规范和不准确。

3. **防爆性**

防爆是指在汽车发生意外事故时,不会产生玻璃的飞溅而造成人身伤害。这也是汽车太阳膜的一个重要性能。

一般太阳纸和劣质防爆膜的材料与优质的防爆膜不同,其膜片很薄,手感发软,缺乏足够的韧性,不耐紫外线照射,易老化发脆,当遇外物打击时,膜片很易断裂不能把玻璃粘牢在一起。而质量好的防爆膜是由特殊酯膜作基材,膜本身有很强的韧性,并配有特殊的压力敏感胶,当玻璃遇到意外碰撞时,玻璃破裂后被膜粘牢而不会飞溅伤人,并可阻止歹徒的破坏,减少人与物的伤害和损失。

4. **电磁波的通过性**

汽车加贴防爆太阳膜后,应不影响车内GPS、手机等无线通信设备的正常使用。

5. **紫外线隔断率**

对于防爆太阳膜来说,紫外线隔断率基本性能必须达98%以上。好的太阳膜能有效防止乘员被过重的紫外线照射,灼伤皮肤,同时,还能保护车内音响等装饰不会被晒坏、褪色老化,而劣质膜很多没有这一指标,或者远低于98%的标准。

6. 颜色

防爆太阳膜通常是采用本体渗染和溅射金属着色的方法令膜有颜色。纯溅射金属使太阳膜有金属色的称为自然色。采用这两种方法着色的太阳膜是不易褪色的,尤其是自然色的太阳膜。但市场上很多低档劣质太阳膜,大多采用粘胶着色法来着色。那就是在粘胶中加入颜料,然后涂在无色透明膜上使膜有颜色。这种太阳膜不耐晒且很易褪色,严重的会褪成无色透明。区分这些不同着色的方法是:只需在膜上用牙齿嗑几下,如被嗑处的膜露出透明的白点,说明有色的粘胶已移位,是粘胶着色的,本体渗染溅射着色的不会出现这种现象。

通常较浅的绿色、天蓝色、灰色、棕色、自然色等是对眼睛较舒服的颜色,如用太深、太艳的颜色,车内环境的颜色变化太大,容易降低司机对车外物体颜色的分辨力,也会令人不舒服。

另外,可根据车身颜色和个人的喜好来选择,令车窗与车身颜色更协调,装饰性更强。常用的防爆太阳膜有20多种不同型号和颜色。

7. 胶与颗粒泡

胶当然是越薄越好。因为胶会老化,胶层越厚老化越快,会影响太阳膜的寿命,更重要的是会影响膜的清晰性能,所以高质量膜的胶层都极薄。

颗粒泡是由于空气中漂浮的尘埃产生的。在贴膜过程中是不可避免的。胶层厚了,贴膜时能将尘埃压进胶里,所以颗粒泡并不明显。高质量太阳膜的胶层很薄,颗粒泡就比较明显。这也是区分太阳膜好坏的一个重要方法。

8. 防眩光性

防眩光就是在面对阳光开车,或夜间开车时,可消除刺眼的感觉。对于汽车太阳膜来说,这个性能也很重要。

9. 膜面防划伤层(耐磨保护层)

优质高档的太阳膜表面都有一层防划伤层,在正常使用下能保护太阳膜面不易划伤。而低档太阳膜就无此保护层,在贴膜时就会被工具刮出一道道划痕,令太阳膜面不清晰。

三、防爆太阳膜的发展

1. 第一代(20世纪30年代)

采取涂布与复合工艺制作的膜,俗称茶纸。其主要的功能仅仅是用于遮挡强烈的太阳光。此类膜基本不具备隔热作用,仅用于遮光。

2. 第二代(20世纪60年代)

这时生产的膜称之为染色膜,它是采取深层染色的手法加注吸热剂,吸收太阳光中的红外线达到隔热的效果,但是对紫外线无阻隔作用。可见光透过率低、清晰度差、隔热功能衰减快、容易褪色。

3. 第三代(20世纪90年代初)

这时生产的膜称之为真空热蒸发膜,它是采用将铝层蒸发于基材上,达到隔热效果。具备较持久的隔热性,但清晰度不高,影响视野舒适性且反光较高。

4. 第四代(20 世纪 90 年代末)

这时生产的膜称之为金属磁控溅射膜,它是采用金属磁控溅射技术将镍、银、钛、金等高级宇航合金材料均匀溅射于高张力的 PET 基材上制成。这种膜的隔热效果持久,同时达到了高清晰、高隔热、低反光、色泽持久的表现,但是易氧化并且会阻隔 GPS 等车内无线通讯系统信号。

5. 第五代(21 世纪)

这时生产的膜称之为琥珀光学纳米陶瓷隔热膜,它是本世纪最新问世的尖端产品。它是应用纳米技术将耐高温极稳定的陶瓷材料均匀溅射到高张力的 PET 基材上。隔热效果显著持久,而且不易氧化、寿命比金属膜多一倍,并且绝对不阻隔 GPS 等信号。真正达到了不氧化、不褪色、不阻隔 GPS、高隔热、高透光、低反光、色泽持久,使用寿命长的完美汽车防爆太阳膜的标准。

四、防爆太阳膜的基本类型

1. 染色膜

这种隔热膜用起来就像是糊灯笼的玻璃纸,可说是一点隔热效果也没有,而且视线非常的差,因此时间一久就会慢慢褪色,而且受热后会散发异味,但价格便宜。

2. 半反光纸膜

这种太阳膜通常是 4S 店赠送用户的那种,隔热率大约 20%～30%,使用 1～2 年后表面可能会起氧化而产生变质,所以买新车时要特别注意 4S 店所赠送的是否属于这一类。

3. 防爆隔热膜

防爆隔热膜具有耐磨、半反光和防爆的功能,安全性相当高,紫外线隔断率达到 95%以上,隔热率可以达到 50%以上,是目前汽车隔热膜市场的主流产品。

五、防爆太阳膜的结构

1. 耐磨外层

该层的材料是透明的丙烯酸,非常坚韧,涂布在隔热膜外层。该层非常耐刮擦,经常清洗玻璃时不容易产生刮痕,使玻璃看上去经久如新。

2. 安全基层

该层的材料是透明的聚氨酯,有非常强的抗撞击能力,能长期有效地保护车内乘员的安全。同时,该基层还能有效地过滤阳光及对面车辆远光中的眩光,使驾驶者更加舒适安全。

3. 隔热层

该层的结构是将铝、银等金属分子通过溅射的方式涂布在安全基层上,这些金属有选择地将阳光中的红外线反射回去,从而达到隔热的效果(红外线是主要的热量来源)。

4. 防紫外线层

在隔热膜上涂布一层特殊的涂层,将阳光中 99%的紫外线隔断。从而保护汽车内饰及

车内乘员免受紫外线的侵害。

5. 感压式胶粘层

该层是汽车防爆膜品质的重要保证,既要非常清晰,不影响驾驶员的视野,又要能抵抗紫外线,不变色。同时,还要有非常强的粘接力,在受到外来冲击时,能够有良好的防爆能力。

6. 易施工胶磨层

施工时,保护膜片免受损伤,具有良好的施工性能。

7. 透明基材

作为整个防爆膜的制作基材。

六、防爆太阳膜的选用原则

1. 适用性原则

从隐密性、防爆性、防紫外线、隔热率等方面的要求综合考虑,来选择适合自己的防爆太阳膜。

2. 美观性原则

从车漆颜色、内饰搭配、车主要求、环境要求等方面综合考虑。另外,车膜的颜色在满足基本要求的同时,越浅其透光效果越好。

注意:选膜时不要在阳光下看其深浅,一定要放到车窗上并把车窗关好,进行里外的观察比较。

若太阳膜的颜色能与车型和车身的颜色搭配得当,将产生意想不到的效果。所以要贴好太阳膜,关键是要颜色协调。也就是说,必须考虑自己的车型和颜色,不能只听推销员说这个颜色很流行,于是不论多大多小、是黑是白的车,都用上了流行色贴膜,那效果自然就千差万别。对于浅色的车型最好使用色彩明快的色膜。这类膜大多透光率很高,也不会影响隔热效果;纯白色的太阳膜,有很强的隔热性,但是从外观上看就像没有贴过一样,透过明亮的车窗,整车让人看起来特别干净,但车内也一览无余;蓝色、绿色和灰色,这三种颜色如果非常浅的话,贴在任何车上都不难看。

3. 经济性原则

应从汽车档次、使用环境、粘贴水平、车主经济状况等方面综合考虑。普通膜与豪华膜价格差异很大,要反复比较综合考虑。普通膜材料选用混合铝,价位较低,防爆能力相对较弱;高档的防爆太阳膜采用镍、钛、铬等金属经特殊工艺贴合处理而成,虽然价位较高,但防爆性、夜视性和耐磨性等均表现优良。

七、防爆太阳膜的质量鉴别

市面上出售的车膜品种繁多,质量差异很大。一般普通膜的使用期在 2 年左右,优质的防爆太阳膜使用期在 5 年以上。在汽车防爆太阳膜市场缺乏有效监管的情况下,消费者为避免上当受骗,应该从了解这方面的知识和选购技巧入手,维护自己的权益。有行业专家指出,许多欺骗伎俩实际都不复杂,只要在选购过程中细心谨慎,诸多骗术都会原形毕露。

1. 看

首先看透光率好坏。不能有雾蒙蒙的感觉。不论车膜的颜色深浅,夜视距离应在60米以上。膜的颜色要清晰均匀。

其次要看颜色。优质车膜的颜料渗透在车膜中,是一种高科技产品,不易变色,在粘贴过程中经刮板作用不会发生脱色,而劣质车膜则会有颜色脱落现象。如撕开车膜的内衬后用牙齿锉一下,劣质车膜则会在锉过的地方发生颜色脱落而变为透明,这种车膜一年以后则会褪色。也可依据经验,将膜在粗糙的表面磨一下,观察其损伤情况。或用汽油等溶剂喷到膜上,看其是否掉色。

另外在挑选膜的颜色时,不要在太阳光底下看它颜色的深浅,而是应将它放在车窗上,并把车门关好。只有这样试过之后,才不会和你想要的颜色有误差,因为在阳光下单看一种膜的颜色都是很浅的。

最后要看气泡。撕开车膜的塑料内衬后再重新合上,劣质车膜会起泡,而优质车膜合上后完好如初。

2. 摸

优质的防爆太阳膜,用手触摸时给人以厚实平滑的感觉,劣质的薄而脆;用指头轻轻弹击,优质膜发出的声音接近于薄金属板发出的响声,劣质得膜发出的声音和纸张无二。

3. 试

对于防爆太阳膜的隔热性用眼看、手摸的方法是很难鉴别的,一般可以用试膜灯箱进行比较测试、前风挡玻璃现场比较测试、贴膜后的现场验证测试,俗称"三测法"。

"三测",就是指整个测试过程中三个关键的步骤,也是最能发现造假手法的三个手段。针对前挡隔热膜在全车贴膜的总价中占有很大的比例,不法商家多会在前挡膜上做手脚,故在隔热膜的"三测"中,将围绕前挡隔热膜作为重点。

(1)普通玻璃灯光测试

在试膜箱的普通玻璃上,一半贴膜,另一半不贴膜,并用同样的灯光(2盏功率500W碘钨灯)、同等距离和同等时间照射,比较两者隔热效果的差异。

(2)前风挡玻璃现场比较测试

在驾驶室内的前风挡玻璃下,放置2盏功率500W碘钨灯,现场感受所选型号产品的实际隔热效果和未贴膜时的热能透射状况,实际环境下测试,感觉直观,产品质量优劣,一目了然。

(3)贴膜后的前风挡玻璃现场验证

在全车施工完毕后,再次用同等条件的灯光验证前挡的隔热效果,检查是否与普通玻璃上的隔热测试效果相一致,若感觉隔热性能相近,则可说明商家承诺和操作是真实可信的,反之则说明有货不对板的嫌疑。

另外，可用验钞器来测试防爆太阳膜的紫外线隔断效果。即把太阳膜放在一张100元人民币上面，然后用验钞器照射膜下的人民币，看是否能够看到人民币内隐藏的"100"防伪标记。如看不到是优质膜，能看到或不清晰则说明膜的紫外线阻隔率为零或较差。

八、防爆太阳膜的粘贴施工

太阳膜的表面涂有一层水溶性胶粘剂，外表覆盖一层透明保护膜，施工时应先在需贴膜的玻璃上喷洒清水，然后撕去透明保护膜，再在涂有水溶性胶粘剂的一面喷适量清水，便可将太阳膜粘贴于玻璃上，最后用塑料刮刀在太阳膜的外表面刮压，去除内部的气泡和多余的水分，待晾干后，太阳膜便能牢固地粘附于玻璃上。

将太阳膜贴于平面玻璃上并不太难，但是将它粘贴于曲面的前后风挡玻璃上难度就较大，必须先进行加热预定型，加热温度也不能太高，否则有可能造成玻璃开裂。

1. 施工人员着装

施工人员的着装不仅可以反映出施工单位的人员管理水平，同时还会对施工质量产生重要的影响。施工过程中，施工人员必须穿着统一的工装，并且将纽扣全部扣好。这样可以避免施工过程中出现划伤漆面以及衣服的纤维飞散到施工表面上等情况。

2. 施工环境及工具

为了确保施工质量，贴膜的作业场地应作无尘化处理，严禁在路边施工。即贴膜一定要在无尘的室内进行，否则，在贴膜过程中容易将沙粒或细微的尘土吹进膜和玻璃中间，从而造成密密麻麻的脏点，影响视线和车膜效果。

施工工具主要有刮水板、压力喷壶、热风枪（功率、风速）、裁剪工具、吸水毛巾、荧光灯、胶带遮蔽膜及玻璃清洗剂等。

3. 防爆太阳膜的安装工艺

车况检查——施工前准备——车内外遮盖——玻璃清洁——纸膜裁剪——烤膜定型——贴膜施工——验收交车（提示车主注意事项）。

（1）车况检查

对施工车辆的玻璃、内饰及车身的基本情况进行检查，发现问题及时与车主交流，以免出现服务纠纷。

（2）施工前的准备

车辆进入车间前要进行彻底的清洗，进入车间后要进行降尘处理。准备好必要的工具及用品等。

（3）遮盖

为了防止在施工过程中，喷洒的液体污染车内的饰件，应对座椅、仪表盘、门内衬板等饰件进行有效的遮盖。

（4）车窗玻璃的清洗

玻璃的清洗工作是装贴质量好坏的基础工作。清洗时，重点是内表面和玻璃密封胶区域的清洗。这主要是为了杜绝贴膜后隔热膜与车窗玻璃之间存在污垢或者其他物体,而影响施工质量。

一般清洗玻璃应按照玻璃探伤、清除胶粒、沙砾——玻璃除尘清洗——贴膜前的清洗三步进行。注意,后挡风玻璃清洗时务必小心对除霜加热丝的保护。

(5) 裁膜

根据用户选定的太阳膜进行膜的裁剪,利用尺子测量前后风挡玻璃的尺寸,其中包括长度和宽度。从工具架上选择所要进行施工的隔热膜类型,并且将其按照已经测量好的风挡玻璃的尺寸进行裁剪。注意:膜的尺寸要比车窗的尺寸大出 3~5 mm。

也可直接剪裁,把车窗玻璃外表面上喷洒少量的窗膜安装液,把窗膜覆盖在上面,剥离膜朝外,经小心的滑动定位后,开始沿边框四周裁剪窗膜的大小。一般汽车美容企业应配备常见车型的玻璃形状样板。

(6) 膜的热定型(烤膜)

先在外侧玻璃上喷洒清水,用手涂抹一遍,因为人手的敏感度最强,能感触出稍大的尘粒。玻璃上粘附得较牢的污垢可用钢片刮刀清除,其他部位用短毛毛刷清理,最后喷洒清水。

在发动机舱盖上先铺上一条大毛巾,利用前风挡玻璃的外侧曲面进行预定型。将覆盖有保护膜的一面向外铺在玻璃上,然后用电热吹风机进行加热,一边加热一边用直柄塑料刮刀挤压玻璃上的气泡和水分,使太阳膜变形,直到与玻璃的曲面完全吻合。

(7) 定型裁剪

由于膜经过热定型后尺寸会较大,应按风挡玻璃内侧贴膜的最大尺寸进行准确裁剪。如果风挡玻璃内侧贴附有内后视镜之类的固定物时,也要先开出对应的孔和接缝,使贴膜时不用拆卸固定物。

注意:由于膜已定型成曲面,应小心地卷成筒状,取下后移送到车厢内,并注意保持清洁。

(8) 清洁风挡玻璃内侧表面

风挡玻璃的内侧表面为真正的贴膜面,清洁一定要彻底,应按要求反复清洁。即对车厢内部空间、座椅和地板喷洒水雾,使空气中的灰尘能沉聚下来,减少座椅和地板扬尘;在仪表板上铺上一条干毛巾,防止清洁玻璃时的水滴流入仪表板内;在玻璃上喷洒清水,然后用手刮摸,检查和去除稍大的尘粒,对于粘附得较牢的污垢可用钢片刮刀去除;用短毛刷彻底清洁玻璃,要求自上而下,由中间向两边清除玻璃上的灰尘,每刮刷一次必须用干净的毛巾去除毛刷上的污物,而且整幅玻璃每刮刷一遍,便要用清水喷洒一次,如此反复清洁 3 次,确认玻璃已十分干净才可以转入下一工序。

(9) 膜的粘贴

用清洗液清洗风挡玻璃的内侧,并喷洒足够的安装液,以保证隔热膜可以更好地实现润滑移动。

从一角稍撕开粘着的衬垫,撕掉衬垫的同时用水性粘结剂喷湿胶面,这样可以减少胶的粘性,并容易弄下静电引起的粘着物。全部贴上后,膜可以自由滑动。对正对中标记,用裁刀采取多余的部分。注意:对于侧挡膜要让膜与玻璃边缘有0.5mm左右的间隔,便于玻璃的热胀与防止卷边。

(10) 刮膜

经正确定位后便可利用刮水板从玻璃中部向四边反复多次的刮压,彻底刮除隔热膜与车窗玻璃之间的安装液及形成的液泡和气泡。这样可以减少隔热膜的干燥时间,获得更好的粘接效果及整体性的视觉效果。如果局部仍有不贴合的地方,可按预定型的方法,用电热吹风机加热,使其完全吻合。

注意:刮的过程中要用毛巾随时擦干刮出的水分。以防止流入密封槽和门内衬,造成污染形成锈蚀。

(11) 清洁及检验

当安装工作完成后,整理工具,对车窗玻璃的内外表面及窗框进行仔细的擦洗,去除条纹水迹和污迹,给整个汽车以光亮的外观。最后,要坐在车中仔细观察,看颜色是否均匀、是否有影响美观的缺陷等。如有气泡、水泡或微小的地毯纤维等,应用专用硬质挤水片沿某一边缘刮压排除。把汽车擦净后驶到室外,经检查膜与玻璃之间无任何气泡或皱纹后才算完工。

4. 汽车贴膜后的注意事项

(1) 隔热膜牢固地附着在车窗上需要5~7天,贴膜后两天内不能升降车窗,一周内不要清洗或擦拭隔热膜,以免还没有完全粘合的膜发生位移。

注意:如果在洗车时不小心使膜松动,应该让贴膜店专业人员重新固定,以保证效果和持久性。

(2) 为了延长隔热膜的使用寿命,保证其透光度,车主还要留意不能用尖锐、粗硬的利器擦刮。有的新车在隔热膜贴完后的一段时间里,里面会出现雾蒙蒙的水蒸气。这是隔热膜在干透过程中的正常现象,一个星期到半个月左右出现这种情况都是正常的,过一段时间就会慢慢消失。

注意:洗车时要尽量用湿毛巾等柔软布料擦拭膜面。自己洗车要避免使用腐蚀性强的化学溶剂,以免伤害隔热膜。

(3) 贴膜后,尽量不要在车窗上直接粘贴、悬挂东西,以免在将吸盘和粘贴物拔起时将膜拉开空隙。

九、劣质膜的危害及旧膜的清除

1. 劣质膜的危害

劣质防爆太阳膜会造成车内空气污染、玻璃碎裂,影响交通安全。

随着大量贴牌产品的出现,劣质隔热膜充斥着整个市场。大多数的车主可能认为即使不小心买到了劣质品,大不了是损失一些金钱而已。实际上劣质隔热膜隐含着很多弊病,除了造成车内空气污染和可能导致汽车玻璃碎裂外,劣质隔热膜甚至会影响到交通安全。

我国有关法规明确规定,前挡风玻璃的透光率必须大于70%。贴膜对前挡风玻璃视线多少会有一些影响,只是优质膜与劣质膜相比,在这方面的影响程度有很大的不同。优质膜会严格执行透光标准,尽量将影响降到最低以至于忽略不计,而劣质膜最大的隐患就是透光度不符合标准,导致驾驶者视野受到很大影响。这就是劣质隔热膜影响交通安全的原因。

2. 旧膜的清除

首先用不伤玻璃的硬质刮片轻刮旧太阳膜,使其卷曲后用手将大面积太阳膜撕掉;然后对无法撕掉或大面积撕掉后残留的小块旧太阳膜,使用专门溶剂喷涂后使其溶解,用抹布擦洗玻璃上的污物后,使用玻璃清洁剂进一步清洗玻璃;最后用软质干抹布擦干玻璃。

十、"冒牌"防爆太阳膜防范技巧

汽车防爆太阳膜现在已成为私家车必备的配置之一,而是否能正确选购到正品的防爆太阳膜更关系到以后长期的驾车生活的安全性、舒适性,面对现在五花八门的品牌和型号、真真假假的性能和数据,更是一件容易让新车车主一头雾水的事情。下面就浅谈一些购买时的应对技巧,供广大车主们参考。

1. "冒牌""贴牌"充正牌

原本数百元的国产货或贴牌产品,只要给它注册或编一个洋气十足的外国名或者一个子无虚有的科技概念,标榜一下"美国"、"日本"的虚假产地,就马上变得"高档"起来,也因此蒙住了相当一部分消费者的眼睛,这是隔热膜行业里早已公开的秘密。

十多元保鲜膜尚有标注详细的注册商标、厂家与产地,更何况数千元的高科技产品?作为一个基本的常识,也关系到产品质量和售后服务,消费者应学会仔细地鉴别。所谓"贴牌"产品就是指商标是在大陆或国外注册,而生产厂家则是国内或者一些国外小厂生产,诸如东南亚一代,来自两个地方的商标和产品,在国内组合后就变成一个"国外原厂进口"品牌,堂而皇之招摇过市。而"冒牌"则更是无厂家、商标、产地的三无产品。

所以采购时,要通过互联网等手段,查询商家提供的注册商标、产地、生产厂家及原厂网址等资料是否真实、有效和合法,若这些基本的商品资料都不清晰、明确,则有可能为"贴牌"或"三无"产品。另外,凡正规品牌都会提供有原厂提供的质量保证书,有些商家只能出具经销商提供的质报书,则是明显地隐藏生产厂家的行为,因此,应该主动索取由原厂出具的质量保证书。

2. 隔热测试样板里有问题

在做隔热测试的时候,不良商家通常会想尽办法欺骗消费者,若不如此,自己的三无产品怎可实现看起来那么高的性能参数,又怎么可以卖一个好价钱呢?在隔热膜的测试过程中,千万不要轻信商家准备的样板,因为里面有太多的漏洞和陷阱,使购买者不知不觉中就掉进了商家设置的圈套。

(1)虚报数据法

透光率、隔热率和隔紫外线率,这是选购隔热膜时必会提及的几项数据,面对正规品牌可以做到的技术指标,三流产品自然不甘落后,因此也就有了任意提高指标参数的现象出现,让人无所适从。因此,对于隔热参数,只能信一半,若没有很公正的测试仪测试的情况下,就只有相信自己的感觉了,若能取不同品牌的样板放一起对比,自然会一分上下。

(2) 偷梁换柱法

当场测试的隔热膜是一个品质尚可的样板(不过不是他们的产品),让顾客感觉良好,但贴在顾客车上的却是另外的产品,等顾客以后感觉有问题时,就只能慢慢与商家去理论了。因此,在贴膜时尽可能监督贴膜全过程,并索要小块样板以备验货,贴完膜后,一定要求商家再给你测试验证一遍,用与测试样板时一样的灯具照射。

(3) 瞒天过海法

有时商家会使用一些专用的设备测试,让你感觉不同产品的差异,以取得客户的信任。此时你要小心灯具和样板里的陷阱,如商家告诉你测试用500W的灯泡可能只有200W;有些玻璃上面可能贴了双层膜,自然比单层膜的效果要好;有些玻璃本身就具有一些隔热功能,所以隔热效果不一定是膜起的作用。

因此,采购时对于商家采用的样板测试,只能当作参考,不可全信。当我们无法辨别样板真伪的时候,就让商家直接把样板贴在自己的车上,用同样的灯具照射,一块前风挡玻璃两块膜,是非好坏,一测便知。

注意:消费者在测试时,应要求商家测试任何型号的隔热膜,都应在相同的测试环境下进行,即在相同功率的灯具、照射距离、照射时间下比较不同产品间的差异,同时还要求在汽车前风挡玻璃上现场测试,商家造假的本事再高,到了前风挡玻璃上同样的测试环境下,自会原形毕露。

3. "吸热膜"当作隔热膜卖

隔热膜经历了多年发展,技术日趋成熟,到目前为止,隔热技术基本可分为两大类:一类为"吸收热量型"薄膜,属早期的技术,这类产品的隔热原理是,将大部分热能吸附在膜层上,一段时间后,膜层上的热容量达到极限,这时,热能便会渗透玻璃进入到车内。因此,这类产品也许在刚开始测试时,还是会有不错的隔热表现,但时间一长,就能发现隔热性能在下降了。另一类是反射热量膜技术,这是目前世界上比较成熟的隔热技术,其原理是将绝大热能反射出去达到隔热目的,膜层和玻璃本身是不会吸附大量热能的,所以隔热效果可以长时间保持。两类产品不但原理不同、生产成本不同,隔热性能更是相差巨大。许多商家硬把吸热类产品说成是隔热性能如何如何好,全然不顾消费者利益和安全,实则是挂羊头卖狗肉。

因此,在购买时要注意正确区分"吸热膜"和"隔热膜"。测试时站在照射灯光的同侧,用手感觉灯光照射到膜表面反射回来的温度高低,若是反射膜,就会感觉到强烈的灼热感。若是吸热膜则只有极少量热能会被反射,因此灯光照射时,只会感觉到微弱热量反射回来。其次,应坚持较长时间的测试照射(1分钟以上),比较玻璃内、外的温度,反差越大,说明隔热性能越好,劣质隔热膜在较长时间照射后,都将暴露隔热性能时效短暂的缺陷。

十一、几种常见防爆太阳膜的技术参数比较

1. 3M汽车防爆太阳膜的型号及技术参数（如表6-1所示）

表6-1　3M汽车防爆太阳膜的型号及技术参数

产品型号及名称	隔热率(%)	透光率(%)	紫外线隔断率(%)
7710 超级沙龙	68	16	99
9010 防爆装甲	59	39	99
6330 魔幻大师	51	37	99
8383 蓝天卫士	52	60	99
2600 黑郁金香	46	34	99
3535 自然风光	34	72	98
6868 世纪风光	43	51	99
7070 无限风光	50	81	99

2. 雷朋汽车防爆太阳膜的型号及技术参数（如表6-2所示）

表6-2　雷朋汽车防爆太阳膜的型号及技术参数

产品型号及名称	隔热率(%)	透光率(%)	紫外线隔断率(%)
AL-21	72	21	99
AL-35	68	35	99
AL-320	70	35	99
AI-321	74	35	99
AL-300	62	30	99
自然色-336	65	30	99
AI-28	65	30	99
AL-25	74	25	99

3. 法拉特汽车防爆太阳膜的型号及技术参数（如表6-3所示）

表6-3　法拉特汽车防爆太阳膜的型号及技术参数

产品型号及名称	隔热率(%)	透光率(%)	紫外线隔断率(%)
K-300	96	72	99.99
KN-400	96	41	99.99
KN-500	97	53	99.99

4. 龙膜汽车防爆太阳膜的型号及技术参数（如表6-4所示）

表6-4　龙膜汽车防爆太阳膜的型号及技术参数

产品型号及名称	隔热率(%)	透光率(%)	紫外线隔断率(%)
PP70 前档专用	38	70	99
隔热铁甲膜 N1040PS4	53	41	99
AIR80 前档专用	43	78	99
AVS70 顶级前档膜	58	73	99
AIR75 前档专用	93	73	99

第三节 汽车防盗装置

随着我国经济建设的发展,汽车越来越成为人们生活中不可缺少的一部分,偷车已成为现今社会里最常见的犯罪行为之一,这已成为一个严重的社会问题。随着汽车数量的增多,车辆被盗的数量也逐年上升,担心爱车被盗,已成为每一位车主最关心的问题。随着科学技术的进步,为对付不断升级的盗车手段,人们研制开发出了不同结构方式的防盗器。

一、汽车防盗装置的分类

汽车防盗装置是一种安装在汽车上的安全设施,可以控制车门、发动机、车轮、方向盘及排挡装置等,以增加盗车的难度和时间。

目前市面上出售的汽车防盗器种类繁多,但归纳其基本防盗方式主要有四大类,即机械式防盗装置、电子防盗装置、网络防盗装置及生物识别防盗装置等。

另外,现在的车辆基本上都配备了晶片式的"发动机防止起动"装置,不仅车钥匙无法复制,点火开关也必须先确认原厂钥匙的密码才能起动。由于这种防盗方法也是靠电子控制实现的,因此也可以把它与电子防盗归为一类。

1. 机械式防盗装置

机械式防盗装置是最为传统,历史也最悠久,结构上最简单、最廉价的一种防盗装置。它主要是靠锁定离合、制动、节气门、车轮、转向盘及变速杆等来达到防盗的目的,其优点是价格便宜,安装简便。缺点是机械锁的体积较大,车主又要随身多带一把钥匙。破解的手段众多,只防盗不报警,安全性差。

2. 电子防盗装置

电子防盗装置,电子防盗装置是目前较为理想的汽车防盗装置。电子防盗装置属于单向防盗器,现在是市场的主流产品之一。

(1) 传统电子防盗器

就是给车锁加上电子识别码,开锁或配钥匙都需要输入十几位密码。电子防盗系统不仅具有切断起动电路、点火电路、喷油电路、供油电路和变速电路、将制动锁死等的功能,同时,还会发出不同的声光报警信号。与机械式防盗器相比,电子防盗器最大的优点在于具有报警功能,能自动开、关门,具有防抢功能,遇异动时会报警;缺点是没有回传功能,单纯利用喇叭报警对窃车贼进行阻吓,不能向遥控器传递汽车状况而防盗效果极其有限。很多情况下,由于车主无法得知车的状况而不能及时处理,经常发生误报警影响居住环境安宁。此外,安装电子防盗器时必然会改动原车电路,如果安装不够正确,就有可能和原车的防盗系统发生冲突,还可能对空调、显示灯等线路造成损害。因此,在原车配置有发动机防盗功能时,都主张再加装电子防盗器。如果一定要额外安装电子防盗器,要注意与点火系统分离,否则会造成发动机无法起动等故障。

(2) 发动机数码防盗系统

现在很多车辆都标配了发动机数码防盗装置。数码防盗装置的微晶辨识密码防盗系统独特的电子密码高达500多亿种,当装有密码发射器的汽车钥匙插入之后,钥匙孔内的受讯模组将密码传至控制模组进行判读,当钥匙芯片数据与车载计算机预存数据相符,计算机才会通知相关系统开始工作,允许发动机起动;若控制模组未解除禁令,发动机就无法启动。如新福克斯的标准防盗配置就是此种类型。

3. 网络防盗装置

网络防盗装量即利用现代电子信息技术、航天技术、通信技术和网络技术,实现汽车与车主的实时信息反馈,属于双向防盗器。

(1) 全球卫星定位系统(GPS)防盗器

GPS防盗器属网络式防盗器,它主要靠锁定点火或起动达到防盗的目的,同时还可通过GPS,将报警信息和报警车辆所在位置无声地传送到报警中心。GPS防盗器的功能非常多,不仅可以在全国范围内实时监测车辆位置,还可以通过车载移动电话监听车内声音,必要时可以通过手机关闭车辆油路、电路并锁死所有门窗。如果GPS防盗器被非法拆卸,它会自己发出报警信息,这种产品防盗的效果明显,并可以协助车辆管理者对车辆的实时信息进行有效的管理。

GPS防盗系统的缺陷主要有:一是在没有建立卫星定位地面监控中心的地区GPS无法工作;二是由于卫星数量有限,信息扫描覆盖存在一定"盲区",从而使监控实际上经常处于间断"丢失"状态;三是价格昂贵,需要支付系统服务费等。

(2) 全球移动通信系统(GSM)汽车防盗装置

GSM移动防盗器依托GSM通讯网络,进行手机与汽车的智能联动防盗。该系统使用先进的传感器,并设有多点报警信号,盗贼触及其中任意一点,该装置都会立即锁住电路,使车内高压电路、发电机电路同时拒绝应急工作,同时通过电信网络向车主手机或传呼机发出长时间声讯和字幕报警信号,而盗车者丝毫不知觉,直至车主解除设定为止。GSM移动防盗装置的具体功能如下:

①智能语音平台

用户不需要记住任何控制命令,按语音提示即可电话操作,汽车一旦发生警情,防盗系统会通过GSM网络给你打电话,语音告诉你具体警情(震动、车门打开、非法启动等)。便于您采取不同的处理方式。

车载免提电话具有普通手机拨打和接听功能,行车中车主无需拿手机,带耳机就可随意通话,让驾驶更安全。

②喊话阻吓

系统报警时,车主可按照语音提示,用手机向车内喊话,阻吓盗车行为。平时也可随时拨打"车载系统"号码,输入车主密码后,向车内喊话。

③滚动跳码遥控器

遥控器采用军事技术的滚动码技术,拥有长达66位加密系列,每秒按遥控器一次,也要28年才有机会重合密码,使任何复制和破解企图化为泡影。

④电话监听

系统报警时,车主可按照语音提示发出相应指令,监听车内动静,便于确认警情。平时也可随时拨打"车载系统"号码,输入车主密码后,监听车内动静。

⑤远程启动

无距离限制,您在开车前,用手机打通车载电话,通过语音指令开启车内空调、暖风,创造一个舒适的驾驶环境。北方地区冬天,可选装此功能提前热车。

⑥完全自我服务

不论您身在何地只要有GSM网络能打电话的地方,便可如身临其境般地了解车辆所处的状态,如你的爱车行驶在什么地方,门锁状态是否打开,发动机是否运转。用手机或座机可远程监听车内的每一点细小的声音,能对车辆进行远程控制开关门锁、远程启动汽车或控制停车。可见一部手机在手,就可24小时全天候、全方位监控汽车,车辆的一切信息尽在自己掌握之中。

⑦绿色环保

震动器共分8级(从灵敏到关闭)可设置有声或静音的工作方式,均可正常报警,可以达到"我知贼不知"的效果。例如打雷、下雨时可用手机进入菜单关闭震动器,这样汽车受到震动就不会给你打电话了。只有打开车门,非法启动,断电,踩脚刹时,防盗系统才会给你打电话实施报警,真正实现了绿色环保、不扰民。

可见此种防盗方式具有防盗、监控、远程控制、远程报警、定位、反劫等多种功能,是维护社会治安、保护车主利益的有效手段。与同类产品相比,该系统还具有安装更隐蔽、技术更先进、性能更可靠等特性。具有不需建基站、报警不受距离限制。缺点是需要缴纳GSM号码的月租费,依赖GSM网的覆盖程度。

4. 生物识别防盗装置

利用瞳孔、指纹等人体生物信息作为识别信息,来锁止和开启汽车防盗装置。

德国科学家利用人体指纹所携带的大量信息,以及每个人的指纹的重合率几乎为零的特性,在该系统中事先存放车主指纹的信息,通过指纹的比对核实身份后才能启动汽车,即便盗车贼将汽车钥匙全部偷走,但盗贼没有办法获得您的指纹,他就没有办法偷走您的车。

瑞士科学家发明了一种利用视网膜图纹来控制的汽车门锁。这种门锁内设有视网膜识别系统和记忆系统,当车主开锁时,将眼睛对准门锁看上一眼,如果视网膜图纹与记录的图纹吻合,车门便会自动打开;如果不吻合,便将来人拒之门外。

美国科学家经过长期观察测量发现,人的手指长短各异。根据这一发现,很快便研制出了一种以手指作为车门钥匙的电子锁。这种锁由解码器和编码器两部分组成,编码器是将手指长短的信息录制在一张磁卡上的装置,解码器则是验证车主手指的长短与磁卡上记录的信息是否相符的装置。当车主要打开车门时,电子锁将对开门者的手指进行测量,如果与磁卡上的数据吻合,电子锁便立即将车门打开。

可见,前三种防盗方法,只要盗贼偷了车主的钥匙就可以破解车辆的防盗系统。只有生物识别汽车防盗器才能真正守护您的爱车。但此法的缺点是启动汽车之前多一个个人信息的比对动作,需要花费2秒钟的时间。

二、汽车电子防盗器的功能与选择

1. 电子防盗器的功能

(1) 防盗设定与解除。其主要作用是警戒车辆,以防被盗或受侵害。

(2) 全自动设防。若车主忘记设防,报警器将自动进入防盗警戒状态。

(3) 静音设防与静音解除。静音设防与解除无噪声,适合于在夜间、医院和特殊环境下使用。

(4) 二次设防。设防解除后,若30秒内车主未开车门,则主机自动进入防盗状态。

(5) 寻车功能。在停车场内帮助车主寻找车辆。

(6) 求救。在紧急事态发生时能设定紧急呼救。

(7) 振动感应器暂时关闭。遇恶劣天气,但汽车处在安全环境下,使用此功能可减少误报和噪声。

(8) 进场维修模式。适用于汽车进场维修,遥控器无须交给维修厂,安全方便。

(9) 行车时控功能。点火后车门自动落锁,熄火后车门自动开锁,车辆使用安全、方便。

(10) 密码抗扫描。计算机自动判别密码正确与否,并过滤扫描器信号,杜绝扫描密码,因而可防止盗贼用扫描器扫描报警密码盗车。

(11) 跳码抗拷贝。每次进行设防和解除警戒时,主机及遥控器都同时更改密码,防止盗贼用无线电截码器截码盗车。

(12) 遥控发动机起动。提高效率,节省暖车时间。

2. 电子防盗器的选择原则

(1) 依据自己的需求和汽车的档次

各个品牌的防盗器从原理设计、元器件的选择、加工工艺以及防盗器的功能设计上都有很多的不同。正是由于这些不同,决定了防盗器的可靠性、寿命等性能及价位各不相同。

(2) 抗干扰能力强

元器件焊点牢固,防盗器的抗振性强,对于安装在每天处于振动、颠簸中的汽车上的防盗器来说,抗振性强可延长其使用寿命。另外,防盗器不会受到其他无线信号的干扰,影响使用的安全性。

(3) 安装方便

防盗器主机体积越小越便于隐藏安装,方便施工,简化工艺。

(4) 电压适应范围大

了解是否采用了多重电路保护系统,其优点是可适应于更大范围的蓄电池电压变化,不会因蓄电池电压过低,造成防盗主机微电脑死机,影响防盗器的正常使用。

三、汽车电子防盗器的安装

汽车防盗器的好与不好,主要决定于防盗器产品质量、防盗器的安装方法以及防盗器的正确使用三个因素。而防盗器的安装方法与防盗器质量同样重要,且由于防盗器的安装不良而造成的损失更是惨重的。比如汽车电脑死机、安全气囊炸出、烧毁汽车电路及其他部件损坏,这肯定都是由于安装不当造成的。因此,选择好的、有经验的安装商是十分重要的,也是对汽车使用的基本保证。

1. 防盗器安装商的选择

有经验的汽车防盗器安装商不仅对防盗器有全面的认识,而且更主要的是要对汽车电路非常熟悉和了解,他们判断汽车电路不是靠死记硬背,而是靠电路理论知识。尤其是当今时代,车的更新换代越来越快,这只有靠电路知识才能正确判断汽车线路。

(1) 其店是否具有防盗器的经营、安装资格,包括营业执照及公安机关的资格证书等。

(2) 其销售的防盗器是否注明产地,这是防盗器今后能否得到售后服务和故障保修的基本保障。

(3) 其店是否持有防盗器生产厂家的授权书,这表明此店是否对此品牌的防盗器有比较全面的了解,并得到了厂家的安装培训及认可。

(4) 防盗器安装完毕后,务必向厂家索要加盖安装商公章及电话的防盗器保修卡。

2. 防盗器安装注意事项

(1) 找出适合安装主机的位置

仔细观察装饰板的结构状况,因对接配线须拆装装饰板的结构。有条件时带上工作手套,防止弄脏车内装饰。

(2) 中控锁线路部分连接

因车型不同,触发方式差别较大。如通用、丰田、三菱等系列车型,中控锁控制部分,主要采用负触发方式,上海大众车采用双电位负触发,一汽大众采用单线触发方式。但在与防盗器中控锁配线连接中,先确认原车中控触发方式,最好采用和原车信号对接。尽量少采用正电回路接法。

(3) 注意控制总线的连接

门开关检测线连接时一定要接顶灯控制总线(四门总线),不要接在左前门门开关线上,因为主门开关线和其他门开关线,加有二极管分离开的,相互不连通,避免装防盗后在设定警戒时,出现开后门不报警现象。

(4) 防盗控制线的连接

防盗断电器的连接中一定要先确认好点火线、燃油泵控制线、启动线后再选择断开哪一路(断启动线时没有防抢功能);防盗主机输入ON线要对接在断开电路上端,也可单独接车钥匙在ON位置时有正12V电的线上。

(5) 其他注意事项

电源负极线最好与原车接地连接,电源正极线,应在其他配线连接好时,最后连接,所有配线一定要用绝缘胶布包扎牢固。主机天线位置与遥控距离有很大关系,一定要严格按说明书上要求进行安装,否则会影响遥控和接收距离。报警喇叭安装时要远离发动机排气管高温处,以免高温损坏。

3. 防盗器的安装

安装时要详细阅读产品说明书,认真研究产品配线图,以提高安装的准确性。

(1) 原车电路的检测

安装防盗器前,应先检查原车的电路系统是否存在故障,在确定电路正常后再进行防盗器的安装施工。

(2) 判断产品各零部件接口方式和位置

用试电笔依次找出车辆的常通电源线、启动电源线、ACC线(钥匙开一档时接通的电源线)、转向灯线、刹车线、门灯线及负极线。按线路图正确连接防盗断电器,并用绝缘胶带做好绝缘。将转向灯线、刹车线、门灯线等依此连接好,用绝缘胶带做好绝缘。

(3) 振动感应器的安装

将振动感应器及LED指示灯按要求固定好。注意:振动感应器必须以螺丝固定于车体上,不能用双面胶带粘贴,否则会影响其工作灵敏度。

(4) 喇叭安装及线路检查

在发动机室内选择合适的位置固定好报警喇叭,并将防盗器的喇叭线从防火墙内引至喇叭处进行连接,必须将口对着斜下方,以防进水导致喇叭损坏。

(5) 功能测试及整理

检查所有线路连接是否正确,将连接线、振动感应器、对应指示灯的插头插到防盗器主机上,检查后进行所有的功能测试。如功能正常,将所有的连接线用胶带包裹整齐,选择合适的位置固定好,将原车的挡板等安装复位,再次测试防盗器的全部功能,如果完全正常,即可完成施工。

最后,应向车主讲解简单的常用功能操作方法,包括遥控和接收的大约距离,遥控器的电池使用时间,紧急解除开关的功能使用,最后告诉用户安装点电话和厂家服务电话,以便为用户更好地服务。

第四节 汽车报警系统

汽车报警系统可及时提供汽车的运行信息,保证汽车行驶的顺畅和乘员的安全,有效减少交通事故的发生。其报警内容主要有启动报警、关门报警、倒车报警、泊车报警、安全装置报警(安全带、气囊、刹车片、油、液等)等。

一、倒车雷达

随着城市经济飞速发展、客流量的增加、交通运输车辆的不断增多,会车、倒车很难前后相顾,由于倒车造成财产损失和人员伤亡的事故时有发生,已引起了社会和交通部门的高度重视,驾驶人员也越来越需要安全、便捷的驾驶环境。倒车雷达的加装可以解决驾驶人员的后顾之忧,大大降低了交通事故的发生。

1. 倒车雷达功能

倒车雷达全称叫"倒车防撞雷达",它能够将驾驶员视野盲区处的路况信息,通过声音、数据、图像等形式提供给驾驶员,使驾驶员对周围障碍物的情况能够更清楚的了解、判断,对驾驶员起步、泊车、倒车等环节起到很大帮助,提高驾车的安全性。

2. 倒车雷达的工作原理

倒车雷达一般有控制单元(ECU)、传感器(探头)及报警装置三部分组成。工作时,由控制单元向传感器发出命令,该传感器既发出超声波,同时也接受超声波遇到障碍物反射回来的回波信号;再由控制单元计算出障碍物距离车身的距离,同时将距离信息发送给报警装置。其工作原理,如图6-1所示。一般的情况下,当车与障碍物的距离相距1.6 m时,可听见间歇报警声;当距离小于0.2 m时,则发出连续报警声,警示驾驶员立即停车。

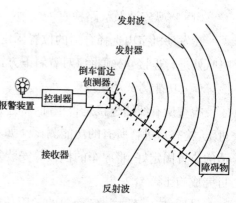

图6-1 倒车雷达的工作原理

3. 如何正确选购倒车雷达

现在市场上各种品牌的倒车雷达众多,价格各异,鱼龙混杂,使消费者无所适从,现将倒车雷达的选择方法作一简单介绍。

(1) 颜色

探头的颜色是否与车颜色相符至关重要,如果两者颜色差异过大,会使您的爱车开在街头黯然失色。

(2) 款式

款式的选择好坏,直接关系到能否体现您爱车的档次。如有为奥迪 A6 车设计的专用探头、别克公司生产的别克和赛欧,则分别为其配有专用探头等。一些品牌的倒车雷达仅能提供单一款式的探头,没有选择余地,使您的爱车失去应有的气派。款式的选择不能仅考虑探头是否一定要小,更多要考虑安装后整车的效果,是否显得典雅、大气。

(3) 产品质量

产品的功能好坏直接关系到倒车雷达所应起的作用,如产品的灵敏度、是否存在盲区、产品是否正常工作。一般设计倒车雷达探测距离应为 0~1.5 m。一些品牌的倒车雷达因其敏感度不够,探测距离仅为 0.2~0.9 m,会给司机的判断及采取措施带来一定的困难。尤其是如存在探测盲区,将使倒车雷达失去应有的作用。产品由待机状态转换为工作状态,是否有声音提示也比较重要,它可以提示司机倒车雷达是否正常开始工作。

(4) 工作的可靠性

倒车雷达对周围环境的适应能力。由于全球环境的转变,夏季温度普遍偏高,冬季温度偏低,某些品牌的适应性较差,在高低温的状态下,车未启动就产生报警,且对雷达的寿命有明显的缩短。用尺子去测量车尾与障碍物的距离,与倒车雷达显示的数据进行对比,看是否一致,从而判断倒车雷达的灵敏度及可靠性。

另外,倒车雷达的防水性也很重要,如雨天倒车时,雷达能否正常工作。可以用水龙头去冲探头,进行产品防水性能的测试。

(5) 便于安装

产品应有良好的施工性,如安装图纸、必要的工具等附件应齐全。安装位置的高低、角度以及探头分布的距离根据不同的车型,有不同的要求,没有长时间各种车型的安装经验,均无法满足各种车型的安装要求。

4. 倒车雷达的安装

(1) 安装时,按使用说明书的要求,把探头安装在汽车尾部的适当位置,显示器安装在驾驶员附近的仪表板上,控制盒(ECU)安装在后备箱或驾驶室内,如图 6-2 所示。

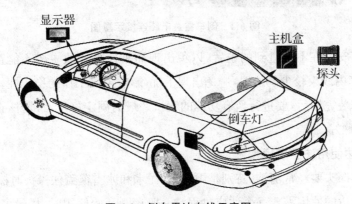

图 6-2 倒车雷达布线示意图

(2) 超声波探头安装位置的高低、角度及各探头分布的距离,不同的车型有不同的要求,一般情况下探头的安装高度为 50～70 cm,各探头之间的距离如图 6-3 所示,图中的 L 为探头 A 和 D 的中心距离。

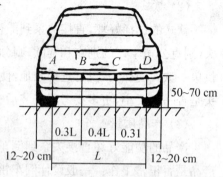

注意:探头最后安装在保险杠的垂直平面上。

(3) 钻孔时要注意保持电钻水平,以免探头空出现歪斜,导致探头安装不平。另外钻孔时电钻应保持适当转速,不宜太快,防止探头孔出现过多的毛边。

图 6-3　倒车雷达安装尺寸示意图

注意:探头孔不宜过紧,否则会压迫探头,引起误报。如果出现探头孔过紧的现象,应用砂纸打磨合适后再安装探头。

(4) 安装探头时,要注意探头上的安装标记,让向上的安装标记朝上安装。按压探头时,不要按压探芯部位,应该按压探头边缘的塑胶部分。

倒车雷达的有效侦测范围与探头的数量与位置有很关。一般倒车雷达安装 2～8 个探头。对于两厢车或紧凑型车,车身比较短小,探头就可以装 2～4 个。

(5) 布线时要注意保护好探头插头,往车内拉线时不要太用力,防止扯断探头及显示器的连接线。如图 6-4 所示,为产品电路连接示意图。

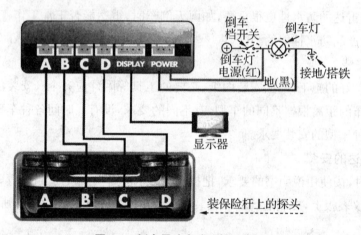

图 6-4　倒车雷达电路连接示意图

(6) 主机应安装在不易碰到的位置,以免出现插头掉落导致主机不能正常工作。要尽量选择安装在车内线束较少的位置,避免出现干扰,影响主机工作的稳定性。

(7) 全部安装完毕后,要进行所有功能的测试。最后固定好所有部件,把连接线束捆绑固定,并且隐蔽藏好。

5. 倒车雷达使用注意事项

(1) 超声波探头要经常清洁,特别是雨雪天,泥水和冰雪覆盖住探头时探头就会失灵。

(2) 倒车雷达的使用需要一个适应过程。一般在刚开始使用时,尽量多下车看看,以便准确了解雷达显示的数值与实际目测距离相差多少。

(3) 碰到光滑斜坡、光滑圆形球状物、棉絮团、花坛中伸出的小树枝等障碍物时,驾驶员要加以目测,因为这时的探头探测能力大为下降,提供的数据就不会非常准确。

(4) 一般倒车雷达的探头也有盲区,装两只探头的车主,特别要注意车后的中间地带。

(5) 碰到天气过热、过冷、过湿、路面不平和沙地时,不能掉以轻心,要多回头看看后面的情况。

(6) 倒车时,车速一定要慢,以免惯性太大碰到障碍物。

(7) 听到蜂鸣器的连续警示音时,应立即停车,因为车已到危险区域。

二、汽车可视系统简介

这种系统采用微电脑智能控制,准确探测障碍物距离。倒车时通过车内的显示器实时提供车后障碍物的实景图像。可实现自动开启、切换、更人性化,不受环境影响,防水防震,超强抗电磁干扰。摄像头及雷达超声波探头采用嵌入式安装,多颜色配置,感应器精致小巧,安装方便。如图6-5所示为汽车可视系统原理示意图。

图6-5 汽车可视系统原理示意图

1. 普通倒车可视系统

对于倒车雷达来说,毕竟存在一定的盲区,一些矮小的障碍物,可能无法探测得到。而这个时候,倒车后视就充分显示出它功能的强大。汽车后视系统是由倒车雷达改进而来的,通过装在车尾的车载摄像头把车尾部摄取的画面,通过传输线把信号送到安装在驾驶位置处的车载显示器,然后利用图像显示出车辆周围的障碍物情况。

现在许多车系的高配车型基本上都会配套有倒车后视系统,只有极少部分的车型具有显示屏而并没配套后视镜头。对没有倒车可视系统的车型,车主也可以自主进行升级加装,通过购买后视镜头进行简单的改装即可。有的还可另外加装倒车轨迹功能,在进行倒车的时候,不但可以观察到车尾的动态图像,而且还能提供倒车行驶的轨迹。

倒车后视在行车中的使用频率非常高,而且也是现在适用范围最广的倒车辅助设备。对于新手来说,能更好地把握倒车入库时候的距离。对于资深的车主来说能有效消除后视盲区。

2. 可视倒车雷达系统

可视倒车雷达总的来说就是在普通的倒车雷达基础上做了升级,添加了倒车可视功能,主要就是增加了显示器和摄像头等配件,当然硬件方面也做了改变,相应的软件(主机板)也会随之发生改变。此种系统在倒车的时候可以更直观地反映显示倒车时车后的情况,摄像头采集到的是车后的实物图像,通过主机处理传输到安装在驾驶室内的液晶显示器上,让车后的影像尽收眼底,这样就极大地提高了倒车时的安全级别,大大地减少了因为倒车而发生的事故。同时该种倒车系统也有普通倒车雷达的功能,即声音提示和车后障碍物距离显示,从而达到倒车安全的目的。

可视倒车雷达与可视化系统的最大区别在于前者的摄像头得到的图像,会先传入到雷达主机里,处理好后,再传到显示器上,这样的好处是让显示器得到带有光条、数字的图案,并带有声音提示,来提示障碍物距离,以提醒驾驶者。可视化系统则没有,而是直接把车后摄像头得到的画面传到车前显示器上,这样的好处是让驾驶者能更快地得到车后图像。

3. 全景倒车影像系统

全景倒车影像的实现需要在车辆四周安装超广角摄像头,然后通过电脑技术合成图像,用俯视的角度类似于监控的方式,获取车辆周围的全景图像,从容地完成停车入位,一般只用在高配豪华车型中。

4. 自动泊车系统

自动泊车系统是现代智能化汽车生活的衍生物,当驾驶者按下自动泊车按钮之后开启相应方向的转向灯并选择停车位的方向即可实现智能化倒车入库。自动泊车过程中,系统会负责方向的控制,但是车速控制必须要驾驶员使用刹车控制,所以当开启自动泊车系统的时候,要注意控制车速与刹车。

三、车载 GPS 卫星导航系统简介

现代人对于 GPS 已经不是很陌生了,虽然 GPS 系统一开始是为军事目的而建立的,但很快在民用方面得到了极大的发展。把 GPS 用于车载导航来说,有不少人恐怕还只是听说过,没有实践过。GPS 汽车应用系统的未来似乎是无可限量的,技术进步带来的梦想也是没有止境的。GPS 汽车导航系统为地球表面上每一块土地提供了一个全新的、瞬时可知的地址信息。

1. 车载 GPS 系统终端组成

目前的车载 GPS 系统终端一般由 GPS 模块、无线通信模块、报警控制模块、语音控制模块、显示模块和车载 PC 等几个部分组成。

(1) GPS 模块

安装到车辆上的小型装置,是 GPS 车载单元的一部分,用来接收卫星所传递的信息。

(2) 无线通信模块

通常采用车载无线电话、电台或移动数据终端(MDT)以完成信息交互功能。

(3) 报警控制模块

向监控中心网络发出报警讯号,通报车辆异常信息。

(4) 语音控制模块

完成声音控制及服务等功能。

(5) 显示模块

用来显示车辆位置及路况等视频图象信息,可选用 LCD、CRT 或 TV 显示。

(6) 车载 PC

整合处理各功能模块,配合相应的软件,完成指定功能,如进行数据处理,计算出所在位置的经度、纬度、海拔、速度和时间等。

由于使用环境的特殊性,作为系统核心的车载 PC 的必须体积小,集成度高,功耗低,处理能力强,操作简单便捷。根据车辆使用的频繁性以及道路的复杂性的要求,它必须可靠性要高,且扩展性和兼容性要好。

2. GPS 车辆应用系统类型

(1) 车辆跟踪系统

这类系统用于车辆的防盗,由于"只接收,不发射"信号是 GPS 是接收系统的一大特点,所以用于防盗的 GPS 跟踪系统就是要借助通信网络以及政府配套系统给 GPS 车载防盗仪,提供收取使用费用的解决方案。

(2) 车辆导航系统

这类系统用于车辆的自主导航,而车载导航仪是通过接受卫星信号,配合电子地图数据,适时掌握自己的方位与目的地,自主导航的模式不收取任何使用费用,用户可以根据自己的需要有选择地购买地图数据。

GPS 技术是利用 GPS 卫星信号接收的,可以 24 小时不间断地接收卫星发送的数据参数结算出接收的三维位置、三维方向以及运动速度和时间信息。当使用者把车载 GPS 安装在车上后,无论使用者身处哪个城市、城镇或是郊区,我们都能在转瞬之间找到一家餐馆或是最近的一家加油站。

3. 车载 GPS 导航系统功能

(1) 导航功能

使用者在车载 GPS 导航系统上任意标注两点后,导航系统便会自动根据当前的位置,为车主设计最佳路线。另外,它还有修改功能,假如用户因为不小心错过路口,没有走车载 GPS 导航系统推荐的最佳线路,车辆位置偏离最佳线路轨迹 200 米以上,车载 GPS 导航系统会根据车辆所处的新位置,重新为用户设计一条回到主航线路线,或是为用户设计一条从新的位置到终点的最佳线路。

(2) 转向语音提示功能

车辆只要遇到前方路口或者转弯,车载 GPS 语音系统提示用户转向等语音提示。这样可以避免车主走弯路。它能够提供全程语音提示,驾车者无需观察其显示界面就能实现导航的全过程,使得行车更加安全舒适。

(3) 增加兴趣点功能

由于我国大部分城市都处于建设阶段,随时随地都有可能冒出新的建筑物,由此,电子地图的更新也成为众多消费者关心的问题。因此遇到一些电子地图上没有的目标点,只要你感兴趣或者认为有必要,可将该点或者新路线增加到地图上。这些新增的兴趣点,与地图上原有的任何一个点一样,均可套用进电子地图查阅等功能。

(4) 定位

GPS通过接收卫星信号,可以准确地定出其所在的位置,位置误差小于10米。如果机器里带地图的话,就可以在地图上相应的位置用一个记号标记出来。同时,GPS还可以取代传统的指南针,显示方向,取代传统的高度计,显示海拔高度等信息。

(5) 测速

通过GPS对卫星信号的接收计算,可以测算出行驶的具体速度,比车上里程表准确很多。

(6) 显示航迹

如果去一个陌生的地方,去的时候有人带路,回来时怎么办?不用担心,GPS带有航迹记录功能,可以记录下用户车辆行驶经过的路线,小于10米的精度,甚至能显示两个车道的区别。回来时,用户可以启动它的返程功能,让它领着你顺着来时的路线顺利回家。

中国GPS导航系统市场的发展潜力非常巨大,在未来的数年内,中国将成为全球最大的车载GPS市场。随着导航卫星、车载导航设备商业化应用环境及卫星导航应用标准的成熟,车载导航系统将被消费者更加广泛地接受,产品价格也会逐步下降,市场规模将不断扩大。

4. 汽车导航仪的选购

汽车导航仪的最主要用途就是导航,现在市面上的汽车导航仪功能越做越多,很多附加的功能掩盖了其本质的用途。车主们在选购车载导航仪时,一定不要摒弃其最原始的功能,再多新的附加功能也只能是辅助功能,有的功能我们根本用不上。

要选购一款性价比高、实用性强的车载导航仪,其品牌、功能以及服务,是必须重点考虑的三个方面。

(1) 品牌的考虑

选大众认同的牌子,像国内知名E路航、征途等产品。而现在的车载产品,品牌众多,但切忌盲目跟风买名牌,比如有些在欧美市场已经过时的产品在国内市场重新销售,其实都是落伍的东西,性价比不高,同样的价位可以买到功能更高的国内产品。另外,一些不知名的牌子也以低价抢占市场,一些人因贪图价格便宜,使用后则后悔不已。所以,大家应该选择的是受大众认可、有深厚市场基础、强大的产品研发能力的品牌。

(2) 功能性的考虑

一般情况下,汽车导航仪都会带有车载电源,但如果汽车上的点烟器接口出现问题,就可以使其锂电池发挥作用了。电池的续航能力比较长,而此指标也体现了汽车导航仪的能耗效率以及综合性能。另外,要注意导航的地图搜星速度快,表明有不错的配置。软件同样重要,好用的地图是关键。其实每个地图都各有优势,凯立德、远峰国际、城际通都不错。要注意认准正版地图。

(3) 售后服务能力考虑

服务售后服务可以说是人们最关心的环节,如系统软件升级、地图改版、电池续航能力等。知名品牌一般都拥有相对健全的售后服务体系,消费者能够享受到满意的服务。在一些知名品牌服务中心,当用户的导航仪需要返厂维修时,会提供备用机供用户使用。

综合分析,选择一款实用的车载 GPS 基本上涵盖以上这几个方面。当然,现在的车载 GPS 也在注重多媒体、个性化的发展,如专门为女性量身定做的轻薄风格的车载 GPS;如集合了 MP3、MP4、图片浏览、电子书等功能,还有一些添加了 FM 调频发射功能或者是蓝牙功能,最近市场上还涌现出一些配有摄像头的车载 GPS。这些都根据消费者自身喜好以及对价格的定位要求而灵活选择。

四、车载电子狗简介

"电子狗"其实是一种车载导航的装置,其主要作用是提前提醒驾驶者电子眼或测速雷达的存在,在存在安全隐患的地方事先让驾驶者能提高驾驶注意力,可防止因为超速或违规而被罚款和扣分。这里只是从电子狗的功能上,浅显地分析一下目前的电子狗的市场情况。

俗话说"萝卜白菜各有所爱",最合适自己的就是最好的。这个道理对于选择电子狗也同样适用。就目前市场上电子狗的种类看,主要有以下几种来试着向大家介绍一下。

1. 雷达探测式电子狗

(1) 功能

能探测雷达测速点,遇到雷达测速提前报警。全频的雷达电子狗,能报警目前国内所有流动及固定的雷达测速。

(2) 特点

功能简单、实用,对于雷达测速点开机正在测速的会报警,不是开机状态的就不报警。不足之处是并非中文语音报警,遇到雷达测速,只发出"嘀嘀嘀"的信号声提醒,当然也就不能告诉驾驶者限速多少及红绿灯拍照了。

雷达探测式电子狗适合经常跑长途的朋友,以及在比较偏远的山区的朋友和老司机朋友们。因为长途中(省道、国道、高速),以及城市中交警使用的几乎都是雷达测速,对于老司机朋友们,并不担心固定测速点,这些他们都心中有数,但担心隐蔽起来的移动测速,这就需要用雷达电子狗来对付了。

中低端雷达探测式电子狗推荐——征服者 F18。中低端雷达机中性能最好的一款,价格便宜,性价比非常高。

高端雷达探测式电子狗推荐——贝尔 RX65、护航 X50。这两款美国进口电子狗的综合性能很强,并且抗干扰能力要比低端机器好很多,报警准确率非常高。

2. GPS 电子狗

(1) 功能

GPS 电子狗有中文语音报警固定测速点,报警限速以及闯红灯拍照点、危险路段、加油站、收费站等信息。

(2) 特点

有中文语音报警,能报警雷达机不能对付的地埋线圈测速。价格相对来说比较实惠,报警内容多,能起到提醒司机朋友安全驾驶的作用。不足之处是不能报警流动测速。不论测速器是否开机,只要有数据,电子狗都会报警测速点。

GPS 电子狗适合经常在市内跑的朋友,尤其是在大城市使用的女性车友们。因为大城市流动测速非常少见,比如上海、北京等,多数是固定的雷达及固定的地埋线圈测速。而且 GPS 电子狗还能提醒红绿灯拍照。

GPS 电子狗质量差别不大,关键看数据。不过主要品牌在大城市的数据都是非常不错的。所以关键看看接收卫星信号的能力和外观就可以了。

推荐 GPS 电子狗——先知 611。外形小巧美观,接收卫星速度快,在主要城市的数据也非常好。另外,征服者 101、1688,也是常见的型号。

3. GPS+雷达式汽车电子狗

(1) 功能

GPS+雷达式汽车电子狗有中文语音报警,能对付所有流动及固定测速点、报警限速以及闯红灯拍照点、危险路段、加油站、收费站等信息。

(2) 特点

可以自行设定限速功能,还可以自己增加兴趣坐标点。可以上网更新下载新数据。报警功能非常全面,几乎能百分百准确地报警所有测速点信息。

GPS+雷达式汽车电子狗适合市区和长途都经常跑的朋友,以及经常要去陌生城市的朋友,为了避免在不熟悉的城市遭遇罚单,还是有必要安装这个汽车电子狗,即使在陌生城市也能让你对测速点了如指掌啦!

GPS+雷达式汽车电子狗推荐——征服者 368 一体机。无需安装,报警准确性很高,使用非常方便。征服者 898,效果更好,是征服者 368 的改进型号,价格稍高一点,但性能更强,而且省去了外置天线,使用更方便。另外,如征服者 2008、先知 808 也都是不错的产品。

4. 导航和反测速结合(包括地图导航+移动和固定电子眼报警)

这是一款终极产品,应该说这样的产品已经把功能方面做到了极致。在这一套系统中,该有的功能都有了,是一套非常受欢迎的设备。以前的产品,往往是单独的导航仪或者是单独的汽车电子狗,用户想要所有的功能,就只能一样一样分开买,不知不觉中价格贵了很多。

而且由于不是同一家公司生产,不是功能重复,就是电子眼数据不全面,很难达到完全的统一。

征服眼 A8,就是一套电子狗和导航完全结合的产品,电子眼数据采用了征服者的数据,雷达探头(测流动的)采用了征服者的最新的外置加强探头,导航系统采用了正版的城际通地图,不但导航功能非常完善,而且升级也非常方便,简直可以说是一款接近完美的带导航仪的电子狗了。

五、行车记录仪简介

行车记录仪可说是汽车使用的黑盒子,它的工作原理是通过数字视频记录并循环更新车前或周围的路面情况,甚至连车内的声音、汽车的加速度、转向、刹车及瞬时速度等信息数据也被记录下来。当意外发生时,立刻提出证据,保障驾驶人的自我权利。

1. 行车记录仪的作用

(1) 监督驾驶员

行车记录仪不仅记录着道路上的状况,也监督着驾驶员驾驶车辆的一举一动。一些行车记录仪厂商也推出了可以记录车内情况的双向行车记录仪,保证了记录的全面性。

(2) 维护司机的合法权益

常在路上走,哪能不刮蹭,对不少横穿公路的人及骑自行车、摩托车在道路上乱窜者,万一和他们产生了刮碰,很可能要被敲诈勒索一下,如果您有了行车记录仪,司机可为自己提供有效的证据。许多的交通事故是由于违章造成的,安装了此产品后,事故发生前后 20 秒的情景能够清晰再现,彻底杜绝制造假现场骗取保险的行为。

(3) 还原事故经过

将监控录像记录回放,事故责任一目了然,交警处理事故快速准确。既可快速撤离现场恢复交通,又可保留事发时的有效证据,营造安全畅通的交通环境。

(4) 规范驾驶行为

如果每辆车上都安装行车记录仪,司机也不敢随便违章行驶,事故发生率也会大幅度下降,肇事车辆都会被其他车辆的行车记录仪拍摄下来,交通肇事逃逸案将大大减少。

(5) 提供有力的行车证据

法院在审理道路交通事故案件时,在量刑和赔偿上将更加准确和有据可依,也给保险公司的理赔提供了证据。

另外,碰到专业碰瓷的和拦路抢劫的,行车记录仪将会给破案带来决定性的证据,能够准确提供事故发生现场和案犯的外貌特征等。

(6) 提高生活乐趣

喜欢自驾游的朋友,还可以用它来记录征服艰难险阻的过程。开车时边走边录像,同时把时间、速度、所在位置都记录在录像里,相当于飞机上的"黑匣子"。也可在家用作 DV 拍摄生活乐趣,或者作为家用监控使用,平时还可以做停车监控。

2. 行车记录仪的选购

目前,国内行车记录仪市场品牌众多且鱼龙混杂,质量参差不齐。车主在选择行车记录仪时,要多方考虑,认真比较。

(1) 质量可靠

市场上 90% 以上的山寨行车记录仪品牌都是简单的外观模仿,其内置芯片都是非常劣质的。所以车主在购买行车记录仪时,不能单纯地看行车记录仪是否好看、价格便宜等,最重要的还是看行车记录仪质量的好坏。

(2) 功能实用

在选购行车记录仪时,车主要注意行车记录仪的功能是否有实用价值。如摄像头拍摄角度越大越好,这样有利于全面记录车辆周边情况。要具备较好的摄像清晰度及夜间拍摄能力。要拥有足够的存储空间,这样就有足够长的有效记录内容。在个人使用方面,目前市场上也有 GPS+3G 无线车载录像监控系统出售,具备本地录像存储、无线网络传输、GPS 定位、行车信息记录、报警触发等多项功能,不过价格较贵,车主可根据具体需要进行选择。

说实话,有些行车记录仪生产厂家,为了吸引车主购买他们的行车记录仪,给行车记录仪添加了很多没有实用价值的花哨功能。有些车主盲目听信商家宣传,结果购买到劣质的山寨行车记录仪。

值得注意的是,像类似诈骗、碰瓷事件发生之前,车主本人可能不在车内,车辆处于停驶熄火状态。如有需要的车主,可根据自己的特殊要求,安装停车也能摄像的功能。比如,有的汽车熄火后可以直接连接点烟器供电保持行车记录仪工作。或者可以将记录仪接到顶层阅读灯常亮的那根线,就可以一直录像。另外,车主还可以购买一个车载多用移动电源,专门给行车记录仪供电。

(3) 售后服务完善

行车记录仪属于电子产品,所以车主在购买的时候,必须考虑到售后服务,问清楚销售客服,如果行车记录仪出现质量问题,应该如何处理。低于 300 元的山寨行车记录仪无论是通过网购还是通过实体店购买的,出现问题需要保修时都非常困难。

第五节　汽车底盘装甲及静电放电器

一、汽车底盘装甲

汽车底盘的工作环境是异常恶劣的,行车途中的泥水、沙石等会对底盘强烈冲击,细小的沙石像锋利的小刀切削底盘,形成划伤和斑点,严重时还会使底盘变形、漏油、尾气泄漏、转向受损、制动失灵等。另外,水分、酸雨、腐蚀物时刻都在侵蚀着底盘。而底盘装甲可以使底盘免受以上损害。

1. 底盘装甲的概念

汽车底盘装甲也叫汽车底盘封塑，就是将底盘彻底清洗、烘干后喷上双层的柔性橡胶树脂，完全包裹住车盘底部和轮毂上方噪声较集中的部位。喷塑层有很强的韧性、弹性、防腐性和防锈性，并有良好的隔热、隔音效果。大大降低了沙石撞击的力度，达到防腐、防锈、防撞，同时还可以隔除一部分来自底部的杂音。

2. 底盘装甲的作用

在欧美国家、我国香港、台湾以及泰国、新加坡等地，新车落地的第一件事，就是去做防撞防锈处理。而在我国内地，人们对汽车底盘保护的认识还比较少。

俗话说"烂车先烂底"，终年不见阳光，历经无数坎坷的汽车底盘，腐蚀和损坏的隐患是很大的，现在汽车底盘的位置都很低，离地面近，常常会被飞起的砂石撞击，在凹凸不平的坎坷路面上，汽车底盘还可能"拖底"，甚至发生油箱破裂造成严重事故。雨天、雪天底盘易粘结泥块，受到雨水、雪粒的锈蚀，雪后道路上布满具有极强腐蚀的融雪剂，更是对底盘造成致命的摧残，大大缩短您爱车的使用寿命。而国内绝大多数车出厂时，厂家出于成本考虑，对底盘的处理非常简单，只喷上了薄薄一层车底涂料(有些是 PVC 材质)，甚至一些车只喷局部，而出厂时底盘的防锈漆和镀锌层，只能在理想环境下才能对底盘起到防锈的作用，所以给车辆加装一层底盘装甲是非常必要的。

(1) 阻隔气候影响

夏日里地表的烘烤、酸雨的侵袭、大气的潮气、盐分、冬季雪道上除雪剂的腐蚀等每一种因素都能侵蚀车底。底盘装甲可有效防止汽车生锈，预防提前老化，即使在沿海城市温暖潮湿的气候下，带有盐分的海风吹拂也不会将钢筋铁骨蹂躏得伤痕累累。

(2) 抵御砂石撞击

当汽车行驶在路况不好的路面上，路面上的砂石被震动飞溅后会不断撞击汽车底盘与轮毂等部位。底盘装甲可以保护汽车底盘原有的防锈漆和镀锌层，以防金属裸露在外并与空气中的潮气和酸雨等接触生锈，强效抵御锈渍迅速蔓延腐蚀汽车内壳机件。

(3) 加强行车安全

受损的底盘可能会导致底盘的一些零件变形，特别是上下摆臂、左右方向拉杆等容易发生变形，一些轻微碰刮同样会引起发动机底壳或变速箱油底等发生轻微渗漏。这些变形和渗漏不容被检测到，但是会严重影响行车安全。而进行了底盘防撞防锈处理之后，底盘不受损，安全自然就有了保障。

(4) 提高车辆保值率

通常新车使用三年左右，就会发生锈蚀。但如果车辆保养越好，价值越高。经过一段时间的行驶之后，无论是自己使用还时准备换新车，经过底盘防撞防锈处理的车肯定是能够具有更高的出售价值。尽管买车一般都不会冲着投资而去，但同样一辆车，在若干年后，价值的差别却是高下立见。

(5) 提高驾驶舒适度

由于底盘防撞防锈采用具有弹性的材质密封性处理,一方面大大增加了车辆行驶的平稳度;另一方面极大降低行驶过程中车辆的噪音和公路上的嘈杂声。所以在驾驶的舒适度上比没有做过底盘防撞防锈的车辆要高得多。

3. 底盘装甲防护的选择

一般新车购买后及时进行施工对车是最好的保护,不管是钢板还是螺丝都可以很好地与喷涂材料粘合一体。如果用了一段时间后再选择做的时候,一定要将底盘彻底地清洗干净,晾干后才能施工。在材料品牌选择上一般建议对比大的品牌,比如德国汉高和3M底盘装甲都有针对不同车型施工的方案。

4. 底盘装甲的施工

(1) 清洗汽车底盘

要将汽车底盘仔细洗干净。首先用举升机将汽车升高,拆除车轮和内叶子板保护胶板,用高压水枪冲洗底盘,去除底盘上粘结的油泥和沙子。还可以用常见的铁丝网刷,把车底附着的泥沙、油污、腐锈和其他杂物刮掉,直到露出金属的本色为止。再用吹水枪将缝隙中的水吹出,并用毛巾将水擦干。确保不留一处死角,否则底盘装甲将会脱落,不能为汽车底盘提供100%的保护。如图6-6所示,为清洗后的底盘仔细擦拭。

图6-6 汽车底盘的清洁

(2) 遮蔽

"底盘装甲"并非底盘全部喷涂装甲,像发动机油底壳、变速箱外壳、进排气歧管、排气管、避震弹簧、避震器、传动轴等部位,在喷涂时都要拿遮盖纸进行包裹,避免防锈材料喷在上面。由于发动机底壳、变速箱外壳需要散热,如果防锈材料喷在它们上面,会影响它们的散热。更加不能喷在排气管上,车辆行驶时排气管的高温,会将表面的附着物烤焦而发出难闻的臭味。所以,必须先用遮盖纸将这些部位遮盖,尤其注意车身上的传感器和减震器要遮盖好。如图6-7所示,为底盘的遮蔽操作。

图6-7 汽车底盘的遮蔽

（3）喷涂

准备工作完成后，就可以进行汽车底盘装甲的喷涂作业了。喷涂时，要仔细防止有漏喷之处。为了提高隔音和防撞的效果，一般要进行多遍喷涂，直到防护层达到要求的厚度为止。

注意：两次喷涂要间隔20分钟左右，待第一层喷料干燥之后再实行第二次喷涂。一般来说，底盘装甲的厚度达到4～5 mm，对底盘的保护及隔音降噪效果最好。当然可以根据顾客的要求反复喷涂，直到达到顾客要求的厚度为止。如图6-8所示，为底盘装甲的喷涂。

图6-8　汽车底盘装甲的喷涂

（4）检查补喷

全部喷涂完后，底盘装甲的厚度要达到4～5 mm才能对车辆进行有效防护。对于厚度达不到标准的部位还要进行补喷，重点部位（底盘下的管线、底盘中央等位置）还要重点防护，一般这些部位的装甲厚度必须达到6～7 mm。一般底盘装甲的施工时间为3小时左右，阴雨天由于湿度较大施工时间也会有所延长。

（5）整理验车

待喷涂的底盘装甲干燥后，就可以去除遮蔽物，及时清除附着在原车漆上的喷溅物，恢复装件完工。如果天气晴朗干燥，汽车喷涂2～4小时后就能投入使用，但完全干燥还需要等待三天，在这三天内最好不要用高压水枪对底盘进行清洗。干燥后的保护膜可以很好地粘附在清洁的汽车底盘上，具有极强的耐磨性和抗腐蚀性。材料、工艺等决定效果。

国内市场较为常见的底盘装甲有3M、汉高、雷朋等产品。选择时要综合考虑，适合的就是最好的。另外要选择正规的汽车美容施工店进行施工，以防施工粗糙造成防护效果不佳，或买到假货、次品，给车辆底盘带来毁灭性的伤害。

二、汽车静电放电器

大多数驾驶者都有过这样的经历，当在打开车门的一瞬间，"啪"的一声手被静电打得是又麻又疼，太难受了。特别是在天干物燥的季节，这种现象更为严重。

汽车静电放电器就是通过其内部的金属导线将车内静电传导到放电器上，再通过空气或者地面传到外界，达到消除车内静电、保护驾乘人员的目的。

1. 静电放电器的类型

(1) 接地式放电器

接地式放电器较为传统,它也称为褡裢式放电器。这种对地的褡裢式放电器固定于车尾,放电器末端接触地面,从而将静电导入地下。

(2) 空气放电式放电器

空气放电式放电器则粘贴在汽车顶部,是一种形似天线的物体,也叫"除静电天线"。其外观比较新颖,有些更因可以和车载天线共用而广受欢迎。

若想取得最佳的防静电效果,最好让这两种放电器结合使用。

(3) 手持式汽车静电放电器

这种放电器是使用高分子新材料,内植 LCM 模块,使它对静电的掌控又到了一个新的里程,特别是在产品的外观和颜色上,我们充分给予了人性化和时代感的诠释。使用 LCD 的显示使其不但是对产品功能的展示,更增添了一份对生活的乐趣。

使用时用拇指轻触椭圆形触摸按钮,无需大力。再用产品头部导电材料接触导电体(如汽车、人体、电脑、铁栏杆、金属物体等)进行放电,放电时 LCD 液晶屏图案将完整显示。使用方便、快速去除静电,能彻底消除静电危害,无任何毒副作用和危险,绝对安全环保。

以上三种放电器,如图 6-9 所示。

接地式放电器　　　空气放电式放电器　　　手持式放电器

图 6-9　汽车静电放电器的类型

2. 减少静电的措施

(1) 多喝水是从自身内部防止静电发生的较好方式。多饮水可以增加皮肤表层湿度,静电在潮湿的状态下是不会自行发生的。这里的喝水不仅指平常的饮用水,还包括给皮肤"喝"的水,秋冬季常搽搽润手霜不仅可以保持肌肤滋润,还能防静电,一举两得。当然,平时多给爱车"洗洗澡"也管用。

(2) 少用化纤用品。车内外要减少化纤用品的使用,化纤服装很容易带有静电,特别是在干燥的秋冬季节,更容易带上静电。此外,车内也要尽量少使用化纤类的座套和脚垫,防止下车开车门时遭遇静电"袭击",远离化纤制品可以减少很多被电击的机会。

(3) 多给爱车打蜡,也是防静电的有效方法之一。打蜡时可以选择防静电专用车蜡。

(4) 出门开车前先洗个手,或者先把手放在墙上抹一下,可消除静电。条件所限的时候,也可以双手在车上拍一下放完电后再开车门,相比于指尖接触汽车表面,双手直接附上去可扩大接触面积,减弱放电时带来的不适感。

(5) 在汽车仪表台上放一块湿毛巾,或者定期用喷雾器在车内喷洒点水,这样能达到增加车内湿度,减少车内静电的效果。

(6) 秋冬季节,经常开内循环空调,会使本身已很干燥的车内更加存不住一点水分,导致静电的发生,所以,开车时最好半开着窗,少开内循环空调。

(7) 在开车门之前,先手拿带胶木把的钥匙接触汽车金属部分放电,这种方法既简易又方便。需要注意的是千万不要用车钥匙,因为车钥匙内部带有防盗芯片,利用车钥匙放电一段时间后车钥匙会失去防盗功效,车主可以使用随身携带的其他钥匙来放电。

第七章　汽车外部装饰

> 随着人们物质生活水平的不断提高,个性化、独具风格的汽车装饰已成为时下现代人生活的新时尚。人们在追求豪华亮丽汽车外形的同时,对汽车装饰的品位要求也日益提高,即从实用性向实用兼舒适性转变,进而带动了汽车美容装饰业的蓬勃发展。通过以装饰为目的的外饰件在不改变车辆本身的功能和结构的前提下,改变汽车的外观,使车辆更显醒目、豪华,满足个性化需求。同样的一辆汽车,通过前后保险杠、导流板裙边、车门、轮胎、车顶、发动机盖等外饰件的改装,变化出各自不同的风格、品位,或豪华,或商务,或运动,或典雅,或时尚等。
>
> 汽车的外部装饰,主要是对汽车顶盖、车窗、车身周围及车轮等部位进行装饰。其主要内容有:汽车漆面的特种喷涂装饰、彩条及保护膜装饰、前阻风板和后翼板装饰、车顶开天窗装饰、车身大包围装饰、车身局部装饰、车轮装饰等。

第一节　汽车形象设计

现代人更加追求时尚、个性、前卫等,有车族更想让自己的爱车独具风格、新潮时尚,依据个人的喜好、职业、性格等对其进行精心的打扮。

一、汽车形象设计概述

汽车的形象设计也称之为汽车改装设计。即通过加装以装饰为主的外饰件,在不改变车辆本身的功能和内部结构的基础上,来改变车辆的外观,使车辆更显豪华、醒目,充分体现个性化的需求。

1. 与汽车装饰、改装相关的必备法律常识

在对爱车进行装饰美容或改装前,要先了解相关法规,以免陷入误区,否则不仅验车时过不了关,还会造成安全隐患,甚至受到法律的制裁。

（1）新的《道路交通安全法》明确规定，任何单位或者个人不得拼装机动车或者擅自改变机动车已登记的结构、构造或者特征。车辆的结构包括车身颜色、长、宽、高四个硬性的标准和发动机的相关技术参数。

（2）已领牌照的汽车进行改装前，应向车管所登记申报，其改装技术报告经车管所审查同意后，方可进行改装。改装完毕，还要到车管所办理改装变更手续。

（3）车辆改装是否合法，关键是看车辆是否与行驶证上的照片相符，与车辆出厂技术参数是否相符，不符合的就不能通过年检。

（4）车身颜色和车身车架变更时，需要向车管所提出申请，在经过车辆确认，得到车管分所的同意后，就可以变更了。变更发动机以及车辆的使用性质，在变更完毕后到车管所办理变更登记即可。如果要申请改变车身颜色、更换车身或者车架，车主可到车管所填写《机动车变更登记申请表》，提交法定证明、凭证（变更前和变更后机动车所有人的身份证明；机动车登记证书；行驶证；共同所有的公证证明，但属于夫妻双方共同所有的，可提供《居民户口簿》）。

车管所将在受理之日起一日内做出准予或者不予变更的决定。对于同意变更的，车主应当在变更后10天内向车管所交验车辆。车管所在受理之日起一日内确认机动车，收回原行驶证，重新核发行驶证。属于更换车身或者车架的，还应当核对车辆识别代号（车架号码）的拓印膜，收存车身或者车架的来历凭证。

2. 汽车车身装饰的类型

（1）保护类

为保护车身安全而安装的装饰品，如防撞杠、大灯护罩、防撞胶等。

（2）实用类

为弥补轿车载物能力的不足而安装的装饰品，如行李架、自行车架、备胎架等。

（3）观赏类

为使汽车外部更加美观而安装的装饰品，如彩条贴、金边贴、全车金标等。

3. 汽车改装类型

（1）外观设计型

对整个车身进行重新设计，为了外形设计的需要，必要时还会更换车轮及对车内的一些附加设备的位置进行重新调整。其各部分的车身部件都是根据原有车体进行"量体裁衣"式的定做。它多用于对过时车型的外观改造。另外，还受到许多超级玩车族的青睐。

（2）普通安装型

普通安装型又称"大包围"，是比较常见的改装方法，它的各个车身组件是由专门从事汽车改装的厂家批量生产的，改装时只需要进行相应的安装即可。对改装人员的技术要求较低，只要有相应的部件，一般的维修厂都能进行安装。具体的内容有：加装前头唇、裙脚、后尾唇、高位扰流板、改装前脸等。前头唇和后尾唇是分别加装在前、后保险杠上的，能起到压流、稳定车身的作用；裙脚是在车身左右两侧的底部加装导流板，具有降低风阻系数的作用；

高位扰流板,俗称尾翼,高速时能起到增大车轮附着力的作用。由此可见,大包围除了能改善车身的外观,还具有增强汽车的行驶(特别是高速行驶时)稳定性等实用价值,因此特别受到普通有车族的欢迎。

(3) 参赛改装型

参赛改装除了对车身外观进行改装外,还需对发动机、轮胎等与汽车动力性能相关的部件进行改进或更换。由于参赛具备高强度的竞争性,因而对车进行改装时其安全性、通过性、速度性及防撞性等方面的要求相当高,经济性、美观性及个性的体现就显得次之了。它一般在专业性较强的改装厂施工,以满足参赛改装的性能要求和安全保障。

二、汽车改装常用材料

常用的材料主要有塑料、玻璃钢、碳纤维、不锈钢及铝合金等。

塑料可塑性、成形性好,性能易调整,表面细腻、产品质量相对较高。但塑料所需的模具、生产设备要求高、价格昂贵,所以产品售价高、款式变化少等。

玻璃钢虽然在细腻程度等方面不如塑料件,但因为制作方便,模具和生产设备要求不高,所以是现代汽车改装中的主要材料。

第二节 汽车大包围

一、汽车大包围的概念

汽车大包围就是在车身周围换装上具有装饰效果的包围饰件。其学名是车身"空气扰流组件",源于赛车运动。即在车身上加装或更换一些外围饰件,用于改善车身周围的气流对于运动中车身稳定性的影响,而目前国内市场上的"大包围"大多不具备这种功能而更多是为美观而设计的。现在街上跑的很多轿车都安装了大包围,这种玻璃钢制品喷上与车身同色的漆后的确很漂亮,比起原来车上的黑色橡胶保险杠档次要高得多。

二、汽车大包围的组成

汽车的大包围包括前保险杠与后保险杠下方的扰流气坝,还有车身左右两侧的导流裙脚以及后行李箱上方的尾翼这几个部分。

汽车小包围是在不改变原车前后保险杠左右门边的前提下,加上去的部分装饰件叫小包围。

三、汽车大包围的作用

大包围主要是改变车身的外观,提高观赏性及充分体现车主的个性,减低汽车行驶时所产生的逆向气流,同时增加汽车的下压力,提高汽车行驶时的稳定性及降低风阻系数,从而减少耗油量。

前方保险杠下方加装的导流气坝,主要是让气流从车身正面下方的底盘快速通过,让车身的下方形成一个接近真空的地带,使得车身可以牢牢地"被吸附"在路面上,而经过发动机盖上方的气流经过后行李箱的扰流尾翼后,会因为速度的不同造成不同数值的下压力,这样自然就会让轮胎对地面之间的附着力更大。而左右两侧的扰流裙脚主要是让车身下方两侧的乱流尽快地清除,或是将气流导引到后轮的刹车系统以达到降温的目的。

目前国内市场上的大包围大多不具备以上功能,主要是为美观而设计的。如果大包围的设计不良反而会造成车身有更大乱流的产生,使车辆的速度降低并且增加油耗。

四、汽车大包围的设计与安装

一款汽车大包围是否好看,主要视其整体是否平衡协调、外观是否美观大方以及前后包围、侧包围的设计是否融为一整体。其使用性能的好坏与否,更是取决于大包围的安装水平。

1. 汽车大包围的设计原则

(1) 整体性原则

将汽车前、后、左、右各包围件作为一个整体进行综合考虑设计。

(2) 协调性原则

各包围件的造型和颜色要与车身的颜色及结构相协调。

(3) 安全性原则

汽车安装大包围后绝不能影响整车性能和行车安全,设计中要考虑路面状况,所有饰件离地面应保持一定距离,以免影响汽车的通过性能。

(4) 标准性原则

设计的大包围组件要符合国家的有关技术标准要求及法律规定。

(5) 观赏性原则

设计的大包围组件要美观大方,符合消费者审美需求。每位车主希望使自己的爱车是街上独一无二,设计时要多提出建设性的意见并充分考虑车主的要求,真正设计出一款车主满意的大包围。

另外,车主可以从大量的图片中选出自己喜爱的包围,或直接移植到爱车上,或经过部分调整、重新设计后用于爱车。确定设计方案后,以纯手工方式,经制模、刷钢、修模、刮腻子、喷漆等工艺,一套与众不同的大包围便完成了。其实,各种入风口、尾翼都可以用这样的方法来制作。如图7-1、图7-2所示,为汽车大包围改装实例。

图 7-1 汽车大包围改装实例一

图 7-2 汽车大包围改装实例二

2. 汽车大包围的安装

大包围的安装过程相对来说比较简单,前包围、后包围、侧包围的安装步骤基本相同,现按其中的一种介绍如下。

(1) 选用高质量产品

高质量的玻璃钢包围,无论是坚固程度还是表面光洁度都远远强于一般产品。

(2) 尽量不拆除原车杠

玻璃钢的抗撞击能力非常差,所以,选用将原杠包裹其中的大包围不会影响车辆的牢固性。但如果一定要拆杠,可将原杠中的缓冲块移植到玻璃钢包围中,以起到保护作用。

(3) 选择专业改装店

专业改装店有制作玻璃钢的丰富经验和能力,能够保证改装后的质量和产品的性能。

(4) 准备好安装所需的工具和材料。

一般常用的工具有手电钻、锤子、螺丝刀、活动扳手、钳子等,准备好大包围及其附属零件并按照安装说明做好各种处理工作。

(5) 安装前清洁

将大包围的安装部位进行擦拭和清洗,去除油污和污垢,使之清洁、干燥。

(6) 遮蔽

在车身上安装大包围的相应部位贴上保护用的皱纹纸,防止在安装过程中碰坏车身油漆。

(7) 试装

正式安装前,先将大包围在车身上相应位置试放一下,观察两者的贴合程度,如有问题应及时修磨,然后再依照安装说明书的要求正式安装。

注意:安装侧包围时应该把车门打开,便于找正安装;安装后包围时注意排气管的位置。

第三节 汽车天窗

许多人都认为天窗只是一个舒适性的配置,没有多少的实用价值。其实开车的人都知道,一辆车里挤的人越多,车内的空气就越浑浊。如果在车内吸烟,车里就更是烟雾缭绕,车里的气味更是难闻。为消除这些让人感觉不舒服的味道,许多人选择购买车用香水,但这只能起到一定的除味效果。当然,打开侧窗也可起到换气的作用,可车辆高速行驶时的风噪声让人难以忍受,坐在后排座位的人也会被侧窗的风吹得睁不开眼。其实,如果你的爱车有个天窗,这些问题就可迎刃而解了。

一、汽车天窗的功用

1. 时尚美观,提高车辆档次

有天窗的汽车,能为车主带来惬意的生活享受。在使车辆更加时尚美观的同时,也提高了汽车档次,甚至在发生意外情况时,还可作为紧急逃生口。

2. 亲近自然,沐浴阳光

带有天窗的车辆视野开阔,坐在车里就能嗅到飘进的缕缕清风,沐浴丝丝温柔的阳光。同时,打开天窗换气,可使车内空气保持清新。

晴朗的夜晚,把车停在海滨或草原上可以打开天窗看星星和月亮,多了几许浪漫的情调。怪不得国外早期把天窗叫做Moonroof(月光顶)。还可把摄像机或照相机的镜头从天窗伸出去,全方位去捕捉那美丽的自然风光。

3. 加强通风,改善乘坐环境

经常开车的人都知道,一旦车内有人吸烟时,车厢里的空气会变得烟雾缭绕,这时天窗的好处可就显现出来了。风从天窗吹过会形成一股气流,将车厢内的浑浊空气抽出。当车辆高速行驶时,打开天窗就能将车内污浊空气抽出,达到换气目的。

冬季开暖风,车内很容易燥热憋闷,尤其车上有老人或小孩会晕车,而打开侧窗却又免不了寒风凌厉。这时候如果利用天窗辅助调节温度,就能让车内既温度舒服,又湿度适宜。

当遇到堵车时,所有车辆都处于停滞状态,汽车尾气将不可免地散布在您周边的空气中。这时打开汽车天窗并关闭所有侧窗,汽车天窗的负压换气会负责排出车内的废气,而新鲜空气的更换则由汽车空调过滤大气完成。

4. 降噪除雾,改善驾驶环境

您一定有如此经历,当汽车在高速公路行驶,如果打开侧窗,不仅强风打脸、灰尘扑面、废气扑鼻,而且风噪巨大(当您的车速达到每小时100公里时,打开侧窗通风而引起的噪音可高达110分贝,而如果打开汽车天窗噪音却仅仅为69分贝)。车内说话也会被噪声干扰,

而且还会增加汽车行驶的风阻。驾驶装有天窗的汽车,只要打开天窗来代替侧窗,就可大大减少噪声干扰,且汽车的行驶阻力不会受到影响。

对于抽烟的人来说就更麻烦,侧窗开大了,烟灰难办,容易吹得车内到处都是;侧窗开小了,烟雾排不出去,影响他人。而天窗换气属于负压原理,依靠汽车在行驶过程中气流在天窗顶部的快速流动形成车内负压,以抽出车内浑浊空气。车内气流柔和,天窗部位空气只出不进,不用担心尘土卷入。如果您抽烟,烟灰可以静静地弹进烟灰盒,而烟雾可以飞快地被天窗抽走,有效地改善了驾驶环境。

另外使用天窗可以迅速除去前风挡玻璃上形成的雾气,特别是在夏秋两季,雨水多,湿度大。开车的人都知道,如果行车过程中将车的侧窗紧闭,就会增大车内外温差,前风挡玻璃上容易形成雾气。虽然大多数车都配备了防雾装置,但有的效果并不那么明显。驾车者只需要打开车顶天窗至后翘通风位置,可轻易消除前风挡玻璃的雾气,保证行车安全。

5. 降温节能,提高运行经济性

在炎热的夏季,汽车在太阳下曝晒一个小时,车内温度可轻易达到70℃左右。打开车门,一股热浪就会扑面而来,对许多人来说,都是选择马上打开车内的空调降低车内温度。其实,如果你拥有的是一辆天窗版的汽车,只需打开天窗,利用车辆行驶过程中车顶形成的负压抽出燥热的空气就可达到快速换气降温的目的,使用这种方法比使用汽车空调降温的速度快2~3倍,减少了空调的运行时间,节约了燃油,有效地提高了汽车运行的经济性。

二、汽车天窗的换气原理

一般车内的换气包括进气和排气,没有天窗的汽车进气是由进风口采用鼓风等方法实现的,排气是利用行车时车体内外产生的正负压差,使车厢内气体通过缝隙和排气孔排出。此种进气、排气方式使得排气不通畅,进气受阻,车内空气无法快速更新。

汽车天窗是利用负压换气的原理,依靠汽车在行驶时气流在车顶快速流过形成的负压,打开天窗时首先将车内的空气抽出,而不是直接进风,污浊的气体被抽走后,从进气口补充进来经过过滤的新鲜空气。这种先排后进的换气方式车内气流柔和、换气速度快、风噪很小、没有尘土的卷入及对空调的影响小。而且,乘员没有风直接刮在身上的不适感。

三、汽车天窗的类型

汽车天窗的型式多种多样,有电动的、手动的,有内藏式的、外倾式的等。从理论上讲,一部车可以安装任何一款天窗,专业天窗安装店会根据汽车的售价和车内空间、车顶的尺寸及结构等帮助车主选择天窗。一般来说,外掀式的手动天窗多用于经济型轿车,而内藏式的电动天窗则多用于商务车、高档车。

1. 按动力形式分类

(1) 手动式

用手的力量开启和关闭的天窗,称为手动式天窗。

(2) 电动式

以电力为动力而进行开启和关闭的天窗,称为电动式天窗。

2. 按结构形式分类

(1) 外掀手推式天窗

外掀手推式天窗是用手的力量推开或关闭的天窗。这种天窗的结构原理与大公交车上的一样,只不过制造用的材质和精密度要高些,采用绿水晶玻璃,可阻隔99.9%的紫外线和96%以上的热能,在行驶中天窗开启时没有噪声,手推式把手或无段级手摇把手更可根据自己的需要将天窗倾侧或外滑至所需位置。现在除了一些大型公交车之外,现代轿车上已经不再使用这种类型的汽车天窗了。

(2) 外掀式电动天窗

外掀式天窗在开启后向车顶的外后方升起。采用绿水晶玻璃,可阻隔99.9%的紫外线和96%以上的热能;具有防夹功能和自动关闭功能;配有可拆式遮阳板。此类天窗主要安装在夏利、捷达、富康、宝来、普通桑塔纳等中小型轿车和金杯、全顺等中型客车上,如图7-3所示。

图7-3 汽车外掀式电动天窗

(3) 敞篷式天窗

敞篷式天窗在开启时分段折叠在一起,在开启后天窗完全打开,敞开的空间大,结构紧凑。使用三层高品质的特殊材料组合而成,外层采用特殊的防紫外线及隔热PVC材料,具有防紫外线和隔热的效果。此款天窗时尚前卫,受到年轻人的追捧。适合红旗、捷达、桑塔纳等车型安装,富康车安装效果尤为显著。其前后两排均可站立,如图7-4所示。

图7-4 汽车敞篷式天窗　　图7-5 汽车内藏式天窗

(4) 内藏式天窗

内藏式天窗在开启后可以保持不同的弧度,采用绿水晶玻璃,可阻隔99.9%的紫外线和96%以上的热能;具有防夹功能和自动关闭功能,能确保使用者不被天窗机构夹着。并采用自动控制,当发动机熄火后3秒钟自动关闭天窗,具有防盗功能。配有独立的内藏式太阳挡板。此类天窗结构复杂,功能齐全,使用方便,为豪华装饰精品。多用于别克、桑塔纳2000、帕萨特、广本、现代、奥迪、红旗等豪华商务型轿车上,如图7-5所示。

(5) 全景天窗

汽车全景天窗实际上是相对于普通天窗而言。一般而言,全景天窗首先面积较大,甚至是整块玻璃的车顶,坐在车中可以将上方的景象一览无余。全景天窗的优点是视野开阔,通风良好,如图 7-6 所示。不过全景天窗的成本较高,落尘需要清理,否则影响视线。车身整体刚度下降,安全系数降低。但无论怎样,全景天窗超大视野的享受,还是受到众多高档消费者的青睐。

图 7-6　汽车全景天窗

四、汽车加装天窗注意事项

1. 选用正厂产品

天窗的质量是保证正常使用的关键,挑选时应从天窗的外观、框架刚度、机械结构及电控装置等方面认真判别,高质量的天窗外观光滑平顺、框架刚度较好、机械结构合理、工艺精致、使用顺畅。

2. 选择专业正规的美容店

汽车加装天窗在汽车装潢中属技术要求较高的一类,一定要到专业的美容店进行施工。加装天窗首先要有安全加固措施。从理论上讲,一般在原设计中已经将这个因素考虑进去,但还要经过一系列的标准试验才能认可。许多人并不了解这些车在原设计中是否允许加装或需在怎样加固措施下加装。不按原设计规定的要求加装天窗的车顶,对车身特别是车顶质量会产生不利的影响。

3. 注意原车的车身结构

要充分考虑原车顶的结构,进行必要的支撑加固。一般的车顶是不承受负载的整体结构,开了天窗后就成了有负载而且不完整的车顶结构,在不断的行车振动下不但车身本身会变形,对天窗的可靠性有影响,而且车顶结构的改变会对车身质量留下隐患。

4. 注意防锈处理

做好车顶的表面处理,车顶表面处理(防锈涂装)要有一定的工艺设备才能满足 6 年内不生锈的质量标准,并要保持漆面牢度和光泽。

5. 要保证有绝对的密封性

若天窗的防腐和密封条件跟不上,下雨时车顶易漏水。品质好的天窗与车顶间靠特种胶和紧固件连接,玻璃板和框架之间有密封圈防水。同时,内藏式天窗四周加有排水管,会将积在天窗周围的水及时排走。

目前国内许多中高配置的轿车都带有天窗,车主在选定轿车后,天窗型号也就被选定了,从功能上、材质上您都不可能有太多的选择。而后加装天窗要充分考虑到加装的需要,有的自己擅自加了,年审的时候会出问题,并且搞不好还会出现漏水、生锈、影响顶盖强度等一系列弊端,因此一般不主张加装天窗。

五、汽车天窗的使用与保养

现在不少车主只在乎车子是否带有"天窗"。但拥有了天窗,却不知如何正确的使用与保养天窗。如果使用和保养不善,天窗一旦发起"小脾气"来,那将会带来无限的烦恼。

1. 汽车天窗的正确使用

(1) 在开启天窗前应注意车顶是否有阻碍天窗滑行的障碍物。

(2) 在颠簸道路时尽量不要使用天窗,避免因振动引起天窗和滑轨的相关部件损坏。

(3) 下雨天或清洗车辆时严禁开启天窗,以免酸雨或水滴使天窗内的胶条和金属容易老化和生锈。

(4) 在下雨天后如果想要打开天窗,勤劳一点,先将车顶上的水珠擦干再开启。除可避免雨水弄湿车内,也可避免雨水渗入机械内部缩短使用寿命。

(5) 如果住在寒带地区,户外有结冻的情形时,请勿强行开启天窗,因冰冻所造成的阻力可能会对机械组件造成伤害,甚至烧坏马达。如果一定要开启天窗,先热一下天窗。其做法是先打开暖风,同时将两侧车窗打开一点,等车内达到一定温度后再打开天窗。

(6) 使用天窗的频率不可像使用车窗一样,时常开开关关,这样较容易加速天窗的老化与损坏率。

(7) 关闭天窗时请确认天窗已完全无误地到达关闭位置。

(8) 停车后车主离开车辆时,一定要完全关闭天窗,防止雨水、尘土进入及盗窃事件的发生。

2. 汽车天窗的保养

(1) 如果车子常在风沙大的地方使用天窗,最好每个月用湿海绵轻擦天窗滑轨上的灰尘或泥沙。

(2) 如果车辆将长期停放或天窗长期不使用,可用细细的滑石粉或胶条专用的润滑剂涂抹天窗周围的胶条,如果天窗周围是使用绒质的只要用清水和干净的布擦拭即可。彻底清洁一次,以免因时间过长造成胶条在空气中发生化学变化而老化。

(3) 在洗车时可以顺便检查一下天窗的胶条及凹槽内有无沙尘、树叶或小树枝等脏东西。

(4) 每2~3个月用湿海棉轻擦天窗滑轨和密封胶条,再喷上橡胶保护剂,并对天窗的运动机构和轨道进行润滑。在涂完润滑剂后,将天窗完全打开再完全关闭几次,然后用软布擦掉多余的润滑剂,以免弄脏车内。

(5) 天窗的玻璃面板有隔绝热能和防紫外线的功能,请用软布和清洁剂清洗,勿用黏性清洗剂清洗。

(6) 使用高压水枪洗车时,不要直接将水柱对准天窗周围的密封圈喷,避免密封圈在高压水柱的喷压下变形,否则日子久了车内会容易进水。冬季在雪后或者洗车后,将天窗打开,擦干边缘残留的水分,防止冻结影响正常使用,甚至烧毁电机。

(7) 使用天窗最大的顾虑就是漏雨、漏水,天窗的正确使用和保养能有效避免漏水。在进入雨季之前,除了清理滑轨、密封条缝隙里的沙尘,还应在密封条等部件上喷涂少许塑料防护剂或滑石粉。

第四节　汽车车身彩条、保护膜及彩绘装饰

汽车车身是一件精致的综合艺术品,应以其清晰的雕塑形体、优雅的装饰件以及赏心悦目的色彩使人获得美的感受,点缀人们的生活环境。

一、汽车车身彩条装饰

现代车主的个性都体现在绚丽多彩的车身上,车主们已不满足于单一色调的车身油漆颜色,现在车身彩条越来越流行。

较为简单的一条金边或铝边,贴在车体的中央部位,由此增加了外型的立体感,而车身侧面的色彩鲜明的大块面色条,车身及车尾的"请勿吻我"、"从天堂到地狱,路过人间"等条幅配上相应的图案,更显示出车主的个性与众不同。此类车体文化被人们戏称为"时装车",随着车主的个性化和职业多样化,此类车身文化将得到进一步的发展及延伸。

1. 车身彩条贴膜的类型

车身彩条贴膜有两种类型:一是没有可撕离表层的贴膜,它由彩条层和背纸层组成,彩条层正面是彩条图案,背面是粘性贴面。二是有可撕离表层的贴膜,它由背纸层、彩条层及外保护层组成,彩条层也是有彩条图案和粘性贴面两面。

现在在汽车文化比较普及发展的城市,如北京、上海、广州等地,有许多汽车工作室可为车主提供车身彩条制作的服务。彩条内容及图案可以根据车主的要求现场制作,使车身的装饰更具有个性及唯一性。

2. 车身彩条装饰施工步骤

(1) 选择彩条

在众多的车身彩条中,应选择适合本车型需求又优质鲜艳的彩条作为装饰彩条,这种选择既是艺术水平和欣赏水平的体现,也是装饰者个性的体现。

(2) 装饰前的清洗

在车身外表需要装饰的部位,用专用清洗剂进行手工清洗,为了使彩条正常地贴上去,车身表面必须没有灰尘、蜡和其他脏物。必要时,还应进行抛光处理。为装饰彩条施工做好准备,以便保证施工质量。

(3) 装饰彩条的施工

将彩条的衬纸撕掉,按要求的部位把彩条粘贴上。在粘贴过程中,边贴彩条,边用手对

彩条进行贴压（为了粘贴牢固，可用热风边加热边粘贴），排尽彩条与车身表面间的空气，彩条与车身漆膜之间，不允许有空隙、气泡及异物存在。彩条粘贴后，必须平整、光滑，不允许有皱褶。如图 7-7 所示，为车身彩条装饰效果图。

图 7-7　车身彩条装饰效果图

二、汽车车身保护膜装饰

汽车漆膜保护膜用于保护车身易受擦撞的部位表面，当受到轻度擦撞时，不至于使漆膜受到刮伤掉漆。保护膜具有超强韧性，无色透明，常用于保险杠、发动机罩、前后车门、后视镜等部位的保护。

保护膜的装贴方法与车身彩条的施工方法相同。

三、汽车车身彩艺贴膜装饰

车身彩艺贴膜装饰，是通过在车漆上贴膜来改变车身色彩或实现一些特殊的装饰效果。以其不伤原漆、便于贴附、随时揭除、随时保护的特性，在国外备受推崇。其粘贴方法与汽车彩条相同，如图 7-8 所示，为车身彩艺贴膜装饰效果图。

图 7-8　车身彩艺贴膜装饰效果图

四、汽车车身彩绘装饰

汽车彩绘是现代工艺与现代汽车工业的结合，更像是汽车的"纹身"。它是在喷漆、烤漆的基础上,把车身设计和绘画艺术充分地融入进来,使漆面形成个性化极强的汽车视觉绘画效果,完全将图案变成汽车的一部分,而绝不再是附在汽车表面的东西。既能体现独特的人文风貌和悠久历史,又能让大众感受到了汽车文化的魅力。

1. 汽车彩绘概述

绘画在人类历史长河中悠久深远,在还没有文字的时代,人们就是依靠象形的图形来互相沟通。之后的绘画逐渐发展,直至后来将喷枪作画运用到了汽车上,汽车彩绘这个名词也由此诞生。汽车彩绘艺术最早起源于汽车工业发达的欧美,至今已经有百年历史了。欧美人最先把彩绘涂在箱子一样的货车上,后来延伸到轿车、卡车和公共汽车上都开始布满彩绘图案。

随着人类汽车工业的飞速发展,相对传统、外形较保守的车型逐渐被淘汰,外形个性、靓丽的车型被生产出来。人们也越来越张扬自我个性,改装车辆逐渐增多,而为了配合夸张的外形和音响系统等改装,汽车彩绘也开始被更多的人接受和喜爱。到了 20 世纪七八十年代,汽车彩绘在欧美国家正式进入了黄金期。汽车彩绘工艺的发展带来了这个行业的飞速发展。欧美国家的汽车和摩托车改装率超过 50%,而每一辆改装的汽车和摩托车几乎都有大大小小的彩绘,有些没有改装的车辆也会考虑进行车身彩绘。近几年,汽车彩绘更是风靡了全世界的大街小巷,有些汽车甚至只要在不影响安全的情况下裸露在外面的每一寸"肌肤",都被个性、艳丽的彩绘布满。

在我国,汽车彩绘从十多年前才慢慢兴起,至今方兴未艾。随着我国私家车的普及,汽车装饰美容目前已经成为一种时尚,并发展成为一项庞大的产业。很多年轻人或个性追求人士喜欢将自己的车装扮一番,更有人喜欢把自己的车弄得别具一格,而汽车彩绘就是很多人的选择,因为它能最直观的装饰爱车、最能表达出自己的个性。

中国汽车市场在经过近几年的快速发展后,私人用车的保有量已经占总汽车保有量的主要比例。不少车主开始狂热追求个性的、独特的表现形式,从用车到玩车的观念蜕变,必然促使汽车彩绘演绎出它独特的汽车文化。

个性化的追求成为这些彩绘产生的动力源,或者说,正因为不同,所以才完美。汽车彩绘艺术永远没有尽头,因为它展现的是永远不会重复的个性。汽车给了艺术家们更大的发挥空间,这使得仅仅通过图案和色彩来表达更加富有深度的东西成为可能。穿梭于大街小巷的车流中,随时可见或画工精美、或个性张扬、或前卫时尚的彩绘汽车驶过,展示车主个性的同时,也成为马路上最靓丽的风景。据了解,一些积极、热情、渴望快乐、时尚生活的年轻车主,喜欢通过具有艺术气息的彩绘让自己的个性与生活情绪都随着车轮的转动而昭示天下。

目前,汽车彩绘主要方向有:车体彩绘、内饰彩绘、音响及箱体彩绘、大灯彩绘、个性尾灯喷绘等。彩绘的内容可以根据车主不同的兴趣、喜好定制不同的图案。

2. 汽车彩绘形式

(1) 临时性彩绘

它的特点是色彩亮丽、视觉效果强烈,可随时更换图案,不影响破坏原车漆面、方便展示等,但由于采用的是不防水的颜料,不能清洗,即使无外界刮蹭、磕碰,风吹日晒下只可维持2到3个月,多用于新车的销售、展示以及新车发布会、婚车彩绘等。

（2）永久性彩绘

图案制作完毕后,在表面喷涂清漆,无论是光感度还是手感比临时彩绘更胜一筹,并且保护得好可维持5年以上,平时可正常清洗车身,不变色、不腐蚀,持久如新。永久性彩绘可广泛应用在卡车、轿车、摩托车及车身广告等众多载体上。

3. 汽车彩绘的方法

（1）手工彩绘

设计师根据车主的要求,在电脑上用软件设计出效果图,在得到车主的认可后,利用手工绘画在车身上一点一点地进行描绘或喷绘。因为是手工操作,这里包含了彩绘师的艺术灵感及绘画技巧,其作品具有不可重复性,保持了图案的唯一性。

（2）电脑彩绘

车主可以到专业的美容店或汽车彩绘工作室,从电脑的图库中选择自己喜欢的彩绘图案。然后操作人员利用电脑彩绘机,将选中的图案喷绘到车身上。这种方法省时、价格低,但车身的图案重复性较大,同一个图案可能会出现在许多车身上。

如图7-9所示,为汽车发动机舱盖彩绘装饰效果图。

图7-9　汽车发动机舱盖彩绘装饰效果图

第五节　汽车车身局部装饰

汽车外部的装饰一般因车主的个性不同而突出美观、实用、与众不同等特色。在车身中,有些较小的部位,看起来装饰量不大,但要装饰好后,也非常的漂亮、引人注目,可起到画龙点睛的效果。常用的有金属饰条、车轮饰盖、汽车护杠、导流板、尾翼、后视镜、装饰性车灯、汽车尾梯、晴雨窗罩、挡泥板、行李架、天线、防撞胶、后油箱架、油箱盖、轮眉饰片、排气管尾罩等。

一、汽车前导流板

在行车过程中,特别是在高速行车时,伴随着汽车的前进,原来路面上的空气被搅得四处流逸,从而产生了阻力。在轿车底盘下的气流会钻进车体底部不同形状的漏口里,由此而产生阻力,阻碍轿车行进。当气流通过轿车底部时,可对车体前部和发动机底部产生压力,这种压力使车体前端产生略为向上抬起的提升力,从而减小了车轮与地面的附着力,使车子发飘,造成行驶稳定性变差。

1. 前导流板的作用

前导流板就是在轿车前端的保险杠下部,装上向下倾斜的连接板。连接板与车身前裙板连成一体,中间开有合适的进风口,以加大气流速度,减低车底气压和前端提升力。这种连接板称之为导流板,如图 7-10 所示。

图 7-10　汽车前导流板

2. 前导流板的安装施工

(1) 选择前导流板

目前,在汽车配件市场上,有同系列、多品种的前导流板产品可供选择。尽量选择同车型的规格产品,对质量保证和方便安装都有好处。若不是同车型的前导流板板,则必须仔细阅读产品说明书,是否可通用安装,再仔细查对外形、安装位置和安装尺寸,以防安装时装不上。同时,还要检查配件质量。

(2) 安装施工

仔细阅读产品说明书,特别要弄懂安装条件和施工要求。在安装前,要对保险杠的相关部位进行清洗处理并擦拭干净,做好安装前的一切准备工作。

前导流板的安装,一般都是用螺钉连接,需要用手电钻钻出相应的安装孔,然后用螺钉将导流板固定在车体前端的保险杠下部。

二、汽车尾翼

漫步都市街头,你会发现越来越多新的轿车,在其尾部行李箱盖外端都装有一块像是倒装的飞机机翼,使原本就拥有华丽迷人外观的轿车又平添许多妩媚和生气。许多人都以为这新颖美丽的汽车尾翼是车主为了好看才给轿车安装的装饰件。其实它的更主要作用是可以有效地减少轿车在高速行驶时的空气阻力、车身尾部的抬升力及节省燃料。

1. 汽车尾翼的作用

为了有效地减少并克服汽车高速行驶时空气阻力的影响,人们设计使用了汽车尾翼,其作用就是使空气对汽车产生第四种作用力,即产生较大的对地面的附着力,它能抵消一部分升力,有效控制汽车上浮,使风阻系数相应减小。使汽车能紧贴在道路地面行驶,从而提高行驶的稳定性能。

2. 汽车尾翼的基本原理

现代轿车上使用的尾翼,其实基本原理与飞机的机翼是相同的,只不过飞机的机翼是产生向上抬升的力量,而轿车的尾翼则是要产生向下压制的力量,如图 7-11 所示。当空气流经机翼时,由于通过机翼上方的气流速度较快,下方的气流速度较慢,因此翼面上方的空气压强降低,相对的翼面下方的空气压强较大,所以产生向上抬升的力量,而且速度越快压力差越大。如果把机翼倒过来,就是简单的轿车尾翼了,效果也就相反,会产生向下压制的力量,如图 7-12 所示。

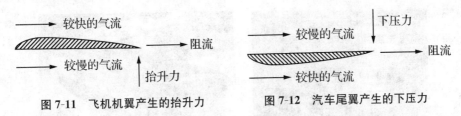

图 7-11 飞机机翼产生的抬升力　　图 7-12 汽车尾翼产生的下压力

根据气体动力学原理分析,我们知道汽车在行驶过程中会遇到空气阻力,这种阻力可分为纵向、侧向和垂直上升 3 个方面的作用力,并且车速与空气阻力平方成正比,所以车速越快,空气阻力就越大。一般情况,当车速超过 60 公里时,空气阻力对汽车的影响表现得就非常明显了。为了有效地减少并克服汽车高速行驶时空气阻力的影响,人们设计使用了汽车尾翼,其作用就是使空气对汽车产生第四种作用力,即对地面的附着力,它能抵消一部分升力,控制汽车上浮,减小风阻影响,使汽车能紧贴着道路行驶,从而提高行驶的稳定性。目前大多数汽车尾翼都是用玻璃纤维或碳素纤维制成的,既轻巧又坚韧,并且它的形状尺寸是经过设计师精确计算而确定的,不宜过大也不宜过小,不然反而会增加轿车的行车阻力或起不到应有的作用。

过去我国在轿车使用中比较忽视尾翼的安装,这是由于当时车速不高,尾翼减阻、省油作用不十分明显。近几年,随着我国高速公路、高架路和高等级道路的建设及投入使用,车速有了较大的提高,汽车尾翼的作用显得越来越重要。以排气量为 1.8 升的轿车为例,如果装上尾翼,空气阻力系数降低 20%,在一般道路上行驶,耗油量减少或许不明显。如果在高速公路上以 120 公里的时速行驶,则能省油 14%,同时也提高了汽车高速行驶的稳定性,此时汽车尾翼的作用就很明显了。

3. 汽车尾翼的安装施工

(1) 选择尾翼

汽车尾翼的形状尺寸差异较大,这与车型有关。选择时,应按车型要求,尽量选用与车型相配套的尾翼。因为尾翼在设计制造时,均是经过一定的研究试验而确定的,绝非随意所为。所以,需要选择相配套的尾翼,以保证汽车性能的提高。

若无配套的尾翼时,可按产品说明书和车型状况,尽量选用近似车型的尾翼安装。

(2) 尾翼的安装

首先清洗安装部位。一般车的尾翼都安装在行李箱盖板上,大都用螺钉连接。清洗时可用清洗剂擦洗行李箱盖板，保持干净整洁；然后按安装要求，在行李箱盖板的相应安装位置上钻出尾翼的安装孔，并在安装孔与尾翼的接合处涂上硅胶，以防漏水，最后将固定螺钉由行李箱内侧往外固定锁紧。

有的汽车尾翼可采用粘贴法安装。这种方法不在行李箱盖板上钻孔，不会发生漏水现象。但是，其稳固性和可靠性要差一些。使用一段时间后，随着粘胶的老化可能会出现松脱掉落的现象。

如图7-13所示，为汽车尾翼的安装效果图。

图7-13　汽车尾翼安装效果图

三、车身其他外饰件

汽车外部的装饰一般因车主个性不同而突出美观、实用、与众不同等特色。在车身外部装饰中，有些较小部位，看起来装饰量不大，若装饰起来，也非常显眼，引人注目，往往能起到画龙点睛的效果。

现代汽车美容市场的汽车外饰件种类繁多、琳琅满目，应有尽有。这里只列举一些常用的外饰件，供大家参考。

1. 金属饰条

金属饰条主要分为镀铬、金属铝片、钢片冲压等材料。它主要用于灯眉、灯尾、后门装饰条等部分，增强车的金属感。由于金属反光效果强烈，一般不用于仪表盘改装，以避免分散驾驶者注意力。

对于加装金属饰条，可将三种金属装饰结合起来灵活运用。比如后视镜等醒目的部分用镀铬；迎宾踏板等对抗压性要求高的部位，则可以采用钢板冲压的金属；而扶手箱等次要位置则可用喷涂金属色，增强全车的金属感，如图7-14所示。

2. 车轮饰盖

车辆轮胎饰盖一般是用塑料粒子经注塑机注塑，再在表面用油漆涂装形成，如图7-15所示。车轮饰盖能烘托整车的造型美，更能让用户加深对轿车品牌概念的理解。车轮饰盖表面油漆，关系到产品的外观、色彩、光泽度及牢度。

图 7-14　汽车金属饰条装饰效果图　　　　图 7-15　汽车车轮饰盖

车轮饰盖是安全件，除了外观装饰，更有其安全特性。车轮饰盖靠不锈钢钢丝卡簧和固定支夹固定在车轮轮圈上，合格产品须经过制造商的拆卸力测试，以确保产品安全性。在选用时要注意饰盖的装配性，如果卡口不紧，弹簧材料不过关，则易导致饰盖脱落，特别是在高速行驶中，脱落饰盖对于车辆、行人都会造成威胁。

3. 后视镜

后视镜也可以对车辆起装饰作用。通常汽车所安装的后视镜都是平面镜，观察物体无变形，符合人的视觉习惯。但是平面后视镜的尺寸和视野往往过小，有一定的盲区，在下雨天易出现水珠，让驾车者的视野大受限制。目前，许多汽车加装了"无盲点"后视镜，使用这种后视镜，可以看到与车宽差不多的范围，方便倒车。另外，还采用经亲水处理的防水珠后视镜，提高雨天的视觉辨认性，如图 7-16 所示。

普通后视镜的效果　　　　大视野后视镜的效果

图 7-16　不同汽车后视镜的比较

4. 汽车尾梯

汽车尾梯同样可以缓解来自后方的冲击，款式大多以实用为主，如图 7-17 所示。尾梯的材料可以分为不锈钢和铝合金两种，前者防腐性能强，光泽度高，承重能力高，所以在实际应用当中最为普及。

5. 行李架

现在许多车主都喜欢自驾游，考虑到长途跋涉、携带物品多的需要，可以在车顶安装行李架，行李架分为安装在车顶的行李架杆和其上的行李架盘两部分，如图 7-18 所示。

图 7-17 汽车尾梯

图 7-18 汽车行李架

6. 装饰性车灯

装饰性车灯外形各异,制造精美,体现出的神秘色彩给车辆增添了鲜明的个性,如轮毂灯、底盘灯、车顶灯、天使眼前大灯等,如图 7-19 所示。

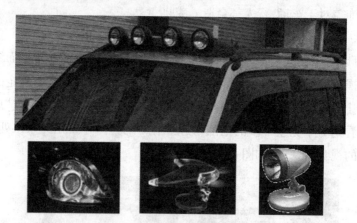
图 7-19 汽车装饰性车灯

7. 晴雨窗罩

晴雨窗罩与汽车车身外型一体设计,呈流线造型,开窗时可导入大量空气。汽车装饰了晴雨窗罩,雨天行车,车窗开下大半,雨水不会直灌车里。如果在车内吸烟,可摇下车窗;高速行驶时不会狂风吹头;热天停车,可开窗保持空气对流,降低车内温度;晴天遮阳,可防止侧面刺眼强光,如图 7-20 所示。

图 7-20 汽车晴雨窗罩

8. 车身防撞胶

不管是新手还是高手,在平时开车时难免小刮小碰的。有时难免在调头、停车及进出车库的时候碰到墙或绿化带，很容易就会车身碰出一点点的刮痕。严重影响了车身，时间长了还会生锈。防撞胶就是粘贴在车身上容易刮擦到的部位，达到防撞护车的目的。如图7-21所示。

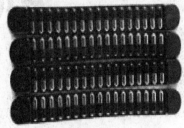

图7-21　汽车车身防撞胶

粘贴防撞胶时，首先清洁安装的位置，待干燥无灰尘后，再把防撞胶对准粘贴部位，用力压一次，3小时后再压一次，24小时内避免与水、油类接触。

9. 汽车天线

汽车天线又叫车载天线，一般是为了加强车内接收信号，使手机、收音机、电视等视听效果更佳。车载天线又可分汽车内置天线和外置天线，外形做成各种各样的形状，使用时可根据不同的功能和用途，认真地选取。如图7-22所示，为不同形状的天线造型。

图7-22　各种形状的汽车天线

第八章　汽车内部装饰

> 如果说汽车的外装饰使人感到的是安全与亮丽,那么汽车的内装饰为车主营造的则是一份温馨与舒适的空间。车身室内装饰,主要是对汽车驾驶室和乘客室进行装饰,统称为内饰。
>
> 汽车原厂内饰多为冷色调,较为精致,但时间长了以后给人以压抑感。车主们可选择一些暖色调或更趋家居感的饰件来装点爱车空间。如选用一块图案较鲜艳的真丝地毯铺在后座前,也可选用花边抽纱网套套在座椅的头枕及椅背上,更可选用一些白纱或黑纱的窗帘遮在侧窗及后窗上。另外,加上几件丝绒或皮质沙发靠垫,定能使汽车充满温馨及家居感。铺好的地胶既方便清洗,也更能显示出车的整洁。桃木内饰从外观到色彩给人以自然、协调的感觉。真皮座椅不但气派,更具有柔软、透气、耐用等特点。

第一节　座椅的装饰

汽车座椅套是汽车的时装,要表达出车主的情趣,体现出车主的个性。在汽车内装饰中,座椅的装饰是相当显眼的一部分,对汽车整体的装饰风格有非常大的影响。

一般来说,其他的内饰都应围绕着座椅进行。但不论如何,都应遵循舒适、美观、经济、实用的原则。

一、真皮座椅

1. 真皮座椅的特点

(1) 提高汽车档次,让汽车能够在视觉上、触觉上,甚至在味觉上都有一个好的心理感觉。

(2) 美观耐用,表面平滑,不易藏污纳垢,容易清理。

（3）散热性好，不易燃。在炎热的夏日，真皮座椅只会表面较热，轻拍几下，热气会很快消散。可减少空调的运行时间等。

（4）使用时必须小心，以防尖锐物品划伤座椅表面。

（5）真皮座椅在受热后易出现老化现象，如护理不当，易过早失去光泽，甚至开裂。

（6）真皮座椅的表面比纺织品面料的表面光滑一些，为此有的厂家在真皮表面上压制出图纹花样，使光滑性有所改善。

2. 真皮座椅的材质

真皮座椅的质料有两种，一种是真皮，另一种是合成皮。经过精细加工制作而成的汽车真皮座椅的透气性、坚韧性、保暖性、散热性及其耐久性和柔软性都绝非任何人造材料可以代替的。装饰汽车座椅必须用牛皮，羊皮强度不够，猪皮也不行（除特殊的高质猪皮）。

牛皮分不同等级，头层皮在强度、透气性、花纹和色泽上都首屈一指，是最适合的皮质。汽车专用真皮最上乘的要属意大利产的专用牛皮，它是意大利特殊牛种的皮，其厚薄程度和其他性能都与家居用牛皮、服饰用牛皮的皮质不同。

汽车专用真皮需能耐得起各种不同气候的挑战。它的加工过程也是精制而独特的，要经过急速冷冻保鲜、两次干燥处理、计算机染色、紫外线杀菌等工序，因而其具有防皱、抗老化、抗撕裂、不褪色、无任何病菌的特点。用这样的皮经仔细加工制作出的汽车真皮座椅，无疑能充分体现汽车的身价。

3. 真皮座椅的装饰方式

（1）传统式

将原有座椅上的绒布装饰拆除，然后再重新缝制一层真皮。这样做的好处是店家完全可以按照原来的椅型及椅面上的缝隙，重新缝制一张完全符合座椅造型的真皮。因此，可以保持原设计的线条，更能确保在长久使用下，椅面不变形，如图8-1所示。

（2）椅套式

用一种已经制好的皮椅套，只需将它往坐椅上一套即可。拆装自如、相对便宜的售价是最大优点。但长时间使用，容易变形，现在已有更好的方法，将椅套固定在绒布椅上，通过固定胶条，将椅套牢牢粘住，甚至连皱褶和沟纹都可再现。严重影响装饰效果，如图8-2所示。

图8-1 传统式装饰座椅

图8-2 椅套式装饰座椅

4. 真皮座椅的检验

在汽车美容店用真皮装饰座椅时,由于原材料直接可见,比较容易检查质量。在选购时应如何对真皮及装饰完的座椅的质量进行鉴别呢?

(1) 观察法鉴别真皮的皮质

汽车专用真皮皮面光滑,皮纹细致,都有细小的毛孔,色泽光亮柔和且无反光感,其厚度应均匀,约为 1.3～1.6 mm,只有此种厚度才能保证弹性和耐久性。真正的牛皮冬暖夏凉、透气性良好且富有弹性,而人造皮革正好相反。制作家具的牛皮是较厚的,制作服装的皮革较薄,只有厚薄适中的牛皮才能用于汽车。

从边角料的断面形状进行仔细观察,真皮材料的断面表层结构紧密,可见毛孔,内层较粗糙一些,可见一些很细的纤维状的层纹,纤维细绒不易拉出。而人造革,特别是仿皮革,表面层光滑细密,无毛孔,而内层也较粗糙,有的纤维用夹子夹住可以拉出,可见断面整齐的切断状,比真皮的纤维粗而长,这些都是人造革的特征。

(2) 手感法鉴别真皮的皮质

好皮手感质地柔软、滑爽而富有弹性。若皮面颗粒多、板硬或发粘均为下品。

对已做好的座椅,伸出食指,按压座椅的表面,压住不放手,若是有许多细微的皮纹向手压处延伸,表明座椅表皮是用真皮制作的;如果按下去以后,座椅表面没有细微的皮纹向手压处延伸,则就说明座椅的表皮材料不是真皮的,而是人造革制作的。

用手对饰材的边角料进行拉伸时,伸展较长,而不用力拉时,还能缩回去一部分,说明这种材料是人造革的。因为真皮的延展性差,回弹性也差。

(3) 燃烧法鉴别真皮的皮质

用制造座椅表层的边角料进行燃烧,看其燃烧时的现象。人造革的主要原料是塑料,很容易燃烧,而真皮是不易燃烧的,特别是真牛皮是很难烧着的。而合成皮虽然也是皮,但在加工过程中,会添加一些胶类化学物质,烧后会有一些焦状物,真皮则没有。

(4) 擦拭法鉴别真皮的皮质

用潮湿的布在皮面上来回擦拭几次,若有脱色现象,则说明质量不过关。

(5) 鉴别安装的是座椅还是座套

汽车座椅是依据椅子的骨架,通过仔细的测量,精细的剪、贴、胶合、缝制而成的,并由有经验的技师安装,它牢固、严紧,与汽车骨架紧密地结合在一起。而座套只是在原有的座椅外表罩一个套子,它也是利用牛皮加工的,但座套与座椅之间有一定的距离,就如人的衣服不可能完全紧贴在身上,因此座套要较松些,但也不能太松,否则很容易起褶。在汽车行驶中经常拉扯,很容易撕裂。

(6) 整体看真皮座椅的装饰工艺与缝制质量

牛皮座椅制作过程中,需用原车的座套制板,根据板形缝制座套。板形如何,很大程度上决定着真皮椅套缝出后是否得体、好看。从表面能看到的只有明线和"做缝",明线必须横平竖直,做缝要在 3 mm 以上,否则,皮椅在使用过程中可能由此开裂。另外,要注意内在质量,比如内部定位用的钉子用了多少,如果用少了,将影响座椅使用的耐久性。

(7) 安装时要注意售后服务,如产品维护期的长短,是否保修、保换、是否维护清洗等。

注意:在鉴别时,可根据实际情况,综合选用上述方法,一般能够鉴别出真假好坏。

5. 装饰真皮座椅的原则

在进行座椅装饰前,应先根据具体的车型状况进行分析,对于豪华车而言,座椅本身已是真皮豪华的了,没有必要再进行装饰,只有当装饰旧了或坏了,方可按原样重新装饰。对中、低档车而言,使用一段时间后,如对座椅的装饰不满意,可重新装饰,要提高车的装饰档次时,可选用真皮装饰座椅。

6. 真皮座椅使用注意事项

(1) 合理使用

由于真皮座椅装饰的档次高,比较昂贵,使用时必须注意清浩,特别应防止划破、划伤,以充分发挥它的装饰价值。

(2) 及时保养

由于长久使用和阳光的照射,真皮会老化、变脆,失去光泽,为此,应对真皮座椅及时进行保养。

二、布艺椅套装饰座椅

布艺椅套一般可分为化纤、棉混纺、纯棉、丝绒、裘毛等几种。其中棉混纺椅套是市面上最常见的,也是许多车主最爱的选择。椅套的款式已趋向家居化、装饰化。如目前市面上多了一种既有趣又实用的"变脸"椅套,这种椅套中间"脸谱"部分可以随时取下更换。不同心情,不同的环境可随时选择不同的"脸谱"配搭,达到多套合一的使用效果。

与真皮座椅相比,布艺座椅的透气性能、吸水性能、隔温性能更优。并且布艺椅套有相当大的选择空间,各种材质、各种花色琳琅满目,清洗方便、价格便宜、方便更换等。椅套的款式可依据车型的座椅结构和个人爱好来进行设计,量身定做。但选择椅套要注意颜色和汽车的颜色要搭配,尤其和仪表台、地板和门板的颜色要和谐,小车一般多采用色调鲜艳、花式较丰富的椅套,大车多选用色调较沉、花式统一的椅套。如图8-3所示,为不同花色品种的布艺椅套。

图8-3 不同花色的布艺椅套

第二节 汽车桃木内饰

桃木饰件就是将桃木或仿桃木制品镶嵌在仪表板、中控板、变速杆头、门扶手、转向盘等部件外表面的一种装饰。它具有美观、高雅、豪华等特点,可明显地提高汽车的档次。

因此,作为一种品味和身份的象征,桃木内饰现在已经成为越来越多高档车的必备品,装桃木内饰,不仅仅是一种品味的象征和表达,同时也是一种追求个性的需要。

一、桃木饰件的发展

最早采用桃木饰件的是半世纪前的英国劳斯莱斯汽车公司,当时的英国汽车内饰工艺师们以手工制作桃木和真皮内饰件,设计出了一辆具有皇室气派的高级轿车。其后著名汽车生产厂家纷纷效仿,如奔驰、宝马、宾利等,都采用此内饰设计,与其真皮或丝绒内饰搭配,色调和谐,风格统一,尽显非凡的典雅、富贵之气派。

国内率先制作豪华桃木饰板,用于转向盘、排挡头等部件装饰的是一汽轿车股份有限公司,并首先在"小红旗"轿车上采用。上海通用与广州本田雅阁也随后进行试装,在 1999 年的北京国际汽车展览会上,展出了有豪华桃木内饰的别克和雅阁样车,一汽大众的奥迪 C5、上海大众的桑塔纳时代超人也展示出了豪华桃木内饰的样车。可见,国内各大汽车厂家认定进行车内豪华装饰,桃木内饰是提高档次与增加竞争力的必然选择。

现在,世界各大汽车厂家的高、中档汽车基本上都在内饰上加装一些桃木饰材,逐步形成了没有桃木内饰装置的轿车都不能称为豪华轿车的市场心态。

随着轿车内饰工艺的不断进步,也出现了大量成本低廉的仿桃木花纹塑料覆盖件生产工艺。仿桃木几乎能够以假乱真。仿桃木饰件品种繁多,如出风口、仪表台、仪表盘、中控台面板、换挡基座、换挡手柄、转向盘把手、门内扶手上的控制台面等,为中高级轿车大量采用仿桃木饰件创造了条件,如福特蒙迪欧、尼桑风度、丰田佳美、别克系列、奥迪 A6 系列、广本雅阁和奥德赛、风神蓝鸟等。

由于桃木饰件有很大的市场,所以成本低廉、质量不高、做工粗糙的仿桃木贴面便成为许多经销商的赚钱法宝。这种产品视觉效果极差,能明显看出是塑料而不是木料的,不但不能起到衬托内饰高雅、豪华的效果,反而显得低级俗气。

二、真假桃木的识别

汽车内饰用的桃木材料一般是指胡桃木和花梨木。因为这些木材的纹理优美、质地坚韧、不会变形等优点,成为中高档轿车内饰材料的首选。

按照传统方式,胡桃木的加工是相当精细和繁琐的。据劳斯莱斯汽车公司的介绍,每辆汽车内的仪表板和车厢木饰,不仅颜色及纹路都完全一致,拼缝接口处也几乎看不出接缝的痕迹。再经最原始的打磨工艺,即用蜂蜡打磨8次,令表面光滑如镜,整个制作过程大概需要两个星期才能完成。

仿桃木则是用塑料仿造桃木纹理制成的。现代的贴膜技术可令仿制品做得惟妙惟肖,以假乱真,纹路、光泽与真的木质材料极为相似,甚至行家也只能靠油漆辨别真伪,因为只有实木才需要多层油漆来防潮和防紫外线照射。

成批生产的塑料仿制品的纹路图案可能是件件都一样,而天然的木质内饰的纹路图案却是独一无二的。现在有一些塑料制品需要喷涂专用清漆等涂层材料以抗老化,缩小了仿制品与实木饰件的质量差距。还有一种制造方法,就是在塑料基体上粘贴一层极薄的桃木镶片,看上去与实木饰件完全一样,因此可以自称为桃木装饰件。

如图8-4所示,为汽车桃木内饰装饰效果图。

图8-4 汽车桃木内饰装饰

三、桃木饰件的选用

有些经济型轿车的车主,为了追求个性化、差异化,纷纷通过自我改装仿桃木饰件来充实内饰,以此提高汽车的档次。为了迎合这种需要,市场上出现了一些豪华的仿桃木饰件。但是有些桃木饰件,并非原厂的配套产品,往往是一些采用成本低且质量不高、做工粗糙的劣质仿桃木贴面的,用户安装后不但没有起到衬托内饰高档、豪华的效果,反而显得低廉俗气。特别是经过一段时间的使用后,贴皮脱胶翘起,日晒高温后会褪色变形,显得老旧不堪,有的甚至影响车子质量与安全性能。轿车木质内饰主要起美化作用,要根据车型、档次及需求合理选用和安装,其造型、色彩搭配、材质感都应当给人以良好的感受,同时还应具有阻燃功能。

安装桃木内饰时最好选用原厂标准件。原厂标准件是木质片与原装置的标准塑料或金属件复合为一体的部件,其表面经过非常严格的亮漆处理,面漆经过硬度、耐光性、高温与低温等长时间循环试验。用原厂标准件安装,不需用胶水或其他胶贴。

选装豪华桃木内饰的目的是要把爱车档次提高,如果安装不合标准的部件而影响整车的装饰效果、安全性与操作性能,则得不偿失,因此选装时一定要慎重。

第三节 汽车地板装饰

一、汽车地板的功能

汽车地板在底盘的上部,是车厢的基础部分,承载着车内的各类设施和人员,要求有可靠的安全性,能稳固地起到支承功能。同时,它又是车厢与地面之间的隔离层,所以要求保温、隔热、防湿、防潮、防尘、防止外部噪声进入车内等。

地板与侧围、前围、后围和车顶共同构成汽车的内室,形成一个独立的驾乘空间。可见,地板装饰的好坏直接影响到汽车整个内部的装饰效果。

二、汽车地板的装饰方法

一般汽车座椅底下的地板都是一种地毡似的物品,是原车整体铺制好的,一旦有脏物、污垢留在上面,很难清理。汽车地板装饰就是在地板上面铺上一层防水、易擦洗的物品,起到保护原车地板、易清洁及装饰车辆内室的作用,这层保护物就是人们常说的地胶。

地胶分手缝地胶和成型地胶。手缝地胶是按照汽车地板的形状,边剪裁边缝制,费工费时,很难完全地和地板贴合,装饰效果一般;成型地胶是通过电脑操作机器按照您爱车的尺寸整皮切割后热压成型的,不需要裁减,专车专用,直接铺在车内即可。贴合度好,施工方便。当然,现在有些车主为了省事,不铺地胶,而是选取专车专用的大包围脚垫,直接铺装在原车的地板上。

1. 地板装饰材料的选用

(1) 地板装饰材料的选用原则

对地板的装饰,主要是因为原地板陈旧或损伤而需要装饰,可参照原地板使用的材料、色泽和地板构造,采用适当的方法进行装饰。

若是为了提高原车装饰档次,可在内饰改装的同时,对地板进行改装。这时需综合考虑,使之与内饰搭配和谐。如可在原地板的基础上,选装汽车专用大包围脚垫,直接放置在地板上即可。一般现在不建议铺地胶,因铺地胶要拆座椅,对线路不好,如果铺的技术不好地板弄得乱七八糟;如果选材不当还会发出很大的异味,造成环境污染,影响驾乘人员的身体健康,反而适得其反。

(2) 地板装饰材料色泽的选用

地板装饰的颜色,最常用的是深灰色、米黄色、黑色、咖啡色及红色等,这些颜色可使车内有一种稳重大气、洁净舒适的氛围。在选择装饰材料的颜色时,还应考虑侧围、顶盖和座椅等的颜色,使整个内饰的色调和谐统一。

2. 选装手缝汽车地胶

在原汽车地板的表层，选装适用的汽车地胶，是汽车地板装饰一种常用的方法，这种方法还可增强地板层的隔音效果。

所以在选用汽车地胶装饰地板时，不仅要在色彩上达到理想的装饰效果，而且还要考虑隔音降噪的效果。

(1) 前部地胶选择

轿车的前部地板，离发动机较近，噪声较大，应铺设厚密度的地胶，可选用 $4.9~kg/m^2$ 的车用地胶，必要时还可加装一层隔音材料，以增强隔音的效果。

(2) 中部地胶选择

汽车中部离发动机稍远一些，其噪声的影响略小一些。为此，可选用中密度的车用地胶，既达到了装饰和隔音的效果，又适当减轻了地毯的重量。中密度汽车用地胶为 $3.7~kg/m^2$。

(3) 后部地胶选择

汽车地板的后部，离发动机位置更远，噪声影响较小，所以选用 $2.4~kg/m^2$ 的低密度地胶进行装饰。

采用上述方法选好后，就要根据汽车地板的形状大小，进行剪裁与缝制了。施工过程中要特别注意边边角角及接缝处的处理，以达到应有的装饰效果。如图 8-5 所示。

图 8-5 汽车手工缝制地胶

3. 汽车专用成型地胶的选择

汽车成型地胶是通过电脑切割一次定型、角棱到位、没有接缝、不会出现断裂、表面选用纯进口 PU 皮无毒无味、底面选用优质隔音棉、融合现代高科技工艺生产而成，具有隔音、防潮、防静电、阻燃、易清洗、整体感强、专车专用等特点。对原车地毯具有较强的保护作用，水、灰尘等不易进入汽车地毯内，产品多为米色和灰色两种，每款车型都带原车车标。

(1) 功能特点

预留座位安装滑道和位置，棱角到位，绝对与原车地板帖服；环保、无毒、无味、隔音、防静电、不褪色、耐磨损，可达数年之久。经过夏日阳光曝晒后也不会出现刺鼻的异味，而且这种成型地板胶的造型是经过精确测量的，凹凸尺寸得当准确，且背面的一层防潮隔音棉即使在高速公路行驶车内隔音效果也是绝佳；水和泥灰完全阻隔，不会进入汽车地毯内，对原地毯具有较强的保护作用。

在一定意义上讲铺地胶还省油,因为轿车底部仅一层薄钢板传热较快,加大车用空调耗能。铺垫高质量带有隔音棉的地胶后,车内隔热效果显著,降温升温快,有效地减少了空调的运行时间。

(2) 慎重选择

轿车选用地胶是一劳永逸的事情,建议不要贪图便宜选择质量较差的成型地胶,给自己带来不必要的麻烦。

买新车时 4S 店和汽车装潢店都给铺汽车地胶,这种地胶有仿制的假地胶和环保地胶两种。假冒汽车地胶是用回收的鞋底和旧轮胎等再生原材料制造,有一股刺鼻的味道,一撕即断裂,所以很多车主铺过假地胶后都叫苦不迭。如图 8-6 所示,为汽车成型地胶效果图。

图 8-6　汽车成型地胶效果图

另外,汽车铺地胶还有一个主要的目的,即隔音降噪,降低和减少驾驶疲劳,舒缓耳鸣。人们长时间接触噪音,会耳鸣、多梦、心慌及烦躁,或直接引起听力下降甚至失聪。长时期开车由于路噪噪音易造成车主疲劳,铺了地胶以后让驾驶成为乐趣。所以有经验的车主都主张买车后首要的装潢是铺地胶不无道理。当然地胶有真有假,选择时要仔细甄别,慎之又慎。

总之,汽车地板铺上合格的地胶后,不仅装饰了地板,美化了驾乘空间,而且还使车内的噪声降低到允许的标准以下,也减轻了整车的重量,提高了汽车的综合性能,从而降低了汽车的使用成本。

4. 汽车大包围脚垫装饰地板

普通塑胶脚垫虽然铺设简便,对汽车地板的毛绒有一定保护作用,但边缘还是容易进灰的。此外,简单铺上去的脚垫也会在车底移动走位,会给安全驾驶带来隐患。

目前市场流行的汽车大包围脚垫,其创新性的设计,很好地体现了车主对安全的要求。

简单地讲,大包围脚垫就是为每一款车型量身定做的、凹凸有型的三维立体脚垫。放在车内可以把脚下空间全部卡死的,防止泥土或水弄的车里到处都是,且不会移动走位,保证了驾驶的安全性。

(1) 大包围脚垫的特点

有安全卡口,并且是高边立体全包围。卡口的设计都是原车专用的,高边设计高出

10厘米左右,具有独特的防滑设计,保证不走位,还能全方位地保护原车地板的绒面;布置拆换方便,清洗除尘容易,拿着湿布去擦洗或者用水冲洗就可以了。品种规格和色彩很多,装饰效果好,可根据需要进行选用;设计采用多层结构,采用环保皮革防水防滑的表层,中层采用高密高弹性进口海绵,脚感舒适,防震隔音。

(2) 大包围脚垫的选择

首先要考虑安全性。汽车脚垫的形状和尺码与爱车的大小要合适,尺寸过大或者过小都会在刹车过程中导致脚垫移位。另外,卡扣不合格造成的脱落现象,也会造成脚垫移位,使得驾车时容易出现安全事故。脚垫厚一点虽然舒服,却往往是最危险的,换新脚垫后一定要先试试油门、刹车和离合器踏板,是否可以一踩到底,防止出现操控上的安全事故。

二是要考虑材料的环保性。脚垫的材质是最重要的,不易磨损、易于清理的脚垫最为理想。在琳琅满目的脚垫产品中,有不少生产厂家为了降低成本,使用了有毒的氯化石蜡等化学物质,不仅味道刺鼻,还对我们的身体危害很大,情况严重的往往造成我们开车时头痛、头晕、浑身乏力等生理反应。所以,无论怎么样,选购时都不能只顾汽车脚垫的价格和外观,而是要重视汽车脚垫的材料要环保,这样才能保证驾乘人员的健康。

至于最终该选择什么样的汽车脚垫品牌,可参照以上这两个方面的要求,去综合考虑,再加上个人的喜好基本就可以确定了。

(3) 大包围脚垫的装饰方法

根据车内地板和内饰的装饰色调,选择出合格的产品,然后按照产品说明书的要求,直接安装固定在清洁后的地板上即可。如图8-7所示,为汽车大包围脚垫装饰效果图。

图8-7 汽车大包围脚垫装饰效果图

大包围脚垫装饰地板虽然方便、省时、易清洁等,但与地胶装饰相比,对座椅底下无法提供有效的保护。使用时可根据自己的喜好和要求,多方比较来选择对汽车地板的装饰方式。

第四节 汽车香品

在驾驶台上放上一瓶别致的香水,不仅可以清除车内异味、杀灭细菌,起到净化空气的作用,还可以给车内增添许多温馨的气息、生活的情趣等。

汽车香品一般是由调香师对天然的合成香料经过反复提炼和筛选,将各种香精按照一定的比例勾兑而成,香气持久,有的是从天然香物中提取的香料,还具有杀菌除异味的作用。

一、汽车香品的功能

随着汽车的普遍使用,汽车香品进入了有车族的生活。汽车香品质量的好坏将直接影响驾车者的心情和安全,选择合适的汽车香水显得特别重要了。

1. 保持车内空气卫生

车用香品能够起到净化空气的作用,比如清除异味、杀灭细菌,保持车内空气洁净。

2. 有利于行车安全

车用香品能够在狭小的车内空间里营造出一种清新怡人的氛围,具有使人头脑清醒、抗抑郁和使人镇定等功效,有利于驾驶人员行车安全,从而减少行车事故的发生率。如清凉的药草香味、宁人的琥珀香味、薄荷香味、果香味、清甜的鲜花香味能松弛神经等。

3. 增添车内情趣

车用香品不但能营造温馨而舒适的车内小气候,而且能增添车内情趣、营造浪漫温馨的氛围,提高驾驶乐趣,有利于安全驾驶。现在许多汽车香品的造型都相当可爱,外形美观漂亮,车主可根据自己的喜好,随意挑选。

二、汽车香品的类型

目前市场上常用的汽车香品按照自身成份主要分为气雾形、液体型和固体型三种。

1. 气雾形

气雾形车用香品主要由香精、溶剂和喷射剂组成,可分为雾形、湿雾形等多个品种。这种香水里除臭剂可以覆盖车内某些特殊异味,比如行李箱里的异味、烟草味、鱼腥味和小动物体味等。但挥发速度极快,常用于临时性去除异味。

2. 液体型

这种车用香品在车用香品中比较常见,用户也比较多,即人们常说的香水。它由香精与挥发性溶剂混合而成,盛放在各种具有艺术造形的容器中,琳琅满目、五颜六色。这种香水可用两至三个月,用完后可反复加装。

3. 固体型

固体型车用香品主要是将香精与某些材料混合,然后加压成形。还有一些利用芳香材料制成的车用香品,比如用香味织物制成的香花、用香味陶瓷制成的艺术台笔等。

另外,汽车香品按照放置的位置还可分为吊饰香品、香品座、空调出风口香品等。如图8-8所示,为各种造型的汽车香品。

图 8-8 不同造型的汽车香品

三、汽车香品的选购与使用

1. 汽车香品选购原则

（1）因季节而异

对于喜欢自驾游的车主,在长途旅行前,特别是在容易打瞌睡的春天,应尽量避免选择甜蜜的、让人容易产生睡意的一些香型。夏天车内的香品味道不要太浓烈,由于香水挥发快,热天可选择清淡的气味,以免产生刺激性。但如果夏季有经常开空调的习惯,那最好选择具有较强挥发性的车用香品,以便及时去除空调带来的异味。冬天车内开空调且经常保持密封状态,可以考虑选择醒脑提神的香型,如薄荷味可以消除在驾驶中的疲惫和困意。

（2）因工作而异

如果驾驶员或乘员从事的是极具挑战性和刺激性的工作,驾车时为保持一种平衡的心态,不妨挑选镇定功效较好的香型,比如清甜的鲜花香气、清凉的药草香气、宁人的琥珀香气等。

（3）因生活习惯而异

如果驾驶员或乘员习惯抽烟,不妨选用浓郁的药草香、清鲜的绿茶香、甜润的苹果香等,可以有效地去除烟草中的刺激气味。最好不要选择气雾形,因为这种香品容易着火。

（4）因性别而异

和日常用在身体的香水一样,汽车香水也有男女之别。女士比较喜欢各种清甜的水果香、淡雅的鲜花香的香品,如柠檬香、苹果香等;男士较为适合自然香、古龙香、琥珀香的味道,这些都是开车时比较容易接受的味道。对于香品的外形来说,如是男士,则宜选择外观造型比较简练的,且以古朴为佳。如果造型过于夸张、色彩过于艳丽,则反使人感到不适。

（5）因车辆而异

选用香品,其颜色、包装品的造型本身便是一种艺术品,要根据车型、车饰的状况,讲究整体协调美,使香品与其外观、造型及车饰之间和谐一致。

总之,目前市场上的车用香品中,国产与进口产品相比还有相当的距离,两者在价格上也存在很大的差异,买一个不错的进口香座一般也要百八十元,而买一个国内生产的简易产品只要十几元。即便是进口的,价格有三四百元的,也有几十元的。因此,一些不法商家便大肆制造劣质香水,欺骗消费者,影响消费者健康。

优质香水不仅制作精美、香味持久,还能杀灭细菌,清除异味。一些化学合成的高档香料比天然合成的香料价格更高一些。好的车用香水主要以果香居多,花香其次,药香再次之。劣质品在使用很短时间后就会闻不到香味,而且气味上也无法与优质产品相比,某些香水,其成分会对人体器官,特别是呼吸系统造成不同程度的刺激。如果买到的是劣质香水,有可能造成车内的二次污染,所以建议消费者尽量使用纯度较高的安全的制品。

通常劣质的化合产品香水挥发较快,香气刺鼻,在太阳光的照射下,经过一段时间颜色会逐渐成为白色,消费者可据此做简易的判断。

2. 汽车香品的使用

(1) 正确摆放

如果把香品,放(洒)在空调的通风口,利用气流的带动,香品的清香一时间便会满车都是,清除异味效果也较好。如果是液态的香水,也可以洒在手绢上,然后挂在通风口,用风吹,效果也很不错。

注意:因香品内有对车辆内饰起腐蚀作用的成分,因此液体香水瓶的摆放一定要牢固,防止其倾倒使香液洒在车辆的内饰上,造成不必要的麻烦。

(2) 正确更换香型

更换车用香品的香型时,不但要撤除原有的香品,还要尽量使原有的香气散尽。最好在用车完毕时更换,不可选择在用车前,或出车途中。否则,两种不同的香型混合后,不但达不到香品应有的效果,甚至适得其反。

第五节　车内其他饰品和用品

近几年,我国的私家车的保有量不断增长,用心装点一番自己的爱车,使其舒适、美观、富有个性,是私家车主的一大心愿。人们常说汽车是房子以外的第二个"家",要装扮好这个"家",就离不开各种各样的车内装饰品和用品。目前轿车内较为流行的装饰物品种类繁多、琳琅满目、应有尽有,车主们可根据自己的爱好尽情地选择,装扮自己的爱车。

一、汽车座垫

1. 汽车座垫功用

(1) 舒适性

由于驾驶员的特殊职业,长期驾驶容易特别疲劳。由于汽车座垫贴身的人体学设计,使得驾驶员减少疲劳,舒适健康。

(2) 保护座椅

汽车短则使用3～5年,长则使用十多年,保护好您的汽车座椅,使汽车的使用寿命长久。

减少座椅的磨损,增加汽车内饰的美观性,根据汽车内饰的颜色搭配,可以根据自己的喜好改变出来不同的风格,色彩的养眼以减少长途旅行的疲惫,增加别样的趣味。

(3) 有利于人体健康

根据座垫的种类不同,有纯毛的,该类透气性好,纯天然,高贵大方,华丽非凡。还有含有决明子、磁疗石、活性炭的座垫,能促进血液循环,以增加血液的含氧量,有效地缓解疲劳,调节机体新陈代谢,对背部的经络穴位有疏导、静态按摩的健康之效,缓解和改善人体免疫功能,平衡阴阳,提高人体对疾病的抵抗力,达到保健目的。

(4) 多功能化选择

有夏凉垫、春秋垫、冬季毛垫以及最方便的四季垫,更加方便了车主的选择。

2. 汽车座垫的分类

按制作工艺不同可分为手编汽车座垫、机织汽车座垫以及手工针刺汽车座垫。

按材质不同可分为纯毛汽车座垫、混纺汽车座垫、帘式汽车座垫。

按使用功能不同可分为冬季汽车座垫(羊毛汽车座垫、裘皮汽车座垫、羽绒垫、羽绒棉垫、仿毛垫等)、夏季汽车座垫(真丝汽车座垫、亚蚕丝汽车座垫、冰丝汽车座垫等)、四季汽车座垫(养生垫、布艺座垫和含磁石的磁疗垫等)。

(1) 纯毛座垫

具有乘座舒适、柔软度好、透气性能优良等特点,同时还可以有效防止车室静电产生,但价格较高,适用于中高档汽车。

(2) 混纺座垫

混纺座垫根据参与编织的原料不同,可细分为棉麻混纺座垫、棉毛混纺座垫等。其中棉麻混纺座垫具有透气性能优良、韧性强、易于日常清洁护理等特点,但若护理不当会出现变黄,影响视觉效果。

混纺座垫含棉毛量越高,其柔软程度越好。还有一类化纤与棉麻混纺座垫,价格低,透气性好,但易产生车室静电,适用于中低档汽车。

(3) 帘式座垫

帘式座垫一般用硬塑制品或竹制品串连而成,其透气性极佳,适于高温季节或车室空调环境不良的情况下使用。

(4) 冰丝座垫

冰丝又叫人造丝、粘胶长丝。冰丝汽车座垫是由天然棉皮经科学提炼而成,具有良好的透气,能自动调湿,日照升温慢。在几种主流纤维中,冰丝汽车座垫的含湿率最符合人体皮肤的生理要求，具有光滑凉爽、透气、抗静电、色彩绚丽等特点。冰丝汽车座垫还有防霉、防虫、防静电、无辐射等效果。

冰丝汽车座垫是地道的生态纤维，具有棉的本质、丝的品质，源于天然而优于天然。冰丝汽车座垫的使用感觉同亚麻汽车座垫很相似，只是手感更加柔软，颜色也非常雅致，对消除疲劳、清醒头目、集中注意力也有良好的效果。

冰丝汽车座垫成了夏天爱车座套纳凉的绿叶，但冰丝座垫也需细心呵护和清洁。许多汽车用品包括汽车座套，座垫等时间久了，常会留下一道道的黑痕迹以及污迹。所以，平常需注意对汽车座垫等车内用品的清洗和杀毒。平时如果只是弄上了一点污渍，用湿毛巾擦拭即可。

清洗冰丝座垫最好是干洗。因为水洗后容易造成一定程度的缩水，弄不好还会有一点变黄。虽然影响不大，但是追求完美的朋友们，建议还是送比较专业的干洗店处理比较好。如果非要用水洗，水温不要超过 40℃、不可熨烫(这点要区分于亚麻座垫的清洗)、不可暴晒(这点是通用的)、不可漂白。洗完后不要使劲拧干，最好是从水中直接提出自然晾干。

洗净、干燥后，放入密闭塑料袋中，并放置吸潮剂。

注意：清洗过程中，千万不要用刷子刷，不然会起毛，影响美观。当然，也不要使劲搓，揉来揉去会揉变形的。

(5) 羊毛座垫

选羊毛垫首先要看毛色是否光鲜。仔细观察羊毛的毛色，优质羊毛座垫毛色光泽鲜亮、色彩生动柔和；劣质货则色彩暗淡、容易掉色串色。如果是不同颜色拼接而成的座垫，应注意同一颜色是否存在色差，而碰到割绒座垫，绒面的平整度、密度就要特别关注。

其次是摸，看是否细腻。用手轻抚羊毛表面，优质羊毛座垫手感细腻、柔滑，而劣质的手感粗糙、粘涩。另外，用手分开毛查看是否存在皮毛裂缝、皮块拼接是否牢固、有无明显拼缝等。

再就是闻有无异味。将产品拿近闻一闻，优质羊毛座垫采用先进工艺加工，并在出厂前进行杀菌消毒，能防止螨虫、细菌孳生，且无任何异味；而劣质的羊毛由于油脂去除不净，会散发难闻的腥膻气味。

最后是烧，看灰烬是否易碾碎。市面上有化纤、人造毛、羊毛等不同材质的座垫，除参考销售人员的介绍外，消费者可以借鉴"烧"的方式进行材质鉴别。在毛座垫边上，轻微地拔下一丝细毛，用火点燃。如果先卷曲、冒烟，起黄色火焰，有烧毛发的味道，留下黑褐色灰块，用手指一压即成细粉，就是真羊毛；而假羊毛烧后，会结成硬块焦渣，不易捻碎，并带有刺鼻的异味。

(6) 四季座垫

四季座垫有时尚美观、换洗方便、四季保健通用等优点。但在选购时要注意品质的鉴别，防止买到假冒伪劣产品。

一些小品牌使用胶合工艺，为了降低成本，甚至使用劣质胶水，结果产品甲醛超标，危害人体健康。大品牌则采用代价相对较高的火复合工艺,也就是加热让海绵熔化和布粘在一起不加任何胶水,完全绿色环保,设备成本要求较高。

由于海绵的通透性好,世界上大多汽车座椅都是用海绵做内充,能够和车内温度快速一致。市场上大品牌的四季座垫也多采用透气好的高弹性海绵。四季座垫产品之所以会变形,主要是一些小品牌产品使用劣质海绵和再生海绵造成的。这种海绵用手使劲一捏,1公分厚的就变成0.3公分左右,并且很难恢复。大品牌产品则采用高弹性海绵,很难变形。另外,要防止填充物以次充好。四季座垫多采用决明子、荞麦壳等中药植物,由于中药材原材料不断上涨,为了追求利润有些小品牌就以次充好,甚至掺入沙粒、黑心棉等。好的品牌不仅填充物质量合格,而且配比合理,才能得到良好的通透性。如决明子按摩效果好,但如果全是决明子填充则通透性差;荞麦壳通透性好但按摩效果差,所以有经验的厂家会按一定的比例填充。

因此在购买时,一定要注意鉴别,不要贪图便宜而购买劣质的产品。网购的话,一定要到正规的网站购买。比较好的网站有京东商城、当当网和齐齐网等,其中前两者是大型综合类商城,齐齐网则是目前最大最专业的汽车用品网上商城,只专注于汽车用品,这几个商城都比较正规。

在清洗方面,由于装有决明子等中药,四季座垫的清洗有一定的学问,但并不复杂。如果有条件,最好干洗。如果想水洗,可以先把四季座垫放在地板上,拿毛巾或者柔刷蘸洗涤剂清洗,然后用清水冲洗干净,再把四季座垫面朝外卷成柱状放到甩干筒迅速甩干后挂起晒干,以免变形。需要注意的是,晒干的过程不能太久,最好一两天内结束,因为决明子会染色、发芽。

如图8-9所示,为不同材质的汽车座垫。

图8-9　不同材质的汽车座垫

3. 汽车座垫的选购

(1) 注意品牌

选购前先了解汽车座垫都有哪些品牌,在行业内比较出名的品牌有哪些?价钱如何?每个品牌都有不同的特色,如迪士尼汽车座垫主要以卡通为主,以及流氓兔的毛绒座垫等,选择一个好的品牌,代表质量和服务的保证。

(2) 注意原材料

比较常见的座垫材质有亚麻、冰丝、维卡、天蚕丝、水牛皮、竹席、木制、竹炭等,每种材质有不同的功效和手感,如较受欢迎的亚麻材质座垫,摸上去的手感很舒服,表面的温度比室温会低2～3℃左右,质感柔软。手编亚麻,图案很丰富,很漂亮,座垫中的空隙比较大,透气性好,且是纯天然的。天蚕丝座垫光泽度相当好,手感柔软且凉爽,如保养的好使用寿命可达5年之久。

提醒大家,对市场上一些比较廉价的汽车座垫就要特别注意了,厂家正是因为看到消费者贪图便宜的心理特点,使用黑心棉或者是经过化学处理的低价材料制成,时间长了会有异味,而且对身体的健康有极大的危害。

(3) 注意制作工艺

一套好的座垫,从手工上要求是非常严谨的,可以从细节处来区分座垫的做工如何,如手工编织的座垫一般要求编工紧凑、板面平整、图案精美,用了一个夏天,清洗过后都不会变形与松线、散边。

(4) 注意设计风格

从产品的设计风格上可看到公司对于开发上所花费的物力与人力,无论是从图案的选择还是整个产品设计造型上都可以看出,一个好的设计给人的感觉是非常舒适、典雅且又不失时尚与高贵。

(5) 注意辅料

辅料一般用于汽车座垫的底部,一般较好的座垫,辅料材质要求也比较高,不仅手感柔软、有糯性、悬垂性好、质地厚实,而且对座椅能起到一定的保护作用。而较差的座套,采用的一般是比较低档的材质,有些没用几天就会出现破裂、掉色等一系列的问题,这样不仅会伤害汽车的真皮座椅,而且会危害到您的身体健康。

(6) 注意外包装

从包装的材料和设计上可以看出该产品厂家是否认真生产,要求包装不仅仅美观实用,而且还要做到存放方便,或用于其他的用处,当然包装只是座套的副带品,真正的品质还需从以上几点去仔细的比较辨别。

汽车座垫因质地和工艺不同,价格也存在着较大差异。一般情况下,仿毛垫和机织垫子,价格在300～700元;羊毛裘皮类,价格在千元至万元不等;手编等丝织品,价格一般在1300～3500元;四季养生垫,因理疗效果不同,价格一般也在千元以上。

4. 汽车座垫网购注意事项

现在许多有车族很喜欢网购汽车用品,小则十几元的,大到几千元的。网上购物不像实体店那样,客户可以直接感受和判断商品的好坏,因此选购时更要谨慎小心,防止上当。

(1) 精选店铺

别看好评率,而是要看它里面的中差评详细描述,从而判断商家的信誉度和产品问题的集中点。特别要看商家会不会处理售后问题,会不会为自己的错误承担责任。因为一家店不出错是几乎不可能的事情,好评率不能代表什么是可以买的,还要看评价的真实度。

(2) 仔细看产品描述

对产品细节图、产品规格、颜色介绍都要仔细看一遍。因为汽车座垫的通用适用度在95%左右,还是有些区别的。当然了,这些的前提是大家已经对这款汽车座垫有了一个基础性的认识。或者大家可以看一下座垫基本知识,看过后,就会对座垫有更多的了解。

(3) 重点看座垫的评价

也别看人家的截图,点到评价详情页面,仔细看评价。一般来说,别人对这款座垫的评价在这里最全面和准确。同时也要辨别有没有作假嫌疑,有多少人买、每天卖出数等都是可以作假的,但从评语中体会产品优劣是网购必做的一个挑选环节。

除了以上要注意的几点外,消费者不妨到专业汽车用品商城的汽车座垫频道中来集中采购。一是保证了产品的正规渠道,保证质量;二是商城汽车座垫产品就已达百余款,极大地丰富了车主们的选择空间;三是其有多年的运营经验、售后保障的支持,这都可以给消费者提供更好的质量保证。

5. 汽车座垫的安装

(1) 安装前的验货

首先要检查购买回来的汽车座垫的品质如何以及绷缝线的线矩结实长度好坏等情况,为后面的安装做好基础。通常一套汽车座垫包括前驾座两个、两单靠背的后座和一长大垫共五件。

(2) 汽车前驾座垫的安装

汽车前驾座垫若有帽头帽兜,直接把汽车座垫往下套就好,然后在汽车座垫连体处有一个或两个卡扣,你直接可以把汽车座垫卡扣用手插入座椅的缝隙中,让汽车座垫不会向前移动。这时再把铺好的汽车座垫前面还有两个小钩环钩入座椅下面铁条处。有的没有舌头小钩的而是带松紧带的卡扣,这时要把卡扣经由座椅的中间缝隙中穿过其中一头卡扣并从座椅底下穿过和另一头的卡扣锁住。这样前排驾座就安装好了,另一个副驾座也同样如此安装。

(3) 后排汽车座垫安装

首先请先观察后长座椅在车上的安装方式,其实无非就两种,一种是带扣式的和不带扣式长座椅,不带扣式的座椅可以直接用力把长座拔出来,有锁扣的长座椅按下锁扣再把长座椅拔出。另外有的座椅是和车体用螺丝固定的,这时就得把螺丝拆开,使长座和后靠分开。汽车座垫长座和后靠分开后,很容易就可以将长垫通过汽车座垫上的卡口从下面穿过并固定好长车垫了,最后再将后靠背套入后靠座椅的帽头上加以固定即可。

(4) 检查整理

最后把长座椅安装好后,注意要将安全带复位。再把汽车座垫长垫和靠背的固定卡插入缝隙中,最后把汽车座垫整理拉平就好了。

6. 汽车座垫的保养维护

汽车座垫不要经常清洗,容易损坏座垫的纤维,尤其是养生垫,其中可能含有其他理疗

物质,经常清洗会造成理疗性的破坏。正常情况下,每年换季时清洗一次即可。

汽车座垫不要经常暴晒于太阳下面,不用的时候可以拿到通风遮阳的地方进行透气。好的座垫,能恢复其原来的状态。

如果汽车座垫上不小心沾上了油渍,可找一台家用吸尘器,取点洗衣粉或者洗衣液,用热开水化开,洗涤剂的溶液不要太浓,一点点慢慢地倒在油渍处,一个人用手把溶液按压进座垫,同时另一个人开启吸尘器,用吸尘器小的吸嘴从座垫边缘吸洗涤液。一个人压,一个人吸,反复几次,再用干布把座垫吸干或用吹风机吹干即可。

二、汽车脚垫

汽车脚垫作为一种实用性很强的汽车用品,能够有效防水、防尘、防滑、易清洁,极适合在雨水多和寒冷天气使用。另外,在前后座椅底下摆上各种花色、质地的脚垫,既美观又环保,是汽车装饰不可缺少的用品。

汽车脚垫从一开始的通用脚垫,再到地毯式平面脚垫,再到专车专用3D卡固脚垫,再到专车专用立体高边大包围汽车脚垫,直到现在的全包围汽车脚垫。

高级脚垫系列产品从研发到生产,每一个环节都要求做到精细准确,每一个版型均由专业版师和电脑三维进行测量,并反复测试。针对各款车型量身打造专属定制脚垫,务必使每一款脚垫都准确到位,确保行车安全,舒适美观。

1. 汽车脚垫的功能特点

(1) 安全性

一副质量合格的脚垫对安全非常重要,尺寸恰如其分,使用时要不滑动、移位。这样有助于驾驶员的脚平稳地驾驶汽车,确保行车安全。如现在流行的汽车大包围脚垫,就是采取专用测量立体全包围式设计,针对各款车型量身打造、专车专用,使脚垫永不走位。

(2) 环保健康

脚的健康对身体影响非常关键,一副好的汽车脚垫对脚有保健和保护作用。要求汽车脚垫采用的材料均须符合国家相关标准,车内放置应无毒无味,且具耐磨减震等特性。

(3) 美观耐用

汽车脚垫属于车内装饰品,保护车里车外的洁净,起到美观、舒适、点缀的作用。脚垫的质地、图案的美观度会直接影响车内的观赏效果和使用舒适感。因此一款好的汽车脚垫应具有独特风格,引领时尚;彰显尊贵、典雅的品味;要与原装内饰,协调一致、浑然一体。

汽车脚垫要超强耐磨,防刮,抗压不变形;弹性层应加厚设计,这样既增加了脚垫踩踏的舒适感,又使产品的使用寿命得到了保障。

2. 汽车脚垫的选购

(1) 考虑舒适性

汽车脚垫可以对驾驶者起到很好的帮助作用。首先是舒适性,双脚与汽车地板之间有了脚垫的缓冲作用,能够减少行车途中身体的晃动,所以有好"脚感"的脚垫是很重要的。这就好像人的脚下多了个气垫,双脚会更加稳定且能使驾乘更加舒适。

（2）考虑安全性

这就要考虑到脚垫中的材料成分,这一指标最重要的就是考虑其阻燃性。脚垫中添加阻燃剂,能够有效地阻击明火及烟蒂的燃烧。最好选择专车专用的脚垫,无论是在形状上还是尺寸上都恰如其分,所以有助于驾驶员的脚安全平稳地驾驶汽车。

（3）考虑环保性

毕竟车内的空间是有限的,最易产生异味。所以车主在选择脚垫时一定要选择没有味道、甲醛含量超低的产品。这样对人体的伤害才能减到最少。

（4）考虑实用性

"好马配好鞍",自己的爱车当然需要适合的、够档次的脚垫来装饰搭配,才能显得更美观。有助于调节驾乘人员的情趣和心态。

如图8-10所示,为不同材质的汽车脚垫。

图8-10　不同材质的汽车脚垫

三、汽车头枕和靠枕

1. 汽车头枕

这里所说的汽车头枕不是原车配置的座椅头枕,而是车主购车后附加在座椅顶部的附加头枕。

头枕实际上是头部保护装置。有些人错误地认为头枕是舒适配置,其实不尽然。头枕被安装在车里,跟肩、膝安全带一样,是安全装置。当发生追尾事故时,有效的头枕能减少乘员头部向后运动并且降低头、颈受伤的发生。

一个舒适的头枕可以有效地保障驾乘人员的安全。它可以使驾驶者头部调整15～20度的角度,避免颈静脉的压迫,减缓疲劳,有利于安全驾驶。根据调查得到的数据显示,即使车速只有10 km/h,发生碰撞时,车辆的加速与减速的力量会全部挤压在人体脆弱的颈部,如果没有汽车头枕的保护,车内驾乘人员的颈部很容易受伤。26%的追尾事故中,驾乘人员的头部或颈部会受伤。而且在同等条件下,使用质量良好头枕比使用劣质头枕的驾乘人员在追尾事故中颈部损伤的概率会降低24%。因此对于车主来说选择质地优良、使用舒适的颈部头枕是非常必要的。

目前市场上的汽车头枕种类繁多,应有尽有,车主在选购时应主要注意头枕里面的填充物。填充物的好坏,直接影响到头枕使用的舒适性及健康环保性。下面推荐几种典型的汽车头枕。

(1)竹炭型汽车头枕

竹炭型头枕的外表看起来基本上与普通头枕无异。它的独特之处在于它的枕芯是由天然毛竹高温烧制而成的优质竹炭。这种高温优质竹炭具有神奇的吸附能力,不仅可以除臭调湿,保持颈部的干爽舒适,并且具有远红外效果,促进颈部血液循环,消除旅途颠簸的疲劳,还能洁净车内污浊空气、消除异味,还车内空气清新。使用时一定要记着定期晾晒枕芯,可使竹炭活性再生。而且竹炭型的汽车头枕一年四季都能够适用。

(2)天然乳胶头枕

乳胶头枕选择天然乳胶作为颈枕材料,柔软而富有弹力,舒适感觉犹如皮肤。透气性佳,能够散发颈部的热气与湿气,让颈部保持清爽,尤其适合在夏天的时候使用。而且天然乳胶头枕柔软而极富弹性的质地,可顺应驾驶者的姿势及受压点,调节出适当的承托,并化解压力的伤害,对保护颈部有显著帮助。

(3)慢回弹头枕

慢回弹头枕的内部填充物为聚氨酯PU慢回弹记忆海绵,可以吸收身体的重量,感觉就像飘浮在空中。它遵循您的体形而不是像海绵、聚酯棉一样对抗您的体形。

按照人体工程学角度设计,汽车头枕可以减小驾车时突然刹车等对颈部及头部的冲击力,从而保护您的安全,同时可有效缓解因长期开车带来的疲劳感。

开车时人始终注视着一个方向,而如果没有汽车头枕的托起,悬空的头部容易导致颈部肌肉痉挛,颈椎关节发生颈椎微错位,引起头痛眩晕、失眠健忘、视力减退、颈部僵硬、腰酸背痛、周身乏力等症状,严重者可引起截瘫和呼吸困难,甚至危及生命。总的来说,汽车头枕能有效防止因开车颈部长时间悬空而导致弯曲、疲劳、酸痛。

如图8-11所示,为不同花色的汽车头枕。

图8-11 不同花色的汽车头枕

2. 汽车靠枕

汽车靠枕也称之为"腰靠",是用来调节人体与座位接触点以获得更舒适的角度来减轻疲劳,不同类型的汽车靠枕也可起到保护人体的作用。汽车靠枕也可以是装饰品,通过汽车靠枕的色彩及质料与周围环境的对比,能使汽车内部陈设艺术效果更加丰富多彩。

不同种类的汽车靠枕在行车中起到舒缓疲劳的作用,从而加强保护的作用,是有车族人士健康的保证。目前市场上已经兴起很多不同样式的靠枕。如卡通型靠枕,在汽车靠枕功能之上加上卡通的外观,充分起到装饰汽车的作用;太空记忆棉靠枕,是根据人体工程学原理设计弧线形状,完美贴合腰部,给予身体良好支撑,对腰椎疼痛有很好的缓解作用。

如图 8-12 所示,为不同造型的汽车靠枕。

图 8-12　不同造型的汽车靠枕

四、车内小饰件及用品

1. 车内温馨小饰件

打扮自己的爱车,除了上述的主要物品外,还可以适当的点缀一些小饰件。让车辆的驾乘环境或温馨浪漫、或宁静典雅、或热情奔放等,充分彰显车主的文化素养、性格品质等。这种小饰件按照在车内的固定方法不同,分为三大类。

(1)吊饰

将饰品通过绳、链,连接悬挂在车内部的一种装饰,如车挂佛、观音、平安扣、伟人像、植物、毛绒小动物、明星照等吊饰,既能美化车内环境,又给车主带来了几分愉悦。但需注意的是吊线不能太长,吊挂位置要尽量远离司机视线。如图 8-13 所示,为不同种类的汽车吊饰。

图 8-13　不同种类的汽车吊饰

(2)摆饰

将饰品摆放在汽车仪表台上及后窗下的一种装饰,如地球仪、指南针、各种布偶、各种动植物造型的摆件等,一般以各种造型的软质布偶为主,如图 8-14 所示。

图 8-14　不同造型的汽车布偶摆饰

（3）贴饰

将图案和标语制在贴模上,贴在车内的一种装饰,如名车商标、明星照片、各种警示语、动植物图案等,如图 8-15 所示。

图 8-15　不同种类的汽车贴饰

2. 车内用品

车内用品主要分为实用型和美化型两大类,也有两者兼顾的。

（1）转向盘套

转向盘套分绒套和真皮套两种,绒套摸起来舒服,而且颜色更多更活泼,适合女性车主。真皮套显得更高档,设计者在驾驶者的手握位置上设置了凹槽,握上去比较顺手。

（2）手机支架

中低档车里往往没有,但是如果安装上一个,在开车的时候就可以不必从口袋里掏手机了,而且如果手机还是有耳机的,那操作就更方便了。手机支架的底座可以通过吸盘吸在前仪表台上,既轻巧又实用。

（3）纸巾盒

副驾驶座位上的乘客往往可能要在开车的时候吃东西,那纸巾盒就是必不可少的东西了。这种类似的装饰物质地柔软、做工精美,价格根据材质不同而高低也不相同。

（4）影音系统

对汽车音响的选择,可以根据自己的喜好和经济承受能力进行选购。目前,专为汽车设计的 CD、VCD、DVD 能让你在车里得到家庭影院般的享受。DVD 或者 VCD 的显示屏不光可以安装在仪表台上,还可以装在前排座椅的后背上,或者装在副驾驶座前的夹板后面。放下夹板,就可以欣赏电影,收起夹板,还能够保护显示屏不被划伤。

（5）遮阳板

遮阳板还是折叠的好用,停车时,打开放在前风窗,可保护仪表盘,也可使座椅不那么烫人。若是侧晒或是车尾对着太阳,则放后风窗或侧窗。吸盘式的转帘或卷轴式的遮阳帘也可供选择,只是随后使用起来没有静电吸附的那么方便。

(6) 杯架

各种规格齐全的水杯架,可以安装在仪表盘旁、座位侧边、前排椅背后面等车厢空间内,使用起来方便顺手。

(7) 显示有关信息的用品

比较常用的有车内温度计、指南针、坡度仪、电子钟,用以提供行驶方向、时间及各种环境信息。为方便夜间行车,有各种地图灯、阅读灯等。

另外,车内用品还有太阳镜架、香烟盒架、票据夹、雨伞架、电须刨、禁烟牌、室内镜、猫眼、硬币盒、手机架、相架、点烟器、笔架、磁带架、香水架、反视镜等。如图 8-16 所示,为部分车内用品举例。

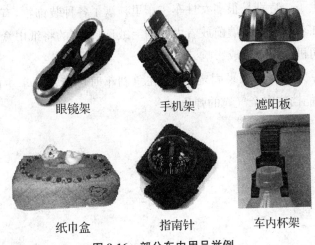

图 8-16 部分车内用品举例

五、选择车内饰品及用品的原则

1. 协调原则

饰品颜色必须和汽车的颜色相协调,不可盲目追求高品位、高价位,以免弄巧成拙,比如浅色车的内部应尽可能地避免配以深色的座套及红色的地毯等。

2. 实用原则

根据车内空间的大小,尽可能地选用一些能充分体现车主个性的、小巧美观、实用的饰物,如茶杯架、香水瓶、储物盒等。

3. 整洁原则

车内饰品应做到干净、卫生、摆放有序,给人一种整齐划一、自在清爽的感觉。

4. 舒适原则

车内饰品的色彩和质感要符合车主的审美情趣,整体的布置效果应给人一种轻松、舒适的感觉。如香水要清新淡雅,不宜太浓等。

5. 安全原则

车内饰品及用品的配置必须遵守有关交通规则,以确保行车安全。我国《道路交通安全法实施条例》第 62 条规定了驾驶机动车时不得出现的行为,其中在后窗放置玩偶和抱枕的行为就是:"在机动车驾驶室的前后窗范围内悬挂、放置妨碍驾驶人视线的物品。"

因此,车内饰品绝不能妨碍驾驶员的安全行车或乘员的安全,如车内顶部吊物不宜过长、过大、过重,后风窗玻璃上的饰物不要影响倒车视线等。

汽车装饰看似小问题,却常常埋藏着大隐患。如前面挂着过多的装饰物,在行车时会来回摆动,影响视线。一些粘贴在车内的装饰物,在车辆转弯或经过减速带时因粘贴不牢发生滑落,这会影响司机的注意力。有的车主如果边开车边捡装饰物,还会给行车安全带来更大危险。另外,装饰很有个性的车行驶在路上,也会吸引周围司机的目光,在转头欣赏的一刹那,也许事故就发生了。特别是很多女性车主车里挂满了各种装饰物,有的在后视镜上挂着成串的饰物;有的在车后窗的玻璃前放着大大的毛绒玩具;有的将纸巾盒和抱枕放在后窗附近等,这些都会给司机的视线造成影响。

另外,夏天的凉席座椅垫如果固定不牢,在急刹车时可能带动车主向前滑动。方向盘套、杯垫、枕套有可能挡住安全气囊的弹出。

第九章　汽车美容施工的安全与防护

> 现代的喷涂作业车间有较多的设备工具，是用酸、碱、易燃涂料等物质处理被涂物件的场所，如操作不当极易产生人身、设备事故。另外，在喷涂过程中产生的"三废"，还会造成环境污染，所以喷涂车间是汽车维修企业公害防治及防火的重点。从事喷涂作业的技术人员及管理人员应该全面熟悉喷涂施工的安全与防护。
>
> 喷涂车间所用的涂料及稀释剂等溶剂绝大部分都是易燃和有毒物质。在喷涂过程中形成漆雾、有机溶剂蒸气、粉尘，它们与空气混合积聚到一定的浓度范围时，一旦接触明火，就很容易引起火灾或爆炸事故。操作人员长期接触或吸入体内能引起慢性中毒，危害人员的健康。若将它们排放至室外，则导致大气污染。有些具有光化学反应性的溶剂在受到阳光中的紫外线照射时，能形成毒性更大的物质，造成公害。
>
> 现在对喷涂车间的防火、防毒和环境保护等已引起人们的普遍重视，并开始采用低污染或无污染型涂料，如水性涂料、无溶剂型涂料、高固体分子涂料、非水分散体涂料和粉末涂料等，逐步代替传统的有机溶剂型涂料。

第一节　喷涂施工与环境保护

在现代工业生产中，不可避免地要出现一些"三废"，即废水、废气、废渣，造成一定的"公害"。因此，工业企业项目的实施，要求实现"三废"治理同时投入。

所谓公害，就是随着生产活动造成涉及相当范围的大气污染、水质污染、土壤污染、噪声、振动、地面沉降和恶臭等对自然环境和生活环境所造成的社会性危害。生活环境系指与人的生活有密切关系的财产和动植物及其生活环境。随着工农业的发展，自20世纪60年代起公害已成为严重的社会问题，引起人们的注意。全世界已有不少国家制定了防止公害的法规，我国也颁布了工业"三废"排放试行标准，使环境保护有法可依。

可见，除地表下沉外，上述其他一切公害都直接或间接的与汽车喷涂施工有关。涂料生产厂和喷涂施工场所产生的多种污染,与大型的工矿企业相比,虽然它们的影响范围要小一些,但其性质是一样的。汽车喷涂施工所产生的危害,主要是对大气和水质的污染。

一、汽车喷涂的污染

1. 喷涂与大气污染

在喷涂作业时,会向空气中散发漆雾、溶剂蒸气等有害物质。溶剂蒸气是一种有害和有臭味的气体物质。一般液态涂料的溶剂含量约占50%～60%,硝基涂料甚至高达80%,在喷涂过程中全部挥发和排入大气中。在烘干时,除挥发出涂料中的全部溶剂外,还有分解气体放入大气中。在采用柴油、煤气或天然气作为烘干室热源的场合,应防止硫的氧化物对大气的污染。

2. 喷涂与水质的污染

在喷涂施工中对排水污染的作业项目有脱脂、酸洗、磷化或氧化、湿打磨后的冲洗、喷漆室的用水和冷却水中的油滴等。喷涂施工的主要废水有表面处理废水、喷漆室废水、漆膜的湿打磨废水、酸洗废水及各种刷洗废水等,其中废水量最大的是金属件喷涂前表面处理废水。

由于水量不一、水质多变,由各系统分别处理较好。如果是连续排放,水质一定的场合,采用自动废水处理器较合适。防治喷涂污染首先是不使用有害物质,或使废弃物排出量减少到最小值;其次是回收处理喷涂过程中的废弃排出物。

二、汽车喷涂施工中"三废"的处理

1. 废水处理

生产废水含有酸、碱、溶剂、树脂、颜料、填料、重金属、乳化剂以及其他污染物,这些物质的排放造成了水质污染。因此,必须经过净化处理,使之符合工业废水允许排放浓度和地面水水质卫生要求。

工业废水中有害物质最高允许排放浓度分为两大类。第一类指能在环境或动物体内蓄积,对人体健康产生长远影响的有害物质,如汞、铅化合物等;第二类指其长远影响小于第一类的有害物质。

工业废水处理一般分为三级。一级处理是用机械方法或简单化学方法进行的预处理。可使废水中的悬浮物或胶状物沉淀下来,并能初步中和酸碱度。二级处理的主要目的是解决可分解或氧化的有机溶解物或部分悬浮固体的污染问题,常采用生化处理或添加凝聚剂使固体悬浮物凝聚分离,二级处理能极大地改善水质、绝大部分可以达到排放标准。三级处理也称深度处理。主要是用来对付难以分解的有机物和溶液中的无机物,处理方法有活性碳吸附法、离子交换法、电渗析法、反渗透法及化学氧化法等。通过三级处理可使废水水质达到地面水、工业用水和生活用水的水质标准。

2. 废气处理

废气治理的目的是将喷涂时排放的废气中的有害物质尽可能地减少,使其排放浓度小于该物质在空气中的最高允许浓度,而不致造成对大气的污染。常用的方法有活性碳吸附法、触媒氧化法、直接燃烧法等。

3. 废渣处理

废渣处理多采用焚烧法。在焚烧废渣时,要防止二次综合污染和防止产生火灾事故。此外,还可通过对垃圾、废渣进行分类后,交由环卫部门处理。

总之通过"三废"治理,不仅可以减少汽车喷涂作业造成的环境污染,而且还可以达到综合利用的目的,有助于提高企业的经济效益。

第二节　防火防爆安全知识

喷涂施工的火灾危险性大小与所使用涂料的种类、使用量、喷涂方法及喷涂场所的条件等有关。如果涂料不是易燃性的或不燃性的,则火灾危险性很小或没有,如水性涂料的喷涂就基本上消除了火灾危险性。在使用易燃性的涂料及溶剂的场合,爆炸和火灾的危险性就非常大。爆炸和火灾事故的发生会造成生命、财产的严重损失,严重影响生产的正常进行。因此,从事喷涂工作的人员必须高度重视防火安全。

一、喷涂施工中产生火灾和爆炸的主要原因

1. 气体爆炸

喷涂作业时施工场所及烘箱内换气不良充满溶剂蒸气,在达到爆炸极限时,遇明火就发生爆炸。

2. 电气设备选用不当或损坏未及时维修

照明器具、电动机、开关及配线等在危险场合使用,在结构上防爆考虑不充分,有产生火花的危险。设备及线路老化,造成漏电。

3. 不遵守防火规则

在喷涂现场使用明火和抽烟、在静电喷涂作业时不遵守操作规程产生火花放电,而造成气体爆炸和火灾事故。

4. 废弃物保管不妥

废漆、漆雾沫、被涂料和溶剂污染的废抹布等保管不善,堆积在一起产生自燃。

二、易燃性溶剂的危险性

汽车喷涂现场所存在的易燃性的有机溶剂和作业粉尘,是产生爆炸和火灾危险事故的

主要原因。火灾危险性随溶剂的种类和涂料中的含量不同而异,衡量溶剂的爆作危险性和易燃性可以用闪点、着火点、自燃点、爆炸范围、蒸气密度等溶剂特性来判断。

1. 闪点和着火点

可燃性液体蒸气在液体表面附近和使用的容器中与空气形成可燃性的混合气体,遇火而引起闪电式燃烧的现象称为闪燃,引起闪燃的最低温度称为闪点。如果温度比闪点高,就引起燃烧。当其发生的火焰持续燃烧不少于5秒钟时的温度称为该可燃性液体的着火点。可燃性液体的闪点和着火点表明其发生爆炸或火灾可能性的大小。因此,常用闪点来划分涂料和溶剂的火灾危险等级。一般分为以下三级:一级火灾危险品,闪点在21℃以下,极易燃烧;二级火灾危险品,闪点在21~70℃;三级火灾危险品,闪点在70℃以上,难燃烧。

2. 自燃点

不需借助点火源,仅加热达到自发着火燃烧的最低温度称之为自燃点,它比闪点高得多。

3. 爆炸范围

当溶剂蒸气与空气混合达到一定比例,一遇火源即发生爆炸。这种混合气体随可燃性气体、蒸气的种类,各自有不同的比例。产生爆炸的最低浓度称为爆炸下限,最高浓度称之为爆炸上限。在上限和下限之间都能产生爆炸,而这一范围称为爆炸范围。爆炸范围越宽,爆炸下限越低,危险性越大。混合气体里可燃气体过少(低于爆炸下限)时,由于过剩空气可吸收爆炸放出的热,使爆炸的热不再扩散到其他部分而引起燃烧和爆炸;可燃气体过多时(高于爆炸上限),混合气体内含氧不足,也不会引起爆炸。所以常用爆炸界限(下限至上限)来衡量溶剂的危险等级。

4. 蒸气密度

蒸气密度用同容积的蒸气与空气重量比表示。易燃性溶剂的蒸气一般都比空气重,有积聚在地面或低处的倾向。因此,仅在顶部或屋顶等上部设置自然换气装置效果不好,换气口必须设置在接近地面处。

三、燃烧与防(灭)火

燃烧就是可燃物质在一定条件下,与氧化合而产生光和热的化学过程。燃烧的发生必须具备三个条件:一要有可燃物;二要有助燃物质——氧气;三要达到一定的温度。可燃物在受热遇火发生燃烧时的最低温度称为该物质的燃点。燃点愈低,起火的危险性愈大。以上三个条件是发生燃烧的必要条件,缺一不可,故称为燃烧的三要素。只要将三要素中的任何一个要素除去,即可达到防(灭)火的目的。一切消防器材和消防措施都是根据燃烧三要素的原理而设计的,通过降温或使燃烧物表面和空气隔绝而达到灭火的目的。因此,大部分灭火器都是利用二氧化碳气体的密度比空气大,它能覆盖在可燃物表面,起到隔绝空气的作用。此外,二氧化碳还有降温的作用。

1. 防火安全注意事项

(1) 汽车喷涂作业场所的所有结构件都应采用耐火材料制做。

(2) 使用易燃涂料的作业场所是属于火灾危险区,应采取相应的消防措施。一般应布置在厂房的一边,并用防火墙与其他车间隔开。

(3) 所有的门应开在最近的处于外出口处,而且门要朝外开。一般要求最远的工位到外出口或楼梯口的距离在一层楼房中不大于 30 m;在多层楼房中不大于 25 m。通向安全门的通道要保持畅通无阻。

(4) 在与相邻的车间有传送装置的情况下,出入口应装防火门,其耐火强度不低于 0.75 h。

(5) 每立方米厂房空间体积对应的窗户或易打开的顶盖面积不小于 0.05 m^2。

(6) 车间应有两个安全出口,其中一个出口应朝外,车间面积在 100 m^2 以内的可设置一个出口。

(7) 消防灭火用具,每 30 m^2 保证有下列消防工具:两个泡沫灭火机,0.3～5 m^3 容积的砂箱,一套石棉衣和一把铁铲,喷涂场所的顶棚应设置易熔喷水头和消防灭火水栓。

(8) 所用的电气设备和照明灯、电动机、电气开关等都应有防爆装置,电源应设在防火区域以外。

(9) 车间内所有金属设备都应接地可靠,防止静电积聚和静电放电。

(10) 车间内严禁烟火,不许带火柴、打火机等火种进入车间。在安装和维修设备需动用明火时,应采取防火措施,检查确保安全的情况下才准许动用。

(11) 在车间现场的涂料、溶剂等汽车喷涂作业用材料存贮量不应超过班用量。

(12) 擦过溶剂和涂料的棉纱、破布等应放在专用的带盖铁箱中,并且要求定时处理,特殊情况滞留量大时应及时处理。

(13) 在作业过程中应尽量避免敲打、碰撞、冲击、摩擦等动作,以免发生火花或静电放电,而引起着火燃烧。

(14) 严禁向下水道排放易燃溶剂和涂料。

(15) 作业场所应符合防火安全技术要求。

2. 火灾类型及灭火方法

灭火的方法是多种多样的,但其基本方法不外乎是:移去或隔离已燃烧物的火源,使之熄火;隔绝空气,切断氧气,使之窒息或将不燃烧气体(如二氧化碳等)喷射到燃烧物体上,使空气中氧气的体积分数降到 16% 以下,就能熄灭火势;用冷却法使被燃物质的温度,降低到着火点以下,即可灭火。

汽车维修企业的员工,都应熟知防火安全技术知识、火灾类型及其扑灭方法,还应会使用各种消防器具。一旦发现火警,尤其在电器附近着火时,应立即切断电源,以防火灾蔓延和产生电击事故。当工作服上着火时切勿惊慌奔跑,应就地打滚将火熄灭;当粉尘(如粉末涂料、铝粉颜料等)着火时,不能使用水流灭火,以避免扩大火灾面积。

四、防静电和避雷

1. 防静电

除水性涂料,含导电颜料的涂料或用大量醇和酯类作为稀释剂的涂料外,其他溶剂型涂料和粉末涂料都具有较大的绝缘性。当它们流动、搅拌、过滤、分散、喷射时,涂料与器壁、涂料中的颜料和液体、液体分子或粉末粒子,相互之间产生剧烈摩擦、分裂、细分后均产生静电荷。当释放不完全时,电荷就慢慢积蓄,最终可能引起电火花和电击事故。

静电放电是引起喷涂场所火灾的主要原因之一。还有不着火的静电的电能产生电击,使操作者受惊,而引起二次受伤。为防止人体带电作业,要考虑鞋的导电性、作业衣服的纤维编织条件、设备及地面等的导电性,还应防止由于静电现象在被涂物面吸附尘埃的现象。

2. 避雷

雷击灾害是在雷云通过的地方季节性的产生。雷击能击毁房屋或引起火灾,甚至发生人身事故。为此必须在喷涂场所、仓库等地设置避雷装置,能将雷云的电流引入地下,使雷击时电流能安全分散。目前采用的避雷装置有散电式、天线式和网式三种。

第三节 安全及防护用品

在喷涂施工现场,因为涂料和溶剂会挥发出各种有毒气体并充斥整个现场,所以对于操作者进行安全防护是非常必要的。

在施工过程中,应防止涂料和溶剂触及皮肤,否则会造成皮肤干燥、开裂、发红,严重时将引发皮肤病,外露的皮肤应擦上医用凡士林或其他护肤品。浓度超标的挥发性有毒气体,吸入肺部,将对人体的神经系统造成严重的刺激和危害,可导致抽筋、头晕、昏迷、瞳孔放大等症状。

因此在选择涂料时,除了应满足喷涂质量要求外,应尽量选用无毒或低毒的涂料,以避免或减轻对喷涂施工人员的危害。

当喷涂完工后,喷涂车间的通风系统不能马上关闭,而应继续运转一段时间,以便将残余的喷雾和溶剂的挥发性气体排尽,防止对人体的伤害。

一、人体的防护

1. 皮肤护理方法

为了免遭引起皮肤感染和皮炎的刺激,员工们应遵循清洁皮肤和保护皮肤的程序。在工作前,所有员工都应该使用合适的护肤脂。待休息结束要继续工作时,需再次涂上护肤脂。现可购得一种无水的手工清洁剂,在用它彻底冲洗前要先去除皮肤上的重污渍。皮肤洗过后,抹上乳脂将有助于恢复皮肤的自然水分。

许多涂料,如整修车身的化学药品,在与皮肤接触时,会刺激皮肤。因此,必须使用适当的清洗剂将它们立即清除。涂料溶剂可能会引起皮炎,尤其是在与过氧化物硬化剂或酸性催化剂接触的皮肤处,这些物质除去了皮肤的自然油脂而使皮肤干燥。现有适用于车身喷涂车间的专用清洗剂,可以快速、安全、有效地去除皮肤上的这类物质。

2. 手的保护

汽车美容技术人员和漆工经常接触对健康有害的物质。在许多情况下,通过戴上适当的手套可以阻止液体物质、化学药品以及一些材料对手的损害影响。漆工应该使用塑料手套,以保护皮肤免受有毒物质的伤害。主要专业性手套有:防御有害溶剂、油和酸性物质的橡胶手套和PVC手套;适用于耐磨和车身车间一般修理工作的皮手套,以及焊接用的长手套——它是用特殊处理过的皮革制成的,为了对焊工的前臂提供足够多的保护,它比通常的手套要长。

3. 保护衣

保护衣用来保护工作人员及其衣服不接触污垢、高温物体和化学物质。对车身维修工而言,最普通的保护衣是用优质棉制成一体式工作服,它能很好地防火。易被磨坏或撕坏的衣服应避免穿,因为它们会挂住移动机械。在需要保护皮肤的情况下,袖子应该穿至手腕处,袖口要束紧。所有的工作服纽扣都必须是牢固的,领带、围巾之类的东西不能穿戴。

喷涂车间的喷漆工作人员穿的保护衣,是优质易洗的尼龙服,能防静电,带有防护罩,腕部和脚踝都是紧口的或者是经过绒处理的连体衣。连体衣可挡住溅射物、空气中的粉尘和涂料喷溅物。连体衣必须能持久地暴露于各种化学物质中,必须能在使用氰化物基的涂料时提供适当的保护。而且,它们能防止环境不被工作人员衣服和头发上的微粒所污染。连体衣可以是一体式的,也可以是带有独立易处理的防护罩式的。

4. 头部的保护

对汽车美容工作人员而言,美容装饰施工时,经常在汽车或机器罩下工作,对头部的保护是十分重要的。在有掉落物落下危险的情况下,工作人员必须戴上轻质的安全头盔。它通常是由铝、玻璃纤维或塑料制成的,可以保护在车底工作时头部不受损伤。帽子或其他头部配戴物可以阻挡灰尘、污垢和喷溅物,也可以防止长发被缠入运转的设备中。

5. 眼和脸的保护

当眼睛可能会遭受飞行微粒伤害时,对眼睛的保护是十分必要的。这些微粒主要来自研磨机、圆盘砂轮机、动力钻孔机或气凿工作时,或在更换风挡玻璃时,或在车底工作时。现在许多汽车修理厂,要求所有的员工在车身修理区或喷涂区都要戴上某种安全眼镜,因为在车身修理厂的任何地方,都可能有飞溅物、粉尘颗粒或飞溅液进入眼睛。它不仅会引起疼痛,而且在极端情况下会引起失明。眼睛是不能替代之物,因而在工作区戴上安全护目镜、眼镜或面罩是十分必要的。

6. 脚的保护

在汽车美容装饰车间,安全的脚部穿戴是必须的。带有脚趾包头的靴子或鞋子可以防止掉落物对脚趾的伤害。橡胶的靴子可以抵御酸、湿的环境。

7. 呼吸系统的保护

汽车美容装饰技术人员所面临的最大的危险之一就是肺部所受的潜在伤害。特别是在车身喷涂、打磨等工作时,尽管在工作区提供了足够的通风设备,但携带呼吸器仍然是必须的。在焊接或喷涂涂料时,为防止金属或油漆颗粒进入呼吸系统,需要戴上防尘口罩。

在可能被吸入受污染的气体时,呼吸器可以防御磨屑、有毒气体、腐蚀性溶液或溶剂的蒸气,以及来自车身内外涂层的喷雾。呼吸器可以是简单的过滤装置,工作人员吸入的应该是通过过滤器后的空气。呼吸器还可以是动力装置的,该装置带有一个由电池驱动的风扇,该风扇将受污染的空气抽入过滤器,再将清洁空气送至戴呼吸器者的面部。

8. 耳朵的保护

一般要求为,当人处于高达 85 dB 的噪音中时,必须按要求戴上合适的听力保护器;当处于高达 90 dB 的噪音中时,就必须强制戴听力保护器;当音压峰值达到 140 dB 时,就必须采用切实可行的方法降低噪音。对于每种可能会暴露于强噪声下的情形,都必须作出评估,并采取措施减小对听力的伤害。

二、安全卫生要求

1. 卫生安全防护要求

为保障操作人员的身体健康,作业车间应有切实的卫生安全措施,并对操作人员经常进行卫生教育和训练,使操作人员具有必要的卫生安全知识。

(1) 在喷涂车间内应保持温度不低于 15℃,相对湿度为 50%～60%,清洁无灰尘。

(2) 在采用暖风的情况下,一般不采用循环风。在有害气体浓度不超标的场合才允许部分采用循环风。

(3) 产生有害蒸气、气体和粉尘的工位应安装排风装置,使有害气体或粉末含量不超过卫生许可浓度。

(4) 在喷涂时被漆雾污染的空气在排出前应过滤,排气风管应超出屋顶 1 m 以上。

(5) 进新鲜空气点和排废气点之间的距离在水平方向应不小于 10 m。

(6) 喷涂车间的生产和生活用水要充足,且水质要好。

(7) 对于毒性大、有害物质含量高的涂料严禁用喷涂法涂装。

(8) 皮带轮、打磨抛光机的转盘等转动部位应设有保护罩。

(9) 喷涂人员在操作时,应穿戴好各种防护用具,如专用工作服、手套、口罩、眼镜和鞋帽等。

(10) 清洗喷枪、刷子等喷涂工具时,应在带盖溶剂桶内进行,不使用时可自动密闭。

(11) 使用强酸和强碱时,操作人员应穿戴专用工作服及保护用品。

(12) 不允许在喷涂现场吃食物,以免误食而中毒。

(13) 工作完毕后要淋浴,施工人员要定期进行体检。

2. 电动工具的安全

为防止操作者触电,大多数电动工具额外都有接地系统。即将电动工具的外壳与电源插座的第三脚相接,而该第三脚又与地线相接,地线就能将工具泄漏的电流传送到车间的接地总线,从而避免触电事故的发生。对于大多数现代电子设备,应使用三脚插头与三脚插座配合,以保证可靠的接地。

一些新型电动工具设置成自绝缘式,不需要接地。这些工具的插头只有两个脚,因为其电动机外壳是不可接触式的。车间生产禁止使用三脚转换插头。

当使用延接线时,应使其长度尽可能的短。电线太长或规格不够都会降低工作电压,从而降低工作效率,并有可能造成电动机的损坏。事实上,只有万不得已才使用延接线。使用延接线时必须牢记下列安全事项:

(1) 应先连接工具与延接线,再连接延接线与转换插座。而分离工具与延接线之前,应先分离延接线与转换插座。

(2) 延接线应足够长,以免被拉伸,造成不必要的变形和磨损。

(3) 确保外接线没有和尖锐的物体相接触。电线不允许扭折,浸入或溅到机油、黄油、热表面或化学物质。

(4) 使用延接线前应先检查电线有无裸露、松弛,以及绝缘层有无损坏。如果电线有损伤,就必须更换。

(5) 使用延接线时应经常检查有无不正常的过热现象。任何电线的绝缘层表面温度如果用手触摸感觉发热,就应该检查是否过载。

(6) 注意延接线的位置,以防绊人或脱开。

三、安全规章制度

1. 汽车在厂内的安全事项

(1) 在汽车上作业时,汽车的制动装置必须处于有效的制动位置,防止自动溜车。

(2) 在汽车下面作业时,必须先将汽车支离地面。

(3) 刚进厂的车辆,不宜马上进行作业,以免被排气管、散热器、尾管等灼热物烧伤。

(4) 在车间内移动汽车,一定要察看四周防止发生意外。

2. 日常安全规章制度

(1) 了解有关事项,阅读产品说明书上的注意事项。如果想要了解更多的信息,可到销售单位索要有关特殊产品的"材料安全资料表",以便详细了解有害物体的成分和应采取的保护措施。

(2) 机械打磨抛光时,空气中会飞扬大量粉尘和污物。如果不采取适当的保护措施,它们就会飞进眼睛,或被吸入肺部,或落到头上。因此,在喷涂施工时应该戴安全镜或护目镜保护眼睛；戴头罩保护头皮和头发；戴防粉尘型呼吸保护器以防吸入粉尘和有害微粒。

（3）混合和调制涂料时，应在通风良好，且远离存储或喷涂场所的地方进行。开启漆罐或混合涂料时有可能发生飞溅的现象。为防止溅入眼内，应戴上护目镜或其他眼部保护装置。

（4）喷涂底漆或面漆时，如果操作不当就有可能产生危险。整个操作过程都应穿戴好工作服、橡胶手套、安全鞋、护目装置，以及合适的呼吸保护器或头罩。

（5）进行抛光作业时，应防止被高速旋转的抛光机磨头损伤，如使用电动抛光机时，还应确保接地线良好，并安装漏电保护开关，以防触电。

（6）存贮汽车喷涂用品时，所有的用料都应小心存放在远离实际操作的场地。放在工作场地的涂料不应超过一天的用量，每天要清理用空的料罐。所有用了一半的料罐在下班前都应该收集好并放到用防火材料制作的存储柜内。

（7）下班前，脱下个人保护装备和关闭设备，切断总电源。溶剂、化学物质和其他材料难免会弄脏衣服或沾到手上。如果不把手洗干净就吃饭、喝东西、吸烟或是上厕所，它们都有可能通过消化道进入人体内部。

（8）要合理使用和保管个人防护品，如工作服、橡胶手套及防护眼镜。若不小心将有机溶剂溅到皮肤或眼睛里，应立即用自来水反复冲洗，必要的话要到医院进行诊治。

（9）喷涂人员日常应多饮用开水及奶制品，这对排解毒害大有帮助。

总之，在汽车喷涂施工中虽然要使用各种有毒有害物质，但只要我们严格遵守各项工艺操作规程，采取好各项安全防护措施，职业性中毒是完全可以预防的。

参 考 文 献

[1] 刘森. 汽车表面修复技术. 北京:金盾出版社,2002

[2] 杨江河. 汽车美容. 北京:机械工业出版社,2004

[3] 林鸣玉. 汽车涂装技术. 北京:北京理工大学出版社,1998

[4] 甘文嘉. 现代汽车美容与装潢. 上海:上海交通大学出版社,2001

[5] 邓唯一. 现代汽车钣金知识与技能. 北京:中国劳动社会保障出版社,2005

[6] 邢忠义. 汽车美容与装饰实务(第2版). 北京:电子工业出版社,2009

[7] 周燕,罗小青. 汽车美容与装饰[M]. 北京:机械工业出版社,2005

[8] 李永力. 汽车美容装饰培训教程[M]. 北京:化学工业出版社,2008